WORK
RE**LOAD**ED

RONJA EBELING

WORK RELOADED

Führungskräfte im Vorstellungsgespräch

Inhaltsverzeichnis

Prolog: Führungskräfte gesucht

Wie werden wir in Zukunft arbeiten? Um mir ein Bild davon zu machen, was meine Generation und mich erwartet, habe ich einen ganzen Sommer damit verbracht, mich mit namhaften Wirtschaftsakteur*innen zu treffen. Ich saß in gläsernen Konferenzräumen, in der ersten Klasse der Deutschen Bahn und einem Holzkasten, dessen Türgriff ein Penis war (dazu später mehr). In Schweden besuchte ich mit einer CEO einen asiatischen Imbiss, in den Niederlanden wurde mein Termin mehrfach verschoben, und das Online-Interview mit einem Schweizer Unternehmen habe ich per Videocall in meinem ehemaligen Kinderzimmer geführt. Die Antworten, die ich auf meine Fragen erhielt, waren so unterschiedlich wie meine Gesprächspartner*innen selbst, ihre Tätigkeiten und ihre persönlichen Geschichten.

Und ja, ich hatte Fragen: Wie werden wir den Wohlstand sichern können, wenn bis zum Jahr 2030 voraussichtlich fünf Millionen Fachkräfte fehlen?[1] Wie wird Vereinbarkeit von Familie und Beruf möglich sein, wenn es uns dann an hunderttausend Mitarbeitenden mangelt, die eine Ganztagsbetreuung von Grundschulkindern gewährleisten?[2] Dieses Buch ist eine Sammlung von Vorstellungsgesprächen, in denen ich stellvertretend für die junge Generation wirtschaftliche Entscheider*innen dazu befrage, was sie ihren Mitarbeitenden bieten und wie sie auf den Fachkräftemangel reagieren wollen. In diesen gesammelten Dialogen zeigen sich mächtige Menschen verletzlich, wenn sie unter anderem beschreiben, wie ein unerfüllter Kinderwunsch ihren Führungsstil beeinflusst hat. Sie sprechen über toxischen Kontrollwahn, über Krankheit und über Kohle.

In diesem Buch legen große Konzerne offen, was hinter Frührentenprogrammen steckt und ob junge Menschen die finanzielle

Chance auf ähnliche Lebensstandards haben werden wie vorherige Generationen. Es geht um den Wert von Zeit, um Burn-outs und um Macht und Missbrauch bei einem der größten Arbeitgeber Deutschlands. Dabei bestimme nicht ich, ob ein Vorstellungsgespräch erfolgreich war oder nicht. Das entscheidet jede Person selbst, die dieses Buch in der Hand hält und arbeiten möchte. Denn wie auch in jeder anderen Generation haben auch junge Menschen unterschiedliche Bedürfnisse und dementsprechend verschiedene Erwartungen an künftige Arbeitgeber*innen: Manche sehnen sich nach Purpose, andere nach finanzieller Sicherheit und Eigentum. In Summe sind wir genauso zerrissen wie jede Generation vor uns – zum Glück, sonst würden wir uns schließlich alle nur bei ein und demselben Unternehmen bewerben.

Weil die Begegnungen trotzdem alle aus meiner persönlichen Perspektive beschrieben sind und auch Gespräche mit anderen jungen Menschen aus meinem Umfeld eine Rolle spielen, möchte ich mich an dieser Stelle offiziell vorstellen: Mein Name ist Ronja, ich bin 1996 geboren, und meinen ersten Job trat ich mit 14 Jahren an. Ich wollte so früh arbeiten, weil mich als Jugendliche die finanzielle Abhängigkeit von meinen Eltern gestört hat. Daraus hat sich eine Einstellung entwickelt, die ich bis heute in mir trage: Ich kann einseitige Abhängigkeiten nicht aushalten und schätze Begegnungen auf Augenhöhe. Um mich also aus meiner ersten finanziellen Abhängigkeit zu lösen, habe ich nach der Schule für fünf Euro die Stunde in einer Metzgerei geputzt, den Fleischwolf gereinigt und die Wurstware im Kühlraum sortiert. Dieser Job hat mir entgegen vielen Erwartungen großen Spaß gemacht, weil ich echte Wertschätzung erfahren habe. Das war später bei nicht all meinen Folgejobs der Fall. Als Reinigungs- und Servicekraft in einem Hotel habe ich benutzte Kondome aus den Bettlaken gepult; in einer Kinderkochschule habe ich mehr die Eltern als die Sprösslinge unter Kontrolle halten müssen, und in einem Hamburger Friseursalon habe ich reichen Menschen in den Mantel geholfen, ohne ein Danke zu hören.

Mittlerweile arbeite ich als freie Journalistin, habe aber keinen akademischen Abschluss und bin damit wohl eine Ausnahme in meiner Branche. Tarifverträge erinnern mich daran, dass auf meinem Lebenslauf etwas fehlt – oder anders gesagt: Sie gaukeln mir vor, dass meine Arbeit mit einer einfachen journalistischen Ausbildung einen anderen Wert hat als die von Akademiker*innen.

Ursprünglich war es deswegen auch die Hoffnung meiner Eltern, dass ich als Erste in der Familie die Chance ergreife und an die Universität gehe, um einen hohen Bildungsabschluss anzusteuern. Meine Mutter, die seit über zwanzig Jahren als Schulsekretärin arbeitet, hatte die Möglichkeiten dazu nicht. Und auch mein Vater musste sein Studium neben seinem Vollzeitjob an einer Abendschule nachholen, weil es finanziell gar nicht anders möglich war. Dass die eigene Tochter ein Studium abbrach und sich für eine journalistische Ausbildung entschied, ließ sie den Kopf schütteln. Ihre Sorge war irgendwo berechtigt, denn seit Jahren werden Menschen mit einfacher Berufsausbildung degradiert, schlechter bezahlt und benachteiligt. Auch diesem Missstand werde ich in diesem Buch auf den Grund gehen.

Heute arbeite ich neben meiner journalistischen Tätigkeit als Beraterin für Unternehmen, die junge Zielgruppen erschließen oder junge Mitarbeitende für sich gewinnen wollen. Ich profitiere dabei von vielen Privilegien: Ich schätze meine zeitliche und räumliche Flexibilität und weiß, dass Menschen wie zum Beispiel Pflegekräfte davon nur träumen können. Ich habe mittlerweile das finanzielle Wissen, um mich frühzeitig um meine Altersvorsorge zu kümmern, und bin mir sicher, dass dieses Thema viele Gleichaltrige ängstigt. Und natürlich ist es auch ein Privileg, für die hier gesammelten Gespräche in die Führungsetagen so vieler Unternehmen vorzudringen, um Menschen zu treffen, die wiederum noch mehr Privilegien und vor allem Macht haben.

Die beschriebenen Begegnungen sind daher auch der Versuch, die Arbeitswelt von morgen gerechter und menschlicher zu machen – oder ihr zumindest einen Anstoß in diese Richtung zu geben. In der Stellenausschreibung, auf die sich die Manager*innen in meinem Buch bewerben, steht deshalb:

»Gesucht werden Führungskräfte, die das Menschsein nicht verlernt haben und ein nachhaltiges Wirtschaften verfolgen, von dem auch noch nachfolgende Generationen ganzheitlich und langfristig profitieren.«

Bedeutet der Abbau von Hierarchien den Zerfall der Autorität, Waldemar Zeiler?

(EINHORN)

Seit zehn Minuten starre ich in das Kühlregal. Ich stehe im EDEKA auf der Osterstraße in Hamburg und überlege, was ich kaufen soll. In der WhatsApp stand, dass alle etwas mitbringen sollen, Tommy würde außerdem Phở-Suppe mit Tofu kochen. Weil er keine klaren Ansagen gemacht hat, schwanke ich nun zwischen Eistorte mit Waldfrüchten und den kleinen Browniekuchen, die ich zusammen mit Vanilleeis kaufen könnte. Wenn ich besonders schnell mit dem Fahrrad fahre, sollte das Zeug in meinem Jutebeutel auch nicht schon geschmolzen sein, bevor ich bei Tommy ankomme. Laut Verpackung brauchen sie im Backofen nur sieben Minuten. Nach langem Hin und Her entscheide ich mich für die Brownies und das Eis, bezahle an der Kasse und springe aufs Rad.

Tommy wohnt nur ein paar Straßen weiter in Eimsbüttel. Die Tür zu dem Wohnhaus steht wie gewohnt offen, und ich sprinte die erste Treppe hoch. Im dritten Stockwerk werde ich langsamer, und als ich ganz oben angekommen bin, stöhne ich fast vor Anstrengung. Die Luke zum Dach ist geöffnet, und ich höre schon die Musik und lautes Gelächter von oben. Ich rücke meinen Jutebeutel auf der Schulter zurecht und klettere die einzelnen Sprossen hoch. Oben angekommen sehe ich, wie die Abendsonne über den Dächern Hamburgs steht und den Himmel über der Stadt in ein feuriges Rot färbt.

»Sorry, ich bin zu spät ... Happy Birthday!«, jule ich, als Tommy mich entdeckt und mir den Jutebeutel abnimmt, damit ich besser aus der Luke klettern kann.

»Kein Stress. Toll, dass du da bist«, sagt er und drückt mich ganz fest, als ich sicher auf beiden Füßen stehe. Er hat sich heute einen neuen Ohrring stechen lassen, sehe ich, während ich ihn umarme. Der silberne kleine Ring passt zu seiner großen Brille, die ihm auf der Nase sitzt.

»Mega!«, kommentiere ich und strahle ihn an. »Ich habe Brownies und Vanilleeis mitgebracht«, sage ich fast schon stolz.

»Oh, noch mehr Schokolade!«, lacht Tommy und zeigt auf drei Kuchen, die ein paar Meter weiter auf dem Dach stehen. Ein Typ, den ich nicht kenne, schneidet sich gerade ein Stück davon ab.

»What? Alles Schoko? Oh Mann, nächstes Mal musst du sagen, was ich genau mitbringen soll«, sage ich und verziehe das Gesicht. Hätte ich mal doch die Eistorte mit den Waldfrüchten genommen, denke ich und gehe zum provisorischen Buffet, das auf dem Flachdach aufgebaut wurde. Dort stopfe ich die Brownies und das Eis in eine rumstehende Kühltruhe. Daneben steht ein Campinggasherd, auf dem Tommys legendäre Phở-Suppe köchelt.

»Trotzdem danke«, sagt Tommy. Um Platz zu schaffen, nimmt er ein Bier und eine Apfelschorle aus der Truhe und öffnet beides mit dem Feuerzeug. Als ich mit dem Verstauen fertig bin, erspähe ich meine Freundin Pia, die am Schornstein sitzt und ziemlich genervt guckt.

»Oh, was geht denn bei Pia?«, frage ich Tommy.

»Ach, keine Ahnung ... irgendwas mit der Arbeit?«, mutmaßt er und wandert wieder Richtung Dachluke, um eine weitere Person zu begrüßen.

»Na, du?«, sage ich zu Pia und stoße meine Apfelschorle gegen ihre Bierflasche, sodass sie kurz zusammenzuckt.

»Oh, hab dich gar nicht kommen sehen«, sagt sie erschrocken. Meine Freundin studiert in Berlin Medizin und ist das Wochenende zu Besuch, um Tommys Geburtstag mit uns zu feiern.

»Was ziehst du so einen Flunsch?«, frage ich sie und setze mich auf den Boden. Ich lehne mich mit dem Rücken an den Schornstein und genieße den Ausblick. Pia erzählt mir währenddessen, dass sie von ihrem Chef genervt sei. »Der akzeptiert gar keine anderen

Gedanken. Nur seine Meinung zählt«, sagt sie und skizziert mir kurz, worum es in dem Konflikt geht. Aber weil Pia gerade in einem Krankenhaus ihr Praxisjahr macht und mir irgendwas von Laborergebnissen erzählt, kann ich ihr nur halb folgen. »Er hat dann jedenfalls vor der gesamten Gruppe gesagt, dass ich mich lieber an sein Lehrbuch halten sollte und mir nicht unnötig den Kopf zerbrechen muss ... Er ist so ein autoritärer, respektloser Macho-Idiot!«, sagt sie wütend.

»Also ich verstehe zwar nichts von den Laborwerten, aber auf das Lehrbuch ist in der Medizin doch meistens Verlass, oder?«, frage ich verwirrt.

»Natürlich ist auf das Lehrbuch Verlass, aber manchmal muss man eben nicht nur A und B kombinieren, sondern auch mal C hinterfragen. Aber er will mir das eigene Denken quasi absprechen, und ich soll nur nachplappern, was er sagt. Wie soll denn so aus mir eine gute Ärztin werden, wenn mein Ausbilder so tickt?«, fragt Pia, und jetzt verstehe ich, was sie meint. Sie fand es respektlos, wie er ihr seine Meinung aufgedrückt hat und sie auch noch in der Teamrunde infantilisiert hat.

Tommy, der sich mittlerweile auch zu uns gesellt hat, versucht mit seinen Fingern Pias Mundwinkel nach oben zu ziehen. Sie haut genervt seine Hand weg.

»Weißt du, was das Problem ist? Er hat die Expertise gepachtet«, sagt Tommy.

»Gepachtet? Was redest du da? Er hat ja Expertise, die will ich ihm gar nicht absprechen – der Typ ist schließlich Arzt, und ich weiß auch, dass ich viel von ihm lernen kann. Aber diese Bevormundung nervt. Er behandelt mich manchmal wie ein Kind«, sagt Pia in einem sehr angefressenen Tonfall, über den Tommy zum Glück auch an seinem Geburtstag lachen kann.

»Mit der gepachteten Expertise meine ich, dass er im alleinigen Besitz von Kompetenz ist und du nur die Empfängerin dieser Kompetenz. Es gibt also eine Frage, und nur seine Antwort ist richtig. In der Philosophie nennt man das Expertenberatung. Besser ist aber die existenzielle Beratung«, sagt Tommy, und seine Augenbrauen springen in die Höhe. Er zieht seinen Tabak aus der Hosentasche und steckt sich einen Filter zwischen die Lippen. »Bei der existenziellen Beratung weiß zunächst niemand, was die Antwort ist, und das Problem wird gemeinsam betrachtet«, nuschelt er weiter. Dadurch fühlen sich alle Beteiligten bei der Suche nach der Antwort mehr involviert und wertgeschätzt. Das Ergebnis sei dann akzeptierter.

»Okay, und seit wann interessierst du dich für Philosophie?«, fragt Pia skeptisch.

»Tue ich nicht, hab's nur heute Morgen zufällig im Radio gehört und fand es ziemlich sinnig«, sagt Tommy. Pia und ich starren ihn wortlos an, und ich kann mir bildlich vorstellen, wie Tommy heute Morgen noch völlig verpennt in Boxershorts und mit Zahnbürste im Mund durch seine Wohnung spaziert ist und nebenbei eine Philosophiesendung gehört hat. Grinsend schüttle ich den Kopf. Er leckt das Paper an und steckt sich sein Bastelergebnis hinters Ohr.

»Wie lange musst du diesen medizinischen Ohrring jetzt eigentlich tragen?«, will ich von ihm wissen, und Pia verdreht bei dem abrupten Themenwechsel die Augen.

»Hallo, es ist Friday! Dein autoritärer Macho-Idiotenchef aus den Fünfzigern hat jetzt nicht auch noch unser Wochenende gepachtet!«, sage ich ihr lachend, und irgendjemand dreht die Musik lauter. Ein paar Stunden später, als der Himmel schon nicht mehr rot leuchtet, beschwert sich ein Nachbar im Bademantel über den Lärm, und ich biete ihm als Entschuldigung einen der eingefrorenen Brownies aus der Kühltruhe an.

DIE MILLIONEN

Am Montag kommen Pia und ich mit einem frühen Zug am Berliner Hauptbahnhof an. Wir verabschieden uns am Gleis, sie muss in die Klinik, und ich fahre mit der S5 Richtung Warschauer Straße und von dort aus mit der U1 weiter. Es ist kurz vor zehn, und in Berlin sind schon fast dreißig Grad. Die Hitze staut sich in den Straßen, und in der U-Bahn recke ich meinen Hals Richtung offenes Fenster, wo mir zumindest etwas Fahrtwind entgegenkommt. Am Görlitzer Bahnhof steige ich aus, in der Skalitzer Straße 100 laufe ich mit meinen Bade-latschen und Blümchenrock in einen Hinterhof voller Graffiti. Dort stehen Fahrräder, Mülltonnen und ein großer Baucontainer. Die Tür zum Wohnhaus steht offen, der Flur wird gerade renoviert. Ich schlep-pe mich und meinen Rucksack das Treppenhaus hoch, bis ich in einem Stockwerk ankomme, wo die Tür offen steht. Direkt im Eingangs-bereich entdecke ich einen Spielautomaten mit Greifarm, wie man ihn vom Jahrmarkt kennt. Zu greifen sind bunte Kondompackungen, auf dem Automaten steht: »Die Eerde issszzt eiiine Szsscheeide!«

»Hallo?«, rufe ich in den Raum rein und marschiere durch. Rechts ist eine offene Küche mit einem XXL-Kühlschrank, links entdecke ich einen pinken Kasten an der Wand, der etwa so groß ist wie ich und eine Gebärmutter zeigt, deren einzelne Teile wie in einem Schul-buch beschriftet sind. Oben drüber steht in dicken Buchstaben: »Untenrummel«.

»Hallo!«, kommt es zurück, und ich sehe ein Großraumbüro, in dem zwei Leute an ihren Schreibtischen sitzen.

»Hey, ich bin Ronny. Ich suche Waldemar, ist der schon da?«, frage ich die junge Frau hinter dem Bildschirm, und sie zeigt auf eine Tür, die ebenfalls offen steht. Da sehe ich ihn, in lilafarbenen Shorts und schwarzen Flipflops. Seine Haare hat er zu einem Zopf hochgebun-den, den Vollbart trägt er lang und wuschelig.

»Hey, schön, dass du da bist!«, sagt er, und wir umarmen uns zur Begrüßung. Wir kennen uns schon.

Waldemar Zeiler ist 1982 in Kasachstan geboren und im Alter von sieben Jahren mit seiner Familie nach Deutschland gezogen. Er ist einer der beiden Gründer des Berliner Unternehmens einhorn und beschäftigt über 25 Mitarbeitende. Gemeinsam produzieren sie ökologische und faire Kondome und Periodenprodukte, die mittlerweile in zahlreichen Drogeriemärkten in Deutschland vertrieben werden. Das Unternehmen, das 2015 als Start-up gestartet hat, setzt mittlerweile Millionen um und fällt besonders dadurch auf, dass es Dinge anders macht. Damit sind nicht nur die Kondompackungen gemeint, die ein besonders auffälliges Produktdesign haben, oder die Kampagnen, die das Menstruieren als etwas so Großartiges darstellen, dass bei Männern ein Periodenneid aufkommt. »Einhorn tickt auch intern anders als die meisten Unternehmen«, sagt Waldemar, der mir in der Küche ein Wasserglas füllt.

Ich treffe ihn in seiner letzten Arbeitswoche an, bevor er ein sechsmonatiges Sabbatical startet und sein Smartphone gegen ein Handy aus einem anderen Jahrtausend tauscht – nur noch Anrufe oder SMS, beides auf ein Minimum reduziert. Es ist Waldemars Versuch, mit seinen persönlichen Strukturen zu brechen und sich selbst zu hinterfragen. Passend dazu möchte ich in unserem heutigen Gespräch erfahren, wie ein Unternehmen veraltete Arbeitsweisen und Hierarchien gezielt abschaffen kann und welche Rolle Autorität dabei spielt. Ich möchte wissen, ob Kompetenz und Respekt etwas sind, das man per Jobtitel zugesprochen bekommt, und auch, welchen Wert selbstständiges und kritisches Denken in unserer Arbeitswelt heute hat.

»Früher war dein Plan, mit dreißig Jahren Millionär zu sein. Hat es geklappt?«, frage ich, als wir in einem kleinen Holzseparee

Platz nehmen, das im Großraumbüro als Rückzugsort dient. Bei den mittlerweile 32 Grad, die in Berlin herrschen, fühlt es sich trotz offenen Fensters eher wie eine finnische Sauna an. Waldemar zieht die Tür zu, deren Griff ein Holzpenis ist, und setzt sich im Schneidersitz auf die Bank. Seine Flipflops liegen vor ihm auf dem Boden: »Joar, vielleicht zwischenzeitlich auf dem Papier. Aber mein Mitgründer Philip und ich haben uns 2019 enteignet, und um Geld geht es längst nicht mehr.«

»Warum war die Enteignung so wichtig für das Unternehmen?«, will ich wissen und setze mich gegenüber auf die Bank. Mein Wasserglas stelle ich auf dem Tisch vor mir ab.

»Na ja, das war ein langer Prozess. Ich habe mich gefragt, warum ich Gründer geworden bin. Anfangs waren meine Leidenschaft und Neugier für Neues meine große Motivation«, leitet Waldemar ein. In der zwölften Klasse entstand dadurch mit seinem Cousin die Geschäftsidee, für Mitschüler*innen Lebensläufe und Bewerbungen zu schreiben, wenn diese ein Praktikum oder eine Ausbildung suchten. Die Erfolgsquote lag bei einhundert Prozent – allerdings hatten sie auch nur eine Kundin. »Sie war sehr zufrieden und hat mit unserem Anschreiben einen Ausbildungsplatz zur Hotelfachfrau bekommen«, erinnert sich Waldemar lachend.

»Damals ging es dir also um die Neugier. Wann ist es umgeschlagen?«, frage ich.

»Irgendwann bin ich in diese Wirtschaftswelt geraten, war in den USA und habe Bücher von großen Unternehmern wie Warren Buffett, Bill Gates und Richard Branson gelesen. Dadurch war meine Motivation nicht mehr nur, etwas Neues zu entdecken, sondern auch, eine messbare Zahl zu erreichen – vielleicht Millionär zu werden. Für ein Unternehmen kann diese Motivation bedrohlich werden und auch das Miteinander im Team gefährden. Das wollten wir verhindern«, antwortet er.

Für Waldemar waren die Demokratisierung von Macht und der Abbau von Hierarchien die Lösung. Der erste Schritt dafür war die Enteignung. Das Unternehmen einhorn gehört seitdem gewissermaßen sich selbst. Gewinne werden reinvestiert und bleiben im Unternehmen.

Ein Konzept, das mittlerweile auch auf politischer Ebene diskutiert wird: Die neue Rechtsform nennt sich »Gesellschaft mit gebundenem Vermögen« und ist ein Mix aus GmbH und Stiftung. Den Gründer*innen oder der Unternehmensführung bleibt so die Möglichkeit bestehen, das Unternehmen zu leiten, aber sie können sich nicht mehr wie am Süßigkeitenschrank nach Lust und Laune an den Gewinnen bedienen. Und vor allem kann das Unternehmen nicht mehr wie ein Kartoffelsack verkauft werden, sondern gehört sich selbst.

DIE LEGEMASCHINEN

Der zweite Schritt bestand darin, aus den Industriehühnern selbstständige Freilandhühner zu machen. Mit diesem Vergleich beschreibt Waldemar den Prozess, Unternehmensentscheidungen nicht mehr im Chefzimmer zu treffen, sondern das Team miteinzubinden und in Entscheidungsfindungen zu schulen.

»In unserer Sozialisation geht es in erster Linie darum, nach den Regeln zu funktionieren und ähnlich wie Legehennen Befehle auszuführen. In der Industrie werden die Tiere in kleinen Käfigen gehalten, bekommen Futter und müssen viele Eier legen«, erklärt Waldemar mir den Vergleich. Wenn man diese Industriehennen dann aber auf eine grüne Wiese setzt, seien sie nicht überlebensfähig. Die Sonne sei zu grell, ihre Beinchen zu schwach und sie fänden nicht selbstständig Nahrung. Bildlich ausgedrückt wollte Waldemar aus seinem Team und sich selbst Freilandhühner oder sogar Wildhühner machen, die in der Lage sind, abteilungsübergreifend zu denken, eigene Entscheidungen zu treffen und sich selbst zu organisieren und zu reflektieren.

Ich für meinen Teil tat mich schon immer schwer damit, ein Industriehuhn zu sein. In der Schule war ich mittelmäßig unterwegs, die fünf in Mathe war Standard, und die Vokabeln wollten nicht in meinem Kopf bleiben, wenn ich sie mir stumpf durchgelesen habe. In Hühnermetaphorik ausgedrückt, erbrachte ich wohl nicht die Anzahl an Eiern, die in einem Industriestall von mir erwartet wurden. Trotzdem bin ich mit meinem durchschnittlichen Abitur erst mal an die Universität gegangen, weil ich dachte, dass man das eben so macht. Und obwohl ich mit Modejournalismus und Medienkommunikation nichts Staubtrockenes studiert habe, war ich innerlich froh, als mir ein Verlag ein Volontariat angeboten hat. Mein Studium habe ich abgebrochen, die Theorie gegen Praxis getauscht. Gehadert habe ich natürlich trotzdem lange. Erst recht, als ich meine Festanstellung verließ, um mich selbstständig zu machen. Denn wie Waldemar schon sagt, ist die Futtersuche als Freilandhuhn alles andere als leicht, und gelegentlich kommt auch der Fuchs vorbei. Ein verirrtes Industriehuhn ist dann das erste, das draufgeht.

In unserer finnischen Sauna schlage ich meine Beine übereinander und lehne mich gegen die Wand. Ich gucke Waldemar an. »Eigeninitiative und das eigene Denken werden gewissermaßen schon in der Schule unterdrückt, weil es oftmals nur eine richtige Lösung gibt. Wir lernen gar nicht, aktiv über den Tellerrand oder über die Abteilungsgrenze hinauszudenken. Warum haben die Verantwortlichen Angst, das Schulsystem und damit auch unser Arbeitssystem zu verändern?«, frage ich und suche die Wurzel des Problems. Waldemar grübelt im Schneidersitz darüber, ob es wirklich Angst oder eine Unfähigkeit des Schul- und Arbeitssystems sei. »Ich glaube, wir haben uns selbst eine Zwangsjacke verpasst, aus der wir nun nicht mehr rauskommen«, vermutet Waldemar. In Zeiten der Industrialisierung sei es womöglich nützlich gewesen, dass Menschen stumpf einer einzigen Aufgabe in einer langen Kette nachgingen. Durch die Globalisierung konnten diese einfachen Prozesse aber automatisiert und digitalisiert werden. »Was wir nun brauchen, sind Menschen, die um die Ecke denken«, leitet Waldemar ein. »Wir haben einen Föderalismus, und jedes Bundesland kocht sein eigenes Süppchen. Aber eigentlich müsste es einen großen Masterplan für die Bildung geben, der dann im Kleinen optimiert wird. Den Masterplan gibt es gar nicht, weil alle Bundesländer immer, sobald irgendwas Größeres kommt, sich dagegen sperren. Sie haben Angst, ihre Hoheit zu verlieren, und denken nur an Besitzstandswahrung«, erklärt Waldemar weiter, und so schließt sich der Kreis für mich.

»Veränderungen und Fortschritt werden also verhindert, wenn einzelne Gruppen denken, die Expertise für sich gepachtet zu haben, und allein auf dieser Basis Entscheidungen treffen, die von anderen dann nicht hinterfragt, sondern einfach nur befolgt werden sollen«, fasse ich zusammen und denke wieder an Tommy und seine Philosophiesendung.

Dabei erörtern Studien, dass wir eigenständiges und reflektiertes Denken in Zukunft dringend brauchen: Routinierte Jobs werden durch künstliche Intelligenz ersetzt oder durch die Digitalisierung verschlankt. Die Tätigkeiten, die hingegen bis 2035 und darüber hinaus stark zunehmen werden, erfordern in erster Linie Empathie, Kreativität und ein analytisches und kritisches Denken.[3] Anstatt diese Eigenschaften aber zu fördern, wird Menschen, die aus der Reihe tanzen und sich festen Systemen nicht bedingungslos fügen wollen, oft ein gewisses Autoritätsproblem nachgesagt. Sie werden als störend und aufdringlich abgestempelt, obwohl ihre Weitsicht eigentlich ein Talent ist, das wertgeschätzt werden sollte.

»Ich habe mal bei einem Headhunter-Unternehmen in der Schweiz gearbeitet«, erzählt mir Waldemar von einem seiner vielen Jobs vor seinem Unternehmertum. Damals musste er Kandidat*innen für bestimmte Stellen finden. Im besten Sinne des Geschäftsmodells hat er sich überlegt, wie er die Aufmerksamkeit von vielen potenziellen Kandidat*innen bekommen kann. »Ich habe in Zürich beobachtet, welche Geschäftsleute bestimmter Branchen in welche Restaurants zum Mittagessen gehen. In diesen Restaurants gab es Papiertischdecken, und irgendwann habe ich gedacht, dass wir diese bedrucken sollten. Menschen, die offen für einen neuen Job sind, hätten so auf uns aufmerksam werden können«, gibt Waldemar wieder und entknotet seine Beine aus dem Schneidersitz. Ich merke, wie grandios er die Idee immer noch findet, als er mir davon erzählt. Sein damaliger Chef war nicht so begeistert. »Er hat mir gesagt, dass das Marketing sei. Dafür sei das Team in Frankreich zuständig. Ich solle einfach meinen eigenen Job machen«, berichtet Waldemar und reißt die Augen auf. »Aber woher sollen die Leute aus Frankreich die Papiertischdecken in Zürich kennen? Warum also nicht mal die Idee einbringen?«, fragt er mich nun wesentlich lauter. Er hebt seine Hände vor sich, als würde er eine imaginäre Papiertischdecke vor sich halten, die er auf keinen Fall loslassen will, so genial findet er den Einfall noch immer. Während ich bei diesem Anblick anerkennend nicke, war sein damaliger Chef anderer Meinung. Das Denken über den Tellerrand hinaus wurde nicht wertgeschätzt, und Waldemar hat nach sieben Monaten gekündigt – wie fast alle seine Jobs.

DIE AUTORITÄT

»Hast du ein Problem mit Autorität?«, frage ich, und Waldemar findet die Frage doof.

»Was ist Autorität? Wenn es so was wie natürliche Autorität gibt, habe ich kein Problem. Wenn eine Person sich als Autoritätsperson aufbaut, nur weil sie einen bestimmten Titel hat, habe ich ein Problem«, sagt er schulterzuckend.

»Findest du, meine Generation hat ein Autoritätsproblem?«, frage ich weiter.

»Ihr habt halt gar keinen Bock auf Autorität, so nehme ich das zumindest wahr«, sagt er und überlegt kurz. »Das ist zum Teil berechtigt, weil sich die Welt unter den älteren Generationen zum Negativen verändert hat und wir den Planeten vor den Abgrund getrieben haben. Gleichzeitig wünsche ich mir von jungen Menschen manchmal etwas mehr Wertschätzung und Respekt vor Erfahrung«, ergänzt er. Ich mache eine Bewegung mit dem Kopf, die sowohl Zustimmung als auch Ablehnung bedeuten kann, und runzle die Stirn.

»Wie siehst du das denn?«, fragt er mich daraufhin zurück.

»Ich sehe auch, dass wir lauter sind und uns mehr auflehnen. In Einzelfällen lässt sich sicher über die Art und Weise streiten, aber meistens finde ich es richtig, Dinge zu hinterfragen. Für mich ist Autorität unabdingbar an Respekt gekoppelt – für beide Seiten. Wenn eine ältere Person mir nicht mit Respekt und auf Augenhöhe begegnet, nehme ich sie auch nicht als Autoritätsperson wahr«, sage ich. Dann erzähle ich Waldemar von meiner Freundin Pia, ihrer Arbeit im Krankenhaus und dem autoritären Auftreten ihres Chefs, der sie vor der gesamten Gruppe bevormundet und sie in die Rolle des Lehrlings verwiesen hat.

»Ist das jetzt respektlos von ihr oder autoritär von ihm?«, frage ich ihn.

»Nein, das klingt einfach nach einem Arschloch«, antwortet Waldemar ziemlich klar. »Eine natürliche Autorität bedeutet, dass Leute gern und freiwillig von dir lernen. Diese Art von Demütigung ist absoluter Schwachsinn und letztlich das Ergebnis toxischer Männlichkeit.

Das ist patriarchal, dieses Wort trifft es viel besser als autoritär«, sagt er und schüttelt sich so sehr, dass es mich schon fast freut. Tatsächlich liegt das Patriarchat ausgesprochen nah an dem, was oft als autoritär beschrieben wird.

Die deutsche Philosophin Prof. Dr. Hilge Landweer hat einmal analysiert, wie männlich Autorität ist. Dabei hat sie festgehalten, dass Frauen nach wie vor wesentlich seltener eine natürliche Autorität zugeschrieben werde und wenn doch, dann eine mütterliche Autoritätsform in Verbindung mit Fürsorge. Seit dem Nationalsozialismus sei das Wort »Autorität« immer mehr aus unserem Wortgebrauch verschwunden, dabei müssen wir von einer negativen und einer positiven Autorität unterscheiden. Schlecht sei die einschüchternde Autorität, die laut der Expertin letztlich auf Angst beruhe und sich gegen Kritik immunisiert. Als gut ließe sich ihr zufolge eine Autorität bezeichnen, die sich auch mal infrage stellen oder auch kritisieren lässt. Diese Art von Autorität wird von anderen als fürsorglich und angenehm empfunden, wodurch sie der Autoritätsperson auf eine ganz selbstverständliche Weise sehr viel Respekt zollen und ausgesprochen offen sind, von ihr zu lernen.[4]

Ich frage mich, ob der zugespitzte Nachwuchsmangel in einigen Branchen am veralteten Autoritätsbild liegt, das gewisse Berufe noch bestimmt. So beklagen sich zum Beispiel die Bundeswehr und die Bundespolizei schon seit Jahren über fehlenden Nachwuchs. Gleichzeitig sind das Branchen, in denen Hierarchien und eine patriarchale Autorität noch eine besonders große Rolle spielen, mit denen sich aber immer weniger junge Menschen identifizieren können. Ganz im Gegenteil, sie lehnen sich sogar teilweise auf, wie der Jahresbericht zur Bundeswehr mit einigen Fallbeispielen zeigt:

»Aus Verärgerung darüber, dass ein Gefreiter während der Wachausbildung zu lachen anfing, soll sein Gruppenführer ihm aus einer Entfernung von etwa einem Meter eine für Übungszwecke verwendete

und der Pistole P8 täuschend ähnliche Softair-Pistole für etwa fünf Sekunden vor den Kopf gehalten haben, um ihn einzuschüchtern. Hierbei soll er gegenüber dem Gefreiten sinngemäß geäußert haben: ›Ist das jetzt immer noch lustig?‹ Die Softair-Pistole soll er ohne die notwendige Genehmigung in die Kaserne eingebracht haben. Darüber hinaus soll er eine mit leeren Pfandflaschen vollständig gefüllte Tonne ausgeleert und den anwesenden, ihm unterstellten Rekruten befohlen haben, alle Flaschen wieder in dieselbe Tonne zu werfen.«

Die restlichen Anwesenden haben den Gruppenführer gemeldet, der anschließend wegen Verletzung seiner Dienstpflichten vor dem Truppendienstgericht angeschuldigt wurde.[5] So eine Konsequenz zieht pures Arschlochverhalten, wie Waldemar es nennen würde, allerdings nur selten nach sich. Führungskräfte, die sich selbst als Autoritätspersonen sehen möchten, genießen häufig einen besonderen Schutz.

DIE SCHNEEKUGEL

»Wenn Führungskräfte ihre zugeschriebene Autorität durch Jobtitel abgeben, indem sie Hierarchien gezielt abbauen wollen, kann das auch etwas mit dem Ego machen. Wie war das bei dir?«, frage ich Waldemar ziemlich direkt, und er nimmt einen Schluck aus seinem Wasserglas, das vor ihm auf dem Tisch steht. Er räuspert sich kurz.

»Mhm, mit meinem Ego habe ich wahrscheinlich heute noch Probleme. Früher habe ich definitiv viel Bestätigung von außen gebraucht. Heute ist es wohl immer noch so«, gesteht er.

»Wann hast du das letzte Mal etwas für die Bestätigung gemacht?«, hake ich nach.

»Das passiert wahrscheinlich ständig – auf Social Media zum Beispiel! Ich frage mich dann, ob ich etwas poste, weil es mir wirklich wichtig ist oder weil ich Bestätigung haben möchte. Und manchmal bin ich mir da gar nicht so sicher«, gesteht er.

Ich habe in den letzten Monaten auf Instagram gesehen, wie sich Waldemar um die in Berlin ankommenden Menschen aus der Ukraine gekümmert hat, die vor Putins Angriffen flohen. Er stand ein paar Tage in einer Warnweste am Hauptbahnhof und hat die Menschen am Gleis abgefangen und zu Ansprechpartner*innen der Hilfsorganisationen am Bahnhofsvorplatz geführt. Weil er selbst im Kindesalter mit seiner Familie aus Kasachstan in Deutschland ankam, weiß er schließlich aus eigener Erfahrung, wie es ist, in einem anderen Land anzukommen, dessen Sprache man erst mal nicht mächtig ist.

»Wenn dann positives Feedback kommt, kann ich nicht mehr ganz unterscheiden, was mein erster Antrieb war. Deswegen mache ich in meinem Sabbatical jetzt auch sechs Monate eine Social-Media-Pause, gehe keine neuen Projekte an und werde so auch keine Bestätigung von außen bekommen«, sagt Waldemar. Weil er möchte, dass sein gesamtes Team diese Möglichkeit für sich nutzen kann, hat er die Entscheidung des Gehaltsrats befürwortet, allen Mitarbeitenden pro Jahr einen Monat voll bezahltes Sabbatical anzubieten. Zusätzlich zum Urlaub, der in dem Unternehmen aber eh allen unbegrenzt zur Verfügung steht. Jede*r nimmt sich so viele freie Tage, wie eben nötig.

»Krass«, lautet meine kurze Reaktion zum Sabbatical-Plan.

Ich weiß, dass sich Waldemar vor der Gründung von einhorn schon einmal ein Sabbatical genommen hat. Damals hat er noch mit großen Investor*innen zusammengearbeitet und gerade ein Startup ins Leben gerufen, das eine Art Online-Gelbe-Seiten für handwerkliche Betriebe war. Aber der Druck der Geldgebenden wurde zu hoch, der Workload irgendwann zu doll. »Ich musste damals die Stopptaste drücken, weil ich einfach total lustlos war, morgens müde aufgewacht bin und im Job nur die Stunden gezählt habe, bis ich wieder nach Hause konnte, um mich hinzulegen. Dabei bin ich eigentlich ein totaler Frühaufsteher und voller Energie«, erinnert sich Waldemar an die klassischen Symptome einer Erschöpfungsdepression, die im Volksmunde auch als Burn-out bezeichnet wird. Er ließ sich die Erkrankung damals nicht ärztlich bescheinigen und suchte keine Praxis auf, aber erkannte die Alarmsignale früh. Dennoch zog sich der Prozess, bis er sich eine vertretende Geschäftsleitung suchte und den Investor*innen sagte, dass er eine Weltreise machen werde.

»Hast du ihnen damals gesagt, was los war?«, frage ich.

»Nein, nicht wirklich. Mir war das sehr unangenehm. Ich habe es damit begründet, dass ich eine andere Person an der Spitze des Unternehmens für effektiver halte«, sagt Waldemar. Dann packte er seinen Rucksack und flog nach Südamerika, wo er gedanklich die Bücher von Warren Buffett und Bill Gates verbrannte.

»Ich wollte keinen Zahlen mehr hinterherrennen und auf keinen Fall ein weiteres Mal mit Investor*innen gründen. Und am wichtigsten: Ich wollte es nie wieder so weit kommen lassen, mental so fertig zu sein«, erinnert er sich an die Reise und schüttelt den Kopf.

»Und jetzt? Bist du nun trotzdem wieder an einem ähnlichen Punkt?«, frage ich vorsichtig.

»Ich brauche einfach eine Pause … Es ist wieder zu viel geworden, daran ist jedoch nicht die Arbeit bei einhorn schuld. Hier ist alles cool, das Fundament ist stabil. Ich habe aber zu viel ehrenamtliche Arbeit nebenbei gemacht und mache mir durchgehend Gedanken um zukünftige Projekte, die unsere Wirtschafts- und Bildungswelt gerechter machen sollen. Dadurch habe ich meinen klaren Fokus verloren, und den möchte ich im Sabbatical wieder herstellen«, sagt er, und ich nicke anerkennend.

Wenn Waldemar vom Fokus spricht, stellt er sich vor, dass er in einer Schneekugel steht, die gerade geschüttelt wurde. Um ihn herum fliegen so viele Einzelteile, dass er seine eigene Hand vor Augen kaum noch sieht. Das Sabbatical soll ihn zu einem Moment des Stillstands führen oder sich dem zumindest annähern. Wenn die Schneekugel nicht bewegt wird, sinken alle kleinen Teile zu Boden, und die Sicht ist wieder klar. Tatsächlich sehnt sich jede zweite Person in Deutschland nach dem Stillstand ihrer persönlichen Schneekugel und würde gern ein Sabbatjahr machen: Die angegebenen Hauptgründe sind dabei, sich Zeit für sich selbst zu nehmen, ein Burnout zu verarbeiten oder ihm vorbeugen zu wollen und auf Reisen zu gehen. Trotz des großen Bedarfs setzen nur wenige diesen Plan in die Tat um.[6] Und auch hier sieht man bei Befragungen einen Altersunterschied: Bei jüngeren Altersgruppen ist der Sabbatical-Wunsch weitaus stärker ausgeprägt und liegt deutlich über dem Gesamtdurchschnitt aller Befragten. Beispielsweise haben bereits 14 Prozent der 18- bis 24-Jährigen eine Pause im Job oder der Bildung eingelegt, und knapp 29 Prozent möchten zukünftig eine nehmen. Im Vergleich dazu fällt die Euphorie bei den 50- bis 59-Jährigen mit jeweils 7 und 16 Prozent eher gering aus.[7]

Ich sitze vor Waldemar und muss schmunzeln, weil gerade meiner Generation so gern vorgeworfen wird, schon im Vorstellungsgespräch nach dem Sabbatical zu fragen. Nicht selten schwingt in diesem Vorwurf etwas Neid mit. »Mich verwundert es, um ehrlich zu sein, nicht, dass das Fordern nach beruflichen Pausen seitens der Jüngeren von den Älteren manchmal eher mit Missgunst betrachtet wird. Es sind die Pausen, die sich ältere Generationen selbst verwehrt haben. Weil viele von ihnen nie eine Pause hatten, leiden sie teilweise bis heute unter den Folgen und interpretieren Ruhephasen im Job eher als Schwäche«, sage ich. Anstatt das regelmäßige Einräumen von Pausen als Stärke anzuerkennen, wirft man uns Jüngeren nicht selten Faulheit oder Bequemlichkeit vor. Dabei sagen die Reaktion und der Anteil der Mitarbeitenden, die in dem Unternehmen

regelmäßig eine Pause machen, schon sehr viel über die Arbeits-
atmosphäre aus.

»Ich glaube auch, dass ein Sabbatical etwas ist, das gefördert
werden sollte«, stimmt mir Waldemar zu. Hört man auf ihn, profitiert eigentlich das gesamte Unternehmen, wenn die Mitarbeitenden
innerlich ausgeglichen sind und regelmäßig Abstand vom Arbeitsalltag gewinnen, um mentale Selbstfürsorge zu betreiben. »Wir gehen
noch einen Schritt weiter und lassen die einzelnen Personen mit
ihrer Selbstfürsorge nicht allein. Das ganze Team soll wissen, was
die andere Person bewegt, um sie auch besser unterstützen zu können«, sagt Waldemar. Er nennt diese Form des Arbeitens »Inner
Work«. All die Maßnahmen von New Work würden ihm zufolge
nicht greifen, wenn das Mindset nicht stimme. Bei der Vorstellung,
vor meinen Kolleg*innen und Vorgesetzten mentale Selbstfürsorge
zu betreiben und sehr offen über meine Probleme zu sprechen, läuft
es mir ehrlicherweise erst mal kalt den Rücken runter – und so geht
es tatsächlich nicht nur mir.

»Du hast mal in einem Podcast gesagt, dass viele neue Mitarbeitende dir bei Jobbeginn spiegeln, es sei die ›anstrengendste
Arbeit ever‹. Woran liegt das?«, möchte ich wissen.[8]

»Inner Work bedeutet, dass die Leute hier nicht nur arbeiten,
sondern sich auch mit den Päckchen, die sie teilweise viele Jahre
mit sich rumschleppen, auseinandersetzen. Dabei arbeiten wir mit
unterschiedlichen Coaches zusammen, und, ja, das kann sehr anstrengend sein«, antwortet Waldemar. In den Coaching Sessions
werde es regelmäßig sehr emotional und unbequem, denn die Mitarbeitenden sollen sich nicht nur im beruflichen Kontext den Spiegel vorhalten, sondern auch die Möglichkeit haben, ihre privaten
Probleme vor der Gruppe zu reflektieren.

»Ich verpacke meine Päckchen doch aber nicht mit Panzerband,
um sie dann auf der Arbeit vor meinen Vorgesetzten und meinen

Kolleg*innen aufzureißen. Ist das nicht übergriffig?«, frage ich fast schon trotzig, und Waldemar hebt abwehrend die Hände.

»Das passt sicherlich nicht für alle – muss es auch nicht. Leute, die sich hier um einen Job bewerben, wissen das vorab. Sie stellen sich darauf ein«, sagt er.

»Und lenkt das nicht von der Arbeit ab? Wir sind doch wesentlich unkonzentrierter, wenn wir uns mit unseren Päckchen beschäftigen«, mutmaße ich.

»Natürlich lenkt das zwischenzeitlich ab, aber was wäre die Alternative?«, fragt Waldemar zurück, und in meinem Hals macht sich ein dicker Kloß breit, weil ich in meinem eigenen Umfeld sehe, dass Waldemar nicht ganz unrecht hat.

Meine Freundin Mya will sich zum Beispiel eigentlich schon seit Längerem einen Therapieplatz suchen, um die rassistischen Erfahrungen ihrer Kindheit aufzuarbeiten. Sie weiß aber, dass es sie erst mal raushauen wird, und findet nicht den richtigen Zeitpunkt, um die Kapazitäten zu haben, auch mal unfähig und unproduktiv zu sein. Tommy hat nur wenige Tage nach dem plötzlichen Tod seines Vaters ein riesiges Projekt im Job übernommen. Wenn ich heute mit ihm über seinen Vater spreche, merke ich, dass er den Trauerprozess eigentlich nie wirklich abgeschlossen hat, weil er schlicht und ergreifend keine Zeit hatte – das Problem mit der anfallenden Arbeit vielleicht auch gezielt verdrängt hat. Und auch Pia hat in ihrem Krankenhaushamsterrad kaum eine Sekunde, um mal durchzuatmen und zu reflektieren, wie sehr sie dem Leistungsanspruch ihres Chefs hinterherhechelt und was das mit ihr macht.

»Ich glaube, es ist zielführender für Mensch und Unternehmen, die eigene Verletzlichkeit auch zeigen zu dürfen«, sagt Waldemar und reißt mich aus meinen Gedanken. Ich schaue skeptisch drein. Bei der Vorstellung, eine Therapiesitzung im Arbeitsumfeld zu machen, dreht sich bei vielen trotzdem erst mal der Magen um.

»So was macht uns angreifbar, verletzlich und klein. Im Job weinen die meisten Menschen deshalb auf der Toilette und nicht am Schreibtisch, weil sie genau das vermeiden wollen. Momente, in denen Überforderung, Wut und Hilflosigkeit mit uns durchgehen, bleiben dadurch ungesehen«, versuche ich meine verwirrten Gedanken in Worte zu fassen.

»Ja, aber sind Tränen auf der Toilette unbedingt besser?«, stellt Waldemar die Gegenfrage.

»Mhm«, mache ich nur.

»Ich glaube, die meisten Menschen ahnen gar nicht, wie häufig ihre Kolleg*innen auf der Toilette weinen«, sagt Waldemar.

Und tatsächlich passiert es häufig. Im Rahmen einer Umfrage eines US-Jobportals wurde mit dreitausend Leuten gesprochen. Jede zweite Person gab an, dass sie schon mal im Job weinen musste. Und 14 Prozent der Befragten kommen mindestens wöchentlich, manchmal auch täglich, auf der Arbeit die Tränen.[9]

»Sind bei dir schon mal die Tränen geflossen?«, frage ich Waldemar, und er verzieht das Gesicht.

»Ich habe ein richtig krasses Problem mit Tränen. Ich bin sehr männlich sozialisiert und damit aufgewachsen, dass Tränen immer ein Zeichen von Schwäche sind. Ich habe noch nie im Meeting geweint – nicht weil ich nicht will. Ich habe dann einen riesigen Kloß im Hals, aber ich kann vor anderen einfach nicht weinen«, sagt er, und ich hebe fragend die Hände.

»Hä?«, entfährt es mir irritiert. »Du kannst doch nicht wollen, dass sich alle anderen öffnen, nur du machst es nicht?«

Waldemar stimmt mir zu und erzählt mir, dass er genau aus diesem Grund gerade ein Programm mache, das ihm helfe, Emotionen besser zu kommunizieren und auch nach außen zu tragen. »Das ist ein langer Prozess, und jede Person braucht dafür unterschiedlich viel Zeit – ich bin ja kein Übermensch, sondern muss es auch lernen«, sagt er versöhnlich, und ich nicke. Gleichzeitig frage ich mich, was das mit seiner Rolle des Chefs zu tun hat – Hierarchien und Enteignung hin oder her – er bleibt der Gründer des Unternehmens. Aber auch Waldemar kann mir diese Frage nicht sicher beantworten, sondern nur mutmaßen, dass er genau wie ich von einem patriarchalen und kapitalistischen Weltbild geprägt sei. Ein Weltbild, das in seinen einstigen Wirtschaftsbüchern von Warren Buffett auf Kontrolle, Autorität und Wachstum basiert:

»If you cannot control your emotions, you cannot control your money.«

DIE SCHEINE

Waldemar hat die Kontrolle über das Geld bei einhorn bewusst abgegeben: Es wird gemeinschaftlich darüber entschieden, wer wie viel Gehalt bekommt. Das Unternehmen hat einen gewählten Gehaltsrat, der aus drei Personen besteht und alle zwei Jahre wechselt. Dieser Rat entwickelt das Gehaltssystem ständig weiter und fragt sich, wie es noch optimiert werden kann, um möglichst vielen Lebensrealitäten gerecht zu werden: Mittlerweile gibt es zum Beispiel einen Zuschuss für Eltern oder Pflegende, sie bekommen monatlich rund vierhundert Euro netto mehr. Das Unternehmen unterstützt zudem finanziell beim Kinderwunsch in Form einer künstlichen Befruchtung. Das höchste Gehalt ist maximal das Dreifache des niedrigsten – und das höchste bekommen nach wie vor Waldemar und sein Mitgründer Philip Siefer.

»Das Thema Gehalt erfordert viel Vertrauen, Transparenz und einen einfachen Zugang«, sagt Waldemar weiter.

»Was bedeutet ein einfacher Zugang konkret?«, möchte ich wissen.

»Es findet zum Beispiel nicht jährlich ein Gehaltsgespräch statt, auf das sich dann alle krampfhaft vorbereiten und viele Erwartungen daran knüpfen«, erklärt er. Jede Woche lädt der Gehaltsrat stattdessen zu einer Sprechstunde ein, in der die Mitarbeitenden auch unbürokratisch und direkt monatlich siebenhundert Euro netto mehr beantragen können, wenn sie es gerade brauchen.

»Und in welchen Fällen dürfen sie es beantragen?«, frage ich weiter.

»Das spielt keine Rolle. Sie müssen uns nicht sagen, wofür sie es brauchen oder was sie vorhaben. Sie bekommen es einfach«, sagt Waldemar, und tatsächlich bringt mich das zum Staunen.

»Wie viele nutzen das?«, frage ich.

»Keine Ahnung«, sagt Waldemar und zuckt wieder mit den Schultern.

»Was? Du weißt es nicht?«, ich runzle die Stirn.

»Ich will das nicht kontrollieren, sondern vertraue den Leuten im Gehaltsrat. Sie wollen jetzt auch eine 32-Stunden-Woche bei voller Bezahlung einführen. Solang wir uns das wirtschaftlich leisten können und alle zufrieden sind, ist es auch für mich super. Wir möchten die Gewinne nicht nutzen, um schnell und unkontrolliert zu wachsen. Das ganze Team soll davon profitieren. Langfristig möchte ich, dass sich alle selbstreflektiert das Gehalt aus dem Topf nehmen, das sie zum Leben brauchen«, sagt Waldemar, der dafür aber erst noch das Vertrauen im Team weiter stärken möchte. So was ginge nicht von heute auf morgen.

Die Vorstellung finde ich ziemlich krass, denke ich im ersten Moment, stelle dann aber fest, dass ich auch so etwas wie einen Gehaltsrat habe: mein Netzwerk. Ein Gebilde, das Gold wert ist und auf das ältere Generationen zumindest im Gehaltskontext seltener zugegriffen haben: 81 Prozent der 18- bis 24-jährigen Befragten sprechen offen über Geld und tauschen sich regelmäßig über Honorare und Gehälter aus. Ältere Generationen hingegen nutzen diesen Hebel für sich kaum, denn in ihren Köpfen besteht oft immer noch das Bild, dass Geld etwas Schmutziges oder Privatsache sei. Wer zu viel darüber spricht, sei gierig, oberflächlich oder auch angeberisch. Ein offener Austausch über Moneten ist für viele daher nach wie vor ein Tabu. Nur 48 Prozent der älteren Angestellten sprechen mit ihren Ehe- oder Lebenspartner*innen über ihr Einkommen. Mit Freund*innen sprechen nur 29 Prozent der Befragten übers Gehalt, mit Arbeitskolleg*innen pflegen lediglich 19 Prozent einen offenen Umgang über Geld.[10] Meine Generation bricht mit dieser Denkweise, zeigen die Umfragen: Gerade Berufseinsteiger*innen ahnen nämlich, dass sie die erste Stellschraube für viele Firmen sind, um Kosten einzusparen, und fordern deshalb Transparenz.

Fast wöchentlich bekomme oder verschicke ich daher eine Nachricht, in der so etwas steht wie: »Was würdest du für den Auftrag X nehmen?« Per WhatsApp diskutiere ich mit anderen Kolleg*innen die Eckdaten, den Arbeitsumfang, die Größe des Unternehmens, den Reiseaufwand und den Mehrwert des eigenen Hintergrundwissens für diesen speziellen Auftrag. Jetzt könnte man meinen, dass das Ergebnis dieser Einschätzungen ist, dass wir für den Auftrag X alle ähnlich viel verdienen würden. Schließlich ist es unser Ziel, dass niemand unterbezahlt arbeitet, und das steht an oberster Stelle. Die Honorare unterscheiden sich teilweise trotzdem um mehrere Tausend Euro für den gleichen Job, weil Tommy zum Beispiel anderes technisches Hintergrundwissen mitbringt als ich oder meine Kollegin Sarah eine große Reichweite in den sozialen Netzwerken hat, die für manche Unternehmen einen besonderen Mehrwert bietet. Im ersten Moment kann das vielleicht zu Frustration, Neid oder gar Missgunst führen. Langfristig sorgt dieser transparente Vergleich von Fähigkeiten und ihrem monetären Wert für einen spezifischen Auftrag aber für eine bessere Selbsteinschätzung und klarere Zieldefinitionen. Unsere wichtigste Intention, dass niemand unterbezahlt arbeitet und dadurch den Marktwert zerstört, bleibt gewahrt.

Ein ähnliches Prinzip wollte man 2017 in der gesamten Wirtschaft etablieren, indem die Politik das Entgelttransparenzgesetz auf den Weg gebracht hat. Mit diesem Gesetz will die Politik Lohndiskriminierung verhindern, den Gender-Pay-Gap schließen und Arbeitnehmer*innen unter bestimmten Bedingungen die Möglichkeit bieten, einen Auskunftsanspruch über die Gehälter im Unternehmen einzufordern. Tatsächlich wird es seit der Einführung aber kaum genutzt, und der Gender-Pay-Gap hat sich auch nicht bewegt. Es bleibt also die Frage, wie transparent ein Gehaltssystem in der Realität sein kann und wie umsetzbar es in großen Unternehmen ist.

Ich sitze Waldemar gegenüber und denke über diese Frage nach, während draußen im Innenhof eine Motorsäge singt. Er sitzt wieder im Schneidersitz vor mir, und ich sehe ihm an, dass ihm in unserem Holzkabuff genauso warm ist wie mir. »In den großen Unternehmen würden sicherlich einige sagen, dass ihr Wirtschaft romantisiert: Jede Person nimmt sich das Gehalt aus dem Topf, das sie zum Leben braucht, alle wissen, wer wie viel verdient. Funktioniert das auch in Konzernen?«, frage ich, und Waldemar grinst belustigt, weil er diesen Vorwurf der Romantisierung kennt.

»Im Zweifel haben die Leute, die das sagen, noch viel mehr Budget, das aufgeteilt werden kann. Es wäre nur richtig, es unter den Menschen, die die Arbeit leisten, auch fair zu verteilen. Große Konzerne entscheiden sich aber meistens für eine andere Verteilung, von der in erster Linie Shareholder profitieren«, sagt Waldemar und stößt den Vorwurf der Romantisierung mit dem Prinzip des Kapitalismus zurück. Er will an seiner Vorstellung, dass sich zukünftig bei einhorn jede*r bedarfsorientiert und leistungsgerecht am Gehaltstopf bedienen kann, festhalten. Um das in dieser Form umzusetzen, sei aber auch bei einhorn noch viel *inner work* und Kommunikation erforderlich.

DIE BARSUCHE

»Nicht nur beim Thema Gehalt besteht die Gefahr, dass diejenigen, die am lautesten schreien, auch am meisten bekommen. Sie besteht im Zweifel bei allen Entscheidungen, die gemeinschaftlich getroffen werden«, sage ich skeptisch.

»In jeder Gruppe gibt es Lautstarke, die den Drang haben, eine Gruppe zu führen. Auch wenn wir privat unterwegs sind und die Frage offen ist, in welche Bar wir gehen, entsteht eine kleine Art der Hierarchie«, sagt Waldemar. Bis zu einem gewissen Maß sei das gesund, denn sonst würde man wahrscheinlich stundenlang auf dem Bürgersteig stehen, und es würde keine Entscheidung fallen, wenn es niemanden gebe, der zum Beispiel drei Bar-Optionen ins Spiel bringe. Wichtig sei es, nach Waldemars Definition, dass diese Hierarchien gezielt flach gehalten würden und die Personen, die Bar-Optionen vorschlagen, regelmäßig wechselten und eine Flexibilität bestehen bleibe.

»Jetzt ist aber nicht jede Person der Typ, der lauthals den Namen einer Bar auf dem Bürgersteig brüllt und die Gruppe in diese Richtung manövriert«, sage ich.

»Voll, deswegen geht's auch nicht nur darum, lauthals zu brüllen, sondern regelmäßig andere Kommunikationsformen zu wählen. Bei einhorn tauschen wir uns nicht nur direkt aus, sondern sammeln Ideen häufig auch schriftlich oder bereiten kleine Präsentationen vor. Durch diesen Wechsel wollen wir verhindern, dass sich introvertierte Menschen überrollt fühlen.

In der Praxis ist die gemeinsame Bar-Suche ein langer Lernprozess, bestätigt Waldemar. Wer aktuell eine Idee hat und eine Entscheidung treffen möchte, stellt sie der Gruppe vor, die diese Idee anhand eines Notensystems bewertet. Wird die Idee mit vier oder fünf bewertet, sollte die Person noch mal über die Idee nachdenken. Nutzt ein Teammitglied ein Veto, muss die Idee so lang optimiert werden, bis auch diese Person vollkommen überzeugt ist.

»Klingt zeitaufwendig«, mutmaße ich.

»Das ist es auch«, bestätigt Waldemar.

»Können denn bei so viel Zeitaufwand überhaupt kluge Entscheidungen getroffen werden?«, frage ich kritisch.

»Was sind denn kluge Entscheidungen?«, fragt er genauso kritisch und spielt mir den Ball zurück. Ich muss grinsen, denn ich weiß, welche Intention Waldemar mit dieser Gegenfrage verfolgt. In klassischen Unternehmen gelten oft die Entscheidungen als klug, die ein Wachstum befördern und den Umsatz befeuern. Bei einhorn wisse man mittlerweile, dass unkontrolliertes Wachstum oft nicht nachhaltig ist und das Teamgefühl eher negativ beeinflussen kann. Entscheidungen werden daher meistens dann als klug eingestuft, wenn alle überzeugt sind oder zumindest niemand extreme Bauchschmerzen bei einem Vorschlag hat.

»Am Ende fühlt sich jede*r mehr eingebunden und ist umso zufriedener mit der Entscheidung. Das eigene Verantwortungsbewusstsein steigt, und wenn sich die Entscheidung dann doch als falsch entpuppen sollte, schiebt niemand irgendwem die Schuld in die Schuhe. So bleibt das Teamgefühl auch in Krisenzeiten stark«, sagt Waldemar.

Ich gucke auf mein Handy und sehe, dass unser Gespräch schon zwanzig Minuten länger dauert als eigentlich geplant. In Waldemars Gesicht ist zwar kein Stress zu sehen, das Interview schnellstmöglich zu beenden, aber ich möchte seine Zeit auch nicht überstrapazieren.

»Ich habe noch eine Frage«, sage ich deswegen.

»Schieß los?«, sagt er.

»Was ist dir wichtiger: deine eigene Selbstbestimmung zu sichern oder anderen Fremdbestimmung zu ersparen?«, frage ich.

Waldemars Gesicht verzieht sich. »Die Frage ist unfair, Gerechtigkeit ist mein größter Antrieb, und durch Fremdbestimmung fühle ich mich extrem getriggert«, überlegt er laut, und ich sehe, wie die Gehirnzellen hinter seinen buschigen Augenbrauen Pingpong spielen. Am Ende entscheidet sich Waldemar für Selbstbestimmung, weil er sich nur so gegen die Fremdbestimmung anderer einsetzen könne.

»Danke«, sage ich zum Abschluss, und er lächelt mich zufrieden an. In der Küche fülle ich mir noch mal mein Wasserglas nach und exe es mit einem großen Schluck, bevor wir uns zur Verabschiedung umarmen und ich ihm ein schönes Sabbatical wünsche.

Ich verlasse das Gebäude, und als ich unten im Innenhof ankomme, hole ich mein Handy aus meiner Bauchtasche und schreibe Pia völlig kontextlos:

»Sei kein Industriehuhn, sei ein wildes Huhn!«

Müssen wir eine Rolle spielen,
um Karriere zu machen,
Caroline Farberger?

(WELLSTREET)

»Hier wären wir«, sagt der Taxifahrer und hält seinen Wagen an. Wir stehen in einer Art Industriegebiet etwas außerhalb von Stockholm. Ein großes Schild sagt mir, dass McDonalds nur wenige Hundert Meter entfernt ist.

»Okay ...«, antworte ich und gucke skeptisch aus dem Autofenster. Es ist fast elf Uhr dreißig. In der E-Mail stand, dass wir uns zwischen elf Uhr dreißig und zwölf hier treffen würden. Ich bezahle das Taxi per Karte und gehe durch die Drehtür des großen Firmengebäudes, in dem gleich mehrere Unternehmen Räumlichkeiten angemietet haben. Am Empfang sitzt zu meiner Verwunderung niemand, und auch sonst sehe ich keine Menschenseele. Also laufe ich zögernd in die große Eingangshalle, die wie ein Hohlraum des gesamten Gebäudes wirkt. Einige Bürofenster sind mit bunten Stoffgardinen verhangen, manche davon sehen wie Bettlaken aus. Die schweren Sicherheitstüren sind verschlossen und lassen sich für Mitarbeitende nur per Chipkarte öffnen. Ich schlendere etwas rum, entdecke durch eine der vielen Glastüren ein gut ausgestattetes Fitnessstudio. Nachdem ich einmal im Kreis gelaufen bin, setze ich mich neben dem Eingangsbereich auf einen schwarzen Holzstuhl und warte. Die Minuten vergehen langsam, und ich checke dreimal bei Google Maps, ob ich an der richtigen Adresse bin. Doch da sehe ich sie. Eine hochgewachsene Frau in rosafarbenem Etuikleid, schwarzem Blazer, weißen Turnschuhen und mit einer großen Tasche von Louis Vuitton unter dem Arm. Caroline Farberger läuft mit langsamen Schritten durch die Drehtür auf mich zu. Sie wirkt dabei zögerlich, fast schon schüchtern?

»Hey, ich bin Caroline«, sagt sie und reicht mir die Hand.

»Toll, dich kennenzulernen. Ich bin Ronny«, antworte ich und lächle sie an.

Ich habe Caroline Farberger vor einigen Wochen auf LinkedIn geschrieben. Als einer der wenigen Personen, die eine Spitzenposition innehaben, kann man ihr auf dem Jobportal direkt schreiben. Die meisten Topmanager*innen nutzen indes die Security-Funktion, wodurch ihnen ausschließlich jene Mitglieder eine Nachricht schicken können, die auch ihre E-Mail-Adresse haben. »Hallo Ronja, schreib mir gern eine E-Mail mit den Details«, antwortete Caroline mir noch am selben Wochenende auf meine Nachricht und gab mir ihre Kontaktdaten. Wir waren direkt per Du. Wie herrlich unkompliziert und normal, dachte ich. Caroline ist Jahrgang 1967 und war lange CEO der Versicherungsgesellschaft ICA Försäkring, einer Tochtergesellschaft von Schwedens größtem Versicherungsunternehmen ICA. Mittlerweile ist sie Vorstandsfrau der Investmentfirma Wellstreet, die sich auf den Ausbau nachhaltiger Techunternehmen spezialisiert hat. Dabei teilt Caroline ihre jahrzehntelange Erfahrung mit anderen Gründer*innen, um einzelne Ideen in profitable Start-ups zu übersetzen, und unterstützt bei der Kapitalbeschaffung. Die Firma agiert international und arbeitet zum Teil in dem Co-Working-Gebäude im Industriegebiet, in dem wir uns für heute verabredet haben. Ich möchte mit Caroline darüber sprechen, ob wir im Jobleben nicht alle eine Rolle spielen und bestimmte Kriterien erfüllen müssen, um Karriere zu machen.

Ihr Auto, einen weißen, etwas in die Jahre gekommenen VW, hat sie hinter dem Haus geparkt. »Zu wem gehört denn der Kindersitz?«, frage ich, als ich die Beifahrertür öffne und einen Blick auf den Rücksitz erhasche. Ich weiß, dass ihre eigenen Kinder aus dem Alter raus sind.

»Meine Frau und ich haben eine Mutter und ihr kleines Kind aus der Ukraine bei uns aufgenommen. Unser Haus ist groß genug, also haben wir zu Beginn des Angriffs auf das Land in eine Facebook-Gruppe geschrieben, dass wir Platz haben. Ihr Kind ist anderthalb Jahre alt ... und ja, plötzlich haben wir wieder einen Kindersitz im

Auto«, sagt sie und lacht. Mit konzentriertem Blick lenkt sie den Wagen durch die Straßen, und ich habe das Gefühl, dass sie sich langsam entspannt. Vor einem asiatischen Imbiss kommt der Wagen nach fünf Minuten Fahrt zum Stehen. Im Laden wählt Caroline Sweet-Chili-Chicken zum Mitnehmen, ich entscheide mich für Nudeln. Während wir auf unser Essen warten, sagt sie mir wie aus dem Nichts, dass sie eher ein unsicherer Mensch sei.

»Darf man in deiner Position unsicher sein?«, frage ich, überrascht darüber, dass sie meinen ersten Eindruck von ihr so direkt bestätigt.

»Oh, ich meine nicht im Job – da bin ich sehr klar, zielstrebig und konsequent. Ich meine, dass ich als Mensch eher unsicher bin. In unserem Gespräch heute geht es ja ums Menschliche, oder?«, fragt sie. Ich gucke sie von der Seite an. Sie hat ihre hellblauen Augen mit einem braunen Lidstrich umrandet, der zu ihren braunen Haaren passt, die ihr bis zur Schulter reichen und dort wahrscheinlich mit einer Rundhaarbürste perfekt nach außen geföhnt wurden. Als ich auf ihre Frage hin nicke, fängt sie an, in einem recht guten Deutsch zu erzählen, dass sie eine Zeit lang in Stuttgart gelebt hat. »Ich habe dort für Bosch gearbeitet. Das war im Rahmen meines Studiums«, sagt sie.

»Du hast gleich zwei Studiengänge abgeschlossen. Elektrotechnik und Wirtschaftswissenschaften. Wieso eigentlich?«, frage ich.

»Ich dachte, zwei Abschlüsse seien gut«, antwortet sie.

»Gut wofür?«

»Um Karriere zu machen.« Wieder schaue ich sie von der Seite an und erinnere mich, dass ich mich selbst gegen ein Studium entschieden habe.

Carolines Karriere begann als Consultant bei McKinsey. Jeden Tag knüpfte sie ein Hemd zu, zog einen Anzug an und band sich eine

Krawatte um den Hals. Damals noch als Carl.* »Ich habe fünfzig Jahre etwas vorgespielt«, sagt sie mir und faltet unseren Bestellzettel mit der Zahl 38 zwischen ihren Fingern.

Als unsere Nummer auf dem großen Bildschirm über der Kasse aufleuchtet, nehmen wir die Papiertüte mit und fahren zurück zu dem Co-Working-Space im Industriegebiet. Im fünften Stock führt sie mich in ein Großraumbüro, in dem die Investmentfirma sitzt. Zehn Leute arbeiten normalerweise an diesem Standort, aber als wir den Raum betreten, ist niemand da. Das Team muss wohl noch in der Mittagspause sein, denke ich. »Hier sitze ich normalerweise, aber lass uns nebenan essen. Da haben wir Ruhe, wenn das Team gleich zurückkommt«, schlägt Caroline vor. Ich gucke auf einen der Tische, der wie alle anderen aussieht. Hinter dem Stuhl liegt ein Hundekörbchen, das aber nicht zu Caroline, sondern zu einem Kollegen gehört, wie sie mir sagt. Es wäre nicht zu erkennen, dass das der Platz der Chefin ist, stünde in der Ecke des Schreibtisches nicht eine eingerahmte Urkunde, auf der ihr Name steht. Sie wurde 2019 als schwedische »LGBTQ Person of the Year« ausgezeichnet.

Caroline führt mich in einen kleinen Meetingraum mit Whiteboard und großer Fensterfront, welche die Schnellstraße zum Industriegebiet zeigt. Sie holt Teller und Besteck aus einer Küche, während ich meinen Rucksack verstaue und mich für einen Stuhl entscheide, der mit dem Rücken zum Fenster steht. Ich mache mir eine Dosenlimo auf, die in der Mitte des Tisches steht. Caroline trinkt Cola und füllt ihr Chili-Chicken behutsam auf den weißen Teller, sodass es immer noch hübsch aussieht. Nicht alles auf einmal,

---

* Carl ist Carolines Deadname. Ich weise an dieser Stelle darauf hin, dass es unsensibel ist, den abgelegten Namen ohne Erlaubnis der betroffenen Person zu nennen. Caroline hat den Namen im Gespräch selbst verwendet und der Nennung an dieser Stelle zugestimmt.

einen Teil lässt sie in der Schachtel. Ich überlege kurz und stelle dann meine Papierbowl mit den Nudeln einfach auf meinen Teller.

DAS KOSTÜM

»Also ... du sagst, du hättest fünfzig Jahre eine Rolle gespielt. Weißt du noch, was du auf deinem ersten Bewerbungsfoto anhattest?«

Caroline schaut bei der Frage kurz verwirrt von ihrem Teller auf.

»Ich habe mich immer ohne Bild beworben, aber ich weiß, was ich auf dem ersten Foto anhatte, das im Jobkontext aufgenommen wurde: eine dunkle Hose, ein hellblaues Hemd und eine rote Krawatte. Das war bei der Versicherungsfirma – meinem zweiten Job. Für meinen ersten Job bei McKinsey haben wir keine Fotos gemacht. Man wollte dort keine Gesichter der Mitarbeitenden zeigen, der Firmenname sollte für sich stehen. Ich weiß noch, dass meine Kollegen bei der Versicherung meine Krawatte komisch fanden, außer mir trug niemand eine. Aber ich kannte das eben nur so«, erinnert sie sich.

»Aber eine Krawatte ist doch unbequem. Wolltest du die nicht direkt loswerden?«, frage ich. Ich kenne tatsächlich keine Person in meinem gleichaltrigen Umfeld, die sich ernsthaft jeden Tag in einen Anzug quetschen und auch noch eine Krawatte tragen würde. Für viele meiner Generation ist ein Anzug eher eine Kostümierung, die für feierliche Anlässe wie Hochzeiten manchmal spaßig ist, aber auf Dauer eher einengt. Schon allein das Bügeln von Hemden und Blusen wird von vielen wohl als stressig und eigentlich überflüssig empfunden.

»Ja, eine Krawatte ist unbequem«, beantwortet Caroline meine Frage.

»Das sind die hohen Schuhe, die ich heute oft trage, aber auch. Die Krawatte war Teil der Uniform, die zu meiner damaligen Rolle gehörte. Uniformen können ein Gefühl von Sicherheit geben. Also habe ich die Krawatte erst mal nicht hinterfragt und konnte sie lange auch nicht ablegen«, antwortet sie. Ich nicke, denn ich weiß, was sie meint.

Bei meinem ersten Bewerbungsfoto war ich 15 Jahre alt. Ich wollte mich für ein zweiwöchiges Praktikum bei dem Jugendmagazin *Mädchen* in München bewerben.

»Muss es unbedingt München sein?«, fragte meine Mutter damals. Sie stand im Türrahmen zu meinem Zimmer, leicht besorgt, dass mich die Großstadt verschlucken würde.

»Ja, muss es!«, erklärte ich entschieden und stand vor meinem Kleiderschrank. Während meine Mutter sich nicht ganz überzeugt umdrehte, rätselte ich, was man wohl auf so einem Foto am besten tragen sollte. Ich wühlte, beäugte ein T-Shirt mit Garfield-Aufdruck, zog ein Ed Hardy-Top aus dem letzten Türkeiurlaub heraus und eine rote Kunstlederjacke, deren Obermaterial schon abblätterte. Kopfschüttelnd schob ich den Schrank zu und wanderte in das Zimmer meiner Eltern, um mich an den Kleidern meiner Mutter zu bedienen. Letztlich fiel die Wahl auf eine dunkle Jeans und eine weiße Bluse meiner Mutter, über der ich einen roséfarbenen Strickpullover mit Trompetenärmeln trug. Ich steckte mir dezente Glitzerohrringe an und zog gewaltvoll eine Bürste durch meine widerspenstigen Haare, bis sie glatt und seidig über meine Schulter fielen.

»Du kannst ja richtig ordentlich aussehen«, kommentierte meine Mutter, als ich unten in die Küche kam.

»Pfff ...«, machte ich nur. Als würde ich sonst aussehen wie ein zotteliger Hund. Ich zog den Küchenstuhl unter dem Tisch hervor und setzte mich hin, um besser in meine gefälschten Converse zu schlüpfen.

»Die willst du jetzt dazu anziehen?«, meine Mutter starrte ungläubig die lilafarbenen Plastikschuhe an, auf die ich zusammen mit meiner Schulfreundin Pia schwarze Edding-Herzen gemalt hatte. Zerstört war das Bild von dem ordentlichen Mädchen, aber ich zuckte nur mit den Schultern und sagte, dass man die auf dem Bild eh nicht sehen würde.

Eine halbe Stunde später saß ich im Fotostudio auf einem kleinen Drehhocker vor einem hellgrauen Hintergrund. Zwei große Scheinwerfer waren auf mich ausgerichtet, parallel von mir saß ein älterer Fotograf in orange kariertem Hemd auf einem anderen Hocker und gab mir Anweisungen: »Dreh dich auf dem Stuhl auf ein Uhr zu mir ... Oberkörper aufrecht, linker Ellbogen aufs Knie ... jetzt die linke Schulter etwas nach vorn ... noch mehr ... nicht so viel ... ja!«

Ich versuchte, seinen Worten gerecht zu werden, und verdrehte meine Wirbelsäule in eine unnatürliche Haltung.

»So?«, fragte ich verunsichert. Der Auslöser klickte.

»Ja, sehr kompetent ... jetzt lächeln, aber nicht so viel Zahnfleisch zeigen!« Verkrampft lächelte ich und versuchte, meine Oberlippe nicht hochrutschen zu lassen, um das Zahnfleisch zu verstecken, und fühlte mich, als würde ich knurren. Das Ergebnis war eine Reihe von sechs Fotos, auf denen eine 15-Jährige in einem Kostüm versucht, eine bestimmte Rolle zu erfüllen: die Rolle einer Bewerberin, einer angehenden Journalistin. Und siehe da: Ich bekam den Praktikumsplatz tatsächlich.

»Wieso glauben so viele Menschen, im Job eine Rolle spielen zu müssen?«, frage ich Caroline gerade, die ihr Haar mit einer schwungvollen Bewegung hinter die Schulter wirft, bevor sie eine Gabel von ihrem Mittagessen nimmt.

»Weil viele nicht mutig sind. Es ist die Angst, selbst nicht gut genug zu sein. Zwei Studienabschlüsse machen zu wollen, damit man es schwarz auf weiß hat, qualifiziert zu sein. Oder einen Anzug zu tragen, weil man denkt, nur in diesem Dresscode respektiert zu werden. Ich glaube, Menschen in deinem Alter sind in dieser Hinsicht mutiger. Oder sie wollen sich zumindest nicht mehr in irgendwelche vorgeschriebene Rollen stecken lassen. Unternehmen, die das nicht verstehen, werden zukünftig Probleme bekommen«, antwortet sie, und ich stimme ihr zu.

Authentizität spielt für immer mehr Mitarbeitende eine große Rolle, wie auch Studien belegen: In einer Befragung wollte man von 1.166 Mitarbeitenden, Führungskräften und Selbstständigen wissen, welchen Wert Authentizität für sie im Arbeitsumfeld hat. Neunzig Prozent der Befragten gaben an, dass Authentizität für sie sehr bedeutsam sei, und fast fünfzig Prozent sagten, sich selbst engagierter und damit produktiver einzuschätzen, wenn sie sie selbst sein können.[11] Und trotzdem raten alteingesessene Karrierecoaches wie Carsten Niemeyer dazu, im Job das wahre Ich zu verbergen. In einem *Spiegel*-Interview sagte der studierte Psychologe einmal, dass wir dafür bezahlt werden, auf professionelle Art und Weise unsere Rolle zu wahren. Anschließend zitierte er Shakespeare: »Die ganze Welt ist eine Bühne« – so auch das Büro. Für ihn sei die Arbeitsplatzbeschreibung nicht mehr als eine Regieanweisung.[12] Dass die Hauptrollen in diesem Theater nach wie vor für weiße, heterosexuelle cis Männer geschrieben werden, hinterfragt der Experte nicht. Genauso wenig wie die Tatsache, dass immer dieselben Charaktere im Rampenlicht stehen und den Applaus und die höchste Gage ernten.

Auch Caroline Farberger wollte, seit sie ein kleines Kind war, eine dieser Hauptrollen besetzen.

»Ich habe das schließlich schon als Kind bei den Erwachsenen in meiner Nachbarschaft beobachtet, die alle eine große Position im Beruf besetzten. Für ihre Leistung bekamen sie Anerkennung, und die wollte ich auch«, sagt sie mir und erinnert sich an das eher konservative Viertel in der Nähe von Göteborg, direkt an der schwedischen Westküste. Die Menschen dort kannten ihre Rollen, ihre Regieanweisungen, um respektiert zu werden. In Carolines eigenem Elternhaus hingen damals riesige Porträts von ihrem Großvater und Urgroßvater an der Wand, beides Regimentskommandanten in adretten Uniformen.

Auch Caroline ging zum Militär, aber die Regieanweisungen, die an diese Karrieren geknüpft waren, wurden früh zur inneren Zerreißprobe.

Bereits in der Kindheit machte sich das zum ersten Mal bemerkbar, als das schwedische Königspaar heiratete: Silvia Sommerlath, eine Messehostess aus Deutschland, lernte den schwedischen König Carl Gustaf bei den Olympischen Sommerspielen in München kennen und lieben. Bei der Märchenhochzeit 1976 trug sie ein weißes, schlichtes Brautkleid von Dior, das sie mit einem vier Meter langen Kathedralen-Schleier aus feiner Brüsseler Spitze kombinierte und mit einem Diadem krönte, das Frankreichs einstiger Kaiser Napoleon ursprünglich seiner Frau Joséphine geschenkt haben soll.

»Das will ich auch«, dachte Caroline damals als Kind und konnte ihren Blick kaum von den Hochzeitsfotos und dem Brautkleid abwenden. Aber sie wusste: Ein feierliches Brautkleid war nicht das Kostüm, das ihrer damaligen Rolle zustand. Damals waren für sie als männlich gelesene Person die Uniformen vorgemerkt, die Anzüge und die luftabschneidenden Krawatten.

»Ich habe mich damals für diesen Wunsch geschämt«, erinnert sich Caroline und nimmt einen großen Schluck von ihrer Cola. Sie hebt ihre große Halskette mit dem sternförmigen Anhänger an und rückt sie zurecht, als würde sie plötzlich zu schwer sein.

»Und um die Karriere zu machen, die du wolltest, hast du diesen Wunsch lange verdrängt?«, frage ich vorsichtig nach.

»Schon irgendwie – ich habe versucht, mich anzupassen. Vielleicht verlief meine Karriere aber auch gerade deshalb so steil, weil ich lange vor der Wahrheit davongelaufen bin«, antwortet sie. Dabei ist sie nicht bloß gelaufen, sie ist in einem Wahnsinnstempo gesprintet.

DIE GESTIK

In ihrem ersten Job bei McKinsey bekamen junge Mitarbeitende ein Sprechtraining, um in Verhandlungen größer und in ihrer neuen Rolle sicherer zu wirken.

»Ich weiß noch, wie wir die Wortwahl von älteren Kollegen kopierten und plötzlich englische Phrasen verwendeten. Wir haben sie teilweise in Situationen gesagt, in denen es gar keinen Sinn ergab – nur um erhaben und wissend zu wirken. Wir studierten sie wie Texte und übten die Gestik, die Macht symbolisierte«, erinnert sich Caroline an ihre Karriereanfänge.

»Macht symbolisieren ... was bedeutet das konkret?«, frage ich.

»Ich war ein Mann. Ich kenne die Tricks, an denen sich Männer bedienen, um Macht auszudrücken, Raum einzunehmen und zu überzeugen«, erklärt Caroline. Ich gucke sie fast herausfordernd an.

»Wenn wir jetzt in einer Verhandlung wären und ich sehe, dass du zögerst, würde ich aufstehen«, erklärt sie, erhebt sich und macht einen großen Schritt ans Whiteboard, das an der Wand hängt. Ich gucke zu ihr hoch. Ausladend gestikulierend fährt sie fort: »Von hier aus verlasse ich unser Gespräch auf Augenhöhe, bin dynamischer als du auf deinem Stuhl und beeinflusse dich dadurch.«

Sie setzt sich wieder und fragt dann: »Siehst du das?«, sie zeigt auf ihre große Tasche von Louis Vuitton, die neben ihr auf dem Stuhl steht. »Ich besetze gleich zwei Plätze, du dagegen nur einen. Ein Mann würde sein Jackett über die Stuhllehne hängen, sich zurücklehnen und den anderen Arm noch auf einem dritten Stuhl ablegen. So nimmt er Raum ein, Frauen tun das nicht.« Ich beobachte sie bei ihrer Vorführung und bemerke, dass mein Rucksack tatsächlich in der Ecke auf dem Boden steht. Ich habe ihn beiseitegeräumt, damit er nicht im Weg liegt. Meine Beine sind übergeschlagen, ich berühre die weiteren Stühle um mich herum nicht. Plötzlich weiß ich, was sie meinte, als sie mir vorhin im Imbiss sagte, dass sie im Job sehr klar, zielstrebig und konsequent sei, wenn auch privat eher zurückhaltend.

Als Mann hat sie sich an der Trickkiste toxischer Männlichkeit bedient. Einige würden das wahrscheinlich als durchsetzungsstark und strategisch klug bezeichnen. Meiner Meinung nach ist es aber eher übergriffig, sich ganz selbstverständlich mehr Raum einzuräumen, als ihn anderen zu geben, und bewusst ein Gespräch auf Augenhöhe zu verlassen, um auch psychischen Druck auszuüben. Dass gerade junge Männer diese Verhandlungstaktiken in hierarchischen Unternehmen mit patriarchalen Strukturen heute noch beigebracht bekommen oder sie gezielt kopieren, liegt eben daran, dass sie in der Wirtschaftswelt noch immer mit Erfolg verknüpft werden. Oft wird nicht hinterfragt, auf welche Weise Ziele erreicht und Verhandlungen geführt werden – Hauptsache, am Ende kommt für die Firma Geld dabei rum. Ganz egal wie viel Zwang ausgeübt und welche Einschüchterungsmethoden verwendet werden.

Dabei kostet uns toxische Männlichkeit in Form von Überheblichkeit und patriarchalen Verhaltensweisen in Wahrheit ein großes Vermögen. Der Wirtschaftswissenschaftler Boris von Heesen hat dies für sein Buch *Was Männer kosten* genau ausgerechnet: 63 Milliarden Euro gibt Deutschland jährlich für toxische Männlichkeit aus. Diese führt im schlimmsten Fall zu Straftaten – und damit sind nicht nur Gewaltdelikte, sondern auch »ach so smarte« Steuerhinterziehung gemeint, die nicht selten das Ergebnis von

Überheblichkeit, falscher Selbsteinschätzung und dem bewussten Umgehen von Gesprächen auf Augenhöhe und Fairness sind.

Studien zeigen, dass Wirtschaftskriminalität zu achtzig Prozent männlich ist. Der typische deutsche Wirtschaftskriminelle ist Mitte vierzig, Führungskraft und schon mindestens sechs Jahre im Unternehmen beschäftigt. Er kennt die Gestik, die Tricks, das Kostüm. Nahezu jedes dritte Unternehmen war schon von Wirtschaftskriminalität betroffen – große Unternehmen fast doppelt so häufig wie kleine –, und die Angriffe kommen nicht immer von außen, sondern sehr häufig auch von innen, also von den eigenen Mitarbeitenden.[13]

Von Heesen beschreibt in seinem Buch außerdem, wie traditionelle Männlichkeit und Sucht miteinander verknüpft sind. Seiner Recherche nach konsumieren Männer nicht nur mehr legale Drogen wie Alkohol, sondern auch weitaus mehr illegale Substanzen als Frauen. Dem Experten zufolge tun sie das unter anderem, weil sie dem Druck, ein »starker« Mann sein zu müssen, nicht standhalten können. Keine Gefühle zeigen zu dürfen, den Versorger zu spielen, immer in Konkurrenz mit anderen Alphamännern zu stehen. Insgeheim sind sie mit dieser Rolle oft überfordert.[14] Es ist die Angst, selbst nicht gut genug zu sein, die auch Caroline zu Anfang unseres Gesprächs formuliert hat.

Patriarchale Verhandlungstaktiken, wie sie selbst sie früher für ihre Karriere eingesetzt hat, sind ein Anzeichen dafür, dass die berufliche Rolle von toxischer Männlichkeit geprägt ist.

»Bedienst du dich noch heute dieser Gestik?«, frage ich Caroline, die mittlerweile wieder in aller Ruhe weiterisst.

»Manchmal – wenn mir danach ist. Aber als Frau werde ich dafür heute anders beurteilt«, sagt sie und verzieht die Mundwinkel.

Frauen steht auf der Bühne eine andere Requisite als Männern zur Verfügung. Das fängt schon damit an, dass sie keinen Anzug tragen, sondern je nach Anlass und Gesprächspartner*in doppelt überlegen müssen, wie sie sich kleiden, welche Farbe passt, ob Hose oder Rock und welcher Schnitt es sein soll.

»Wenn ich als Mann eine Präsentation gehalten habe und mein Hemd nicht in der Hose steckte, hat man mich vielleicht komisch angeguckt, aber meine Kompetenz wurde nie untergraben. Bei einer Frau kann das kleinste Detail an ihrem Aussehen dafür sorgen, dass ihr Können infrage gestellt wird. Das war mir früher nicht bewusst«, gesteht Caroline. Für einen Moment starrt sie mit ihren blauen Augen auf den Tisch, als würde sie sich an etwas erinnern.

»Woran denkst du?«, frage ich.

»Ach, ich weiß noch, dass Frauen, die vor dem Vorstand eine Präsentation gehalten haben, dann fast immer in einem passenden Set aus Jackett und Bleistiftrock kamen. Wie die Chefs trugen sie an diesen Tagen Schwarz, Grau oder Navy«, erzählt Caroline, während sie sorgfältig das Hühnchen und ein bisschen Gemüse auf ihrer Gabel drapiert. Die Frauen hätten in ihren Augen versucht, sich anzupassen und die Kostüme und Requisiten der Vorstandsherren zu kopieren – das funktioniere als Frau aber nicht. Während sich Männer hinter den Schulterpolstern ihrer Anzüge vor tödlichen Schüssen verstecken, werden Frauen im Zweifel trotzdem getroffen.

»Wenn ich sie aber an anderen Tagen auf dem Flur gesehen habe, an denen sie dem Vorstand nicht begegneten, hatten sie meistens etwas ganz anderes an«, beschreibt Caroline das Schauspiel weiter.

»Hat dich das damals irritiert?«, frage ich.

»Nein, diese anzugartigen Kostüme haben mich nicht irritiert. Mich hat es aus dem Konzept gebracht, wenn eine Frau trug, was ich selbst gern getragen hätte«, sagt sie, und ich bilde mir ein, einen Hauch von Traurigkeit in ihrem Blick zu erhaschen. Traurigkeit über all die Kleider, die sie in ihrem früheren Leben nicht getragen hat, obwohl sie es eigentlich gewollt hätte. Gefangen im falschen Körper und in der falschen Rolle, die man ihr schon als Baby zugewiesen hatte.

DIE KUMPANE

»Glaubst du, deine Karriere wäre auch als Frau so schnell und steil nach oben verlaufen?«, frage ich sie ganz direkt.

»Diese Frage ist schwierig zu beantworten. Ich habe als Mann von vielen Privilegien profitiert«, gesteht sie und zieht ihren Laptop aus der Tasche. Ich beobachte, wie sie ihren sorgfältig lackierten Zeigefinger zügig übers Touchpad bewegt und Fotos öffnet.

Das erste Foto zeigt mehrere Männer nach einer Jagdveranstaltung in einer Art Hütte oder Keller. Vor ihnen hängen zwei tote Tiere, die ausbluten. Ein anderes Foto zeigt mehrere Männer in einem recht düsteren Konferenzraum, die an einem großen Holztisch sitzen, auf dem zahlreiche Unterlagen liegen. Einer von ihnen schmeißt jubelnd die Hände über den Kopf und steht im Mittelpunkt. Die dunklen Vorhänge sind fast zugezogen, von außen könnte man wohl kaum einen Blick in den Raum der Männer werfen. Das dritte zeigt eine prachtvoll geschmückte Halle, in der ein elegantes Dinner stattfindet. Die Herren tragen Smoking und sehen aus wie eine große Pinguingruppe, die man an mehrere Tafeln jeweils vor einem Porzellanteller und Silberbesteck platziert hat. Sie lachen, klopfen sich auf die Schulter und prosten sich quer über den Tisch zu, indem sie die Rotweingläser heben und sich vielsagend anschauen. Ihre tiefen Blicke transportieren Versprechungen, Vereinbarungen werden nebenbei per Handschlag beschlossen. Bei manchen der Herren auf dem Bild frage ich mich, ob sie einander gerade in ihr Feriendomizil im Süden einladen, um noch mal in aller Ruhe zu sprechen.

Ich frage mich, wer gerade Witze über die neue Kollegin macht, die nicht zur Abendveranstaltung kommen konnte, weil sie als Alleinerziehende ein Kleinkind zu Hause hat und diese Lebensrealität bei der Eventplanung nicht mitgedacht wurde. Ich überlege, wer gerade anrüchige Sprüche über die Sekretärin des Vorstandes bringt und sich dabei die Lippen leckt.

»Das sind alles weiße heterosexuelle cis Männer. Rückblickend muss ich gestehen, dass sich eine Frau oder auch ein schwuler Mann in diesen Runden nicht wohlgefühlt hätte. Unsere Gespräche waren beschämend«, sagt Caroline zögernd und bestätigt damit meine Gedanken. Sie guckt die Fotos an, auf denen sie als Mann zu sehen ist. Teil einer Gruppe, in der jeder Kerl dem anderen gleicht und sich optische Merkmale erbarmungslos wiederholen.

Es sind Erscheinungskriterien, die in der Wirtschaftswelt mit Erfolg verknüpft werden: Männlich gelesene Menschen verdienen laut dem Gender-Pay-Gap 18 Prozent mehr als Frauen.[15] Menschen mit Migrationshintergrund verdienen laut einem Bericht der internationalen Arbeitsorganisation durchschnittlich 13 Prozent weniger als einheimische Kolleg*innen. Auf den Zyperninseln beträgt das Lohngefälle sogar 42 Prozent, in Italien und Portugal fast dreißig Prozent.[16]

Auch die Körpergröße spielt beim Einkommen eine wichtige Rolle, wie Forschende herausgefunden haben: Bei ihrer Untersuchung gehen sie von einem Jahresgehalt von siebzigtausend US-Dollar aus und schätzen, dass jeder einzelne Zentimeter Körpergröße bei einem Mann das Einkommen um etwa 998 Dollar erhöht. Heißt: Wenn ein Mann fünf Zentimeter größer ist als sein kleiner Kollege, hat er der Studie zufolge pro Jahr knapp 4.500 Euro mehr Einkommen zur Verfügung. Wir assoziieren die Körpergröße mit Leadership-Qualifikation, Stärke und Weitsicht. Bei Frauen hingegen soll der Studie nach nicht die Höhe, sondern die Breite zählen.

Die Forschenden halten fest, dass schlanke Frauen gemessen am Body-Mass-Index mehr verdienen als mehrgewichtige Frauen.[17] Man denkt, sie seien dynamischer, wacher und belastbarer – dabei ist dieser Gedanke natürlich absoluter Unsinn und in jeder Hinsicht diskriminierend. Und trotzdem werden gerade Frauen von ihrem Arbeitsumfeld darauf gepolt, eine schlanke Figur zu wahren, wenn sie im Job erfolgreich sein möchten. Insbesondere für junge Mitarbeiterinnen kann das prägend sein. Aus eigener Erfahrung weiß ich leider, dass es schwer ist, sich von solchen Bemerkungen frei zu machen.

Während eines längeren Auslandsaufenthalts habe ich einmal zwölf Kilo zugenommen. Für mich war das zunächst nicht weiter schlimm, ich war trotzdem zufrieden mit mir und habe die Zeit im Ausland einfach sehr genossen. Dennoch nahm ich mir vor, das Gewicht im Laufe des nächsten Jahres wieder abzunehmen, weil mir einfach meine Klamotten kaum noch passten. Mir dabei Zeit zu lassen, war für mich persönlich in Ordnung – meine damalige Chefin sah das anders:

»Immer wenn ich dich sehe, bist du nur am Fressen«, sagte sie mir, als ich vor ihrem Schreibtisch stand und wir die neuen Waschungen der Jeanshosen durchgingen. Ich war Praktikantin im Showroom einer italienischen Modemarke. Die Einzelhändler kamen, um sich die neuen Kollektionen anzuschauen. Wie der Rest des Teams sollte ich bei der Gelegenheit die aktuellen Teile tragen, doch mir passten die Hosen nicht. Ich erinnere mich noch, wie ungläubig ich meine gertenschlanke Chefin von der anderen Seite des Schreibtisches ansah.

»Ich weiß, dass ich zugenommen habe, und ich will das Gewicht auch wieder loswerden, aber eben nicht von heute auf morgen«, versuchte ich, mich unnötigerweise zu erklären.

»So wird das aber nichts«, verriet sie mir scharf.

Nach meinem Feierabend fragte ich mich, ob ich in der Praktikumsausschreibung für den Großhandel einen Body-Mass-Index übersehen hatte oder wer von uns beiden Wahrnehmungsstörungen hatte. Ich kam zum Glück zu der Entscheidung, dass das Problem bei ihr lag und nicht bei mir.

Aber selbst wenn es Vorgesetzte nicht so direkt formulieren wie in meinem Fall, legt der sogenannte Beauty Premium dennoch fest, welche optischen Merkmale erfüllt werden müssen, um die Chancen auf eine Beförderung, Führungsposition und ein höheres Einkommen zu maximieren. Wer diese Merkmale nicht erfüllt, hat es auf den Karrierebühnen dieser Welt deutlich schwerer, eine Hauptrolle zu ergattern.

Mit einer Größe von 1,85 Metern und einer schlanken, sportlichen Statur hat Caroline als weißer Mensch schon immer den Großteil dieser Merkmale erfüllt und war Teil der Old-Boys-Netzwerke.

»Das Problem mit diesen Netzwerken ist, dass sie sehr exklusiv sind und dazu tendieren, Menschen Zugang zu gewähren, die uns selbst ähnlich sind und die aussehen wie wir. Weiße Männer fördern weiße Männer und investieren in Start-ups von weißen Männern. Menschen in Führungspositionen fördern Menschen mit einem ähnlichen sozialen Hintergrund, mit ähnlichen Eigenschaften«, erklärt Caroline.

»Versuchst du das heute anders zu machen?«, frage ich, und sie nickt.

Als Caroline ein weiteres Foto auf ihrem Laptop öffnet, habe ich plötzlich das Gefühl, sie würde mir eine PowerPoint-Präsentation zeigen.

»Wieso hast du all diese Fotos so parat?«, frage ich.

»Ich habe gestern eine Präsentation zu genau diesem Thema gehalten«, sagt sie beiläufig und erklärt, dass das nächste Foto bei einem Event für Unternehmer*innen im Stockholmer Rathaus aufgenommen wurde. Knapp eintausend Menschen sitzen in feiner Abendrobe an langen Tischen – alle weiß. Nur eine einzige Schwarze Person sitzt in der Mitte.

»Früher hätte ich eine Begleitung gewählt, die meine Wichtigkeit in der Branche unterstreicht – vielleicht meinen Chef. Aber heute frage ich mich, wen ich mitbringen kann, der oder die sonst keinen Zugang zu solchen Netzwerken hat«, erklärt Caroline. Am Ende war Aysha Jones ihre Begleitung. Die junge Frau stammt eigentlich aus Gambia und lebte zu dem Zeitpunkt des Events in einem strukturschwachen Stadtteil von Stockholm, wo sie davon träumte, eine eigene Kosmetikmarke zu gründen.

»Sie wusste noch nicht einmal, dass eine solche Veranstaltung im Rathaus existiert. Dabei ist das der Ort, wo Gelder verteilt werden und wo man Investor*innen treffen kann«, erklärt mir Caroline, die Aysha an dem Abend mit ihrem Netzwerk bekannt machte. Heute ist sie tatsächlich CEO einer Kosmetikmarke. Caroline füllt sich mit einem zufriedenen Gesichtsausdruck den zweiten Part ihres Sweet-Chili-Chickens auf den Teller. Mit viel Genauigkeit drapiert sie das Essen wieder auf ihrer Gabel und schiebt es sich dann in den Mund.

»Inwiefern ist das auch PR für dich?«, frage ich, als das nächste Foto in der Präsentation sie und Aysha in einem Fernsehstudio zeigt.

»Überhaupt nicht! Es geht darum, Zugänge zu diesen Netzwerken inklusiver zu machen und sie aufzubrechen«, antwortet Caroline mit vollem Mund, womöglich leicht verärgert über diese Frage.

DER MASKENFALL

Mit fünfzig entschied Caroline sich dafür, mit ihrer bisherigen Rolle zu brechen. Am 13. September 2018 schrieb sie ihrem Team in der

Versicherungsfirma eine E-Mail und kündigte an, morgen als die Person zu kommen, die sie wirklich ist. Ihr Management-Team hatte sie schon eine Woche zuvor über ihr Vorhaben informiert.

»Das Büro hatte ich in Männerkleidung verlassen, am nächsten Tag kam ich, wie ich wirklich war: als Frau in Rock und hohen Schuhen. Meine Kolleginnen und Kollegen haben mich mit Blumen im Büro begrüßt«, beschreibt Caroline den Wendepunkt in ihrem Leben.

»Ist diese Transition deiner Meinung nach einfacher, wenn man CEO ist?«, frage ich und kratze die letzten Nudeln in meiner Pappbox zusammen.

»Ich wurde damals sehr wertschätzend empfangen – wahrscheinlich hat sich auch niemand getraut, etwas Negatives zu sagen, weil ich Führungskraft war. Insgesamt hatte ich aber das Gefühl, zu diesem Zeitpunkt meines Lebens mehr verlieren zu können, als zum Beispiel in deinem Alter«, sagt sie und meint damit ihr Ansehen, ihre Familie, den Respekt und die Wertschätzung im Job.

In der Tat werden nicht alle Menschen der LGBTQIA+-Community mit einem Blumenstrauß am Arbeitsplatz empfangen. Fast jede dritte queere Person in Deutschland erfährt im Job Diskriminierung und Ausgrenzung. Deshalb sprechen auch viele von ihnen im Job nicht über ihre sexuelle Orientierung und Identität, gerade in traditionellen Branchen. Bei trans Menschen findet Diskriminierung besonders häufig statt, rund die Hälfte von ihnen berichtet in einer Umfrage des Deutschen Wirtschaftsinstituts von diskriminierenden Erfahrungen. Sie haben daher regelrecht Angst, im Job sie selbst zu sein. Häufig werden sie noch mit ihrem Deadname angesprochen.[18]

»Caroline, findest du es unprofessionell, wenn eine Person im Job ihr privates Selbst ist?«, frage ich bei unserem Mittagessen im Meetingraum.

»Hättest du mich das vor dreißig Jahren gefragt, wäre meine Antwort in jeder Hinsicht Ja gewesen. Ich war immer darauf bedacht, meine privaten Themen im Job nicht anzusprechen«, sagt sie.

»Aber?«

»Aber das funktioniert eh nicht. Wir sind nun einmal Menschen und keine Roboter«, sagt sie mit einer ausholenden Geste, bei der sie ihre Gabel durch die Luft wirbelt.

»Warst du mal unprofessionell, indem du dein privates Selbst warst?«, möchte ich wissen und merke, wie sie zögert. Sie kaut extra langsam, um zu überlegen.

»Ja«, sagt sie dann und zögert ein weiteres Mal mit ihrer Antwort. Ich warte, zähle in meinem Kopf die Sekunden und beobachte ihren wachen Blick, der auf der Tischplatte irgendetwas Greifbares zu suchen scheint. Als ich bei 23 ankomme, spricht Caroline weiter.

»Ich fand Emotionen früher unprofessionell und wollte sie als Mann deswegen nicht zeigen und ... als meine Frau und ich eine Familie gründen wollten, hat es erst einmal nicht funktioniert. Sie wurde nicht schwanger. Das hat mich unglaublich frustriert und traurig gemacht«, offenbart Caroline. Ihr Plan, ihre Emotionen zu Hause zu lassen, ging damals nicht auf. Ganz im Gegenteil.

»Ich habe Leute in meinem Team regelrecht zur Schnecke gemacht und sie meine Traurigkeit in Form von Wut spüren lassen«, gesteht sie. Dabei war sie mit dieser Erfahrung in dem Unternehmen sicher nicht allein. Jedes zehnte Paar hat Probleme, auf natürliche Weise schwanger zu werden.[19] Gleichzeitig erlebt schätzungsweise jede sechste schwangere Person eine Fehlgeburt und versucht, diese ganz nebenbei zwischen dem Job und alltäglichen To-dos zu verarbeiten und sich häufig bloß nichts anmerken zu lassen.[20]

Der Umgang von Caroline mit ihrem Team eskalierte so sehr, dass sie von ihrem eigenen Chef ins Büro zitiert wurde und ihre Wut erklären musste.

»Ich hätte mir und dem Team vieles erspart, wenn ich einfach ehrlich gesagt hätte, dass ich derzeit private Probleme habe, die mich emotional belasten. Ich hätte sagen sollen, dass ich versuche, es nicht am Team auszulassen, und falls das doch passieren sollte, mir das bitte gesagt werden muss. Aber dazu war ich im ersten Moment zu feige«, bekennt sie sich. Wie viele solcher Dinge wohl im Hintergrund ablaufen, wenn wir unsere Vorgesetzten als cholerisch und unzufrieden wahrnehmen?

Die Folgen sind dann nicht selten frustrierte Mitarbeitende, die ihre Freude am Job verlieren und weniger produktiv arbeiten – zum Schluss vielleicht sogar kündigen. So war es bei meiner Freundin Sarah: Jedes Mal, wenn ihr Chef in einer Werbeagentur das Großraumbüro betrat, hatte sie das Bedürfnis, sich unter dem Schreibtisch vor ihm zu verkriechen. Keine ihrer Ideen war ihm gut genug, generell war alles zu langsam und das ganze Team in seinen Augen unfähig. Nicht selten flossen bei Sarah oder anderen Mitarbeitenden die Tränen, Frust wurde runtergeschluckt oder die Verantwortung auf andere abgewälzt, weil niemand in die Schusslinie des Chefs geraten wollte.

»Ich pack das nicht mehr«, sagte sie mir nach drei Jahren, vielen Überstunden und langem Ringen mit sich selbst. Sie war gerade zu Besuch in Hamburg bei mir und wollte das verlängerte Wochenende nutzen, um endlich mal durchzuatmen. Als wir am Samstagmorgen noch nicht einmal richtig wach waren und ich am Herd stand und Zimt und Kakaopulver unter die aufkochenden Haferflocken mischte, vibrierte ihr Handy auf meinem Esstisch plötzlich mehrere Male hintereinander. Per WhatsApp trudelten die Nachrichten auf ihrem privaten Handy ein:

»Sarah, die Präsentation sieht nicht gut aus. Bessere sie bis Montag noch mal aus.«

»Ich habe eben deine Entwürfe für die Kampagne im Teamordner gesehen. Bist du unsere Praktikantin, oder kannst du deine Arbeitserfahrung vielleicht auch mal anwenden?! Da musst du noch mal ran ...«

»Die Überstunden musst du dir übrigens gar nicht aufschreiben. Da bist du jetzt selbst schuld, wenn du es derart vermasselst und noch mal neu anfangen musst. Schönes Wochenende.«

Ihr Selbstbewusstsein war am Boden. Von Entspannung war trotz meines Schoko-Porridges keine Spur mehr. »Kann ich irgendwas tun?«, fragte ich etwas unbeholfen, doch da vibrierte ihr Handy erneut:

»Sarah, bei dem zusätzlichen Arbeitsaufwand, den du uns hier machst, bin ich gerade nicht sicher, ob das mit deinem eingereichten Sommerurlaub klappt. Wahrscheinlich musst du ihn stornieren, um die Sache hier wieder geradezubiegen. Nur zu deiner Information.«

»Was ein Arsch ... der Urlaub ist doch schon längst genehmigt und gebucht?!«, sagte ich fassungslos beim Lesen und schüttelte den Kopf.

»Hast du einen Drucker?«, fragte Sarah mich zu meiner Verwunderung und schaute von ihrer noch immer randvollen Schüssel auf. Sie saß in eine Kuscheldecke eingewickelt vor mir wie ein Häufchen Elend.

»Joar«, antwortete ich und rätselte, ob die Patronen noch voll waren.

»Gut, dann drucken wir jetzt meine Kündigung aus, und ich unterschreibe den Wisch«, sagte sie mit einer überraschenden Entschlossenheit.

»Whooop whoooop, wir kündigen!«, rief ich und riss triumphierend die Hände in die Luft. Die Druckerpatronen waren noch voll, in meinem Kühlschrank stand eine Flasche Sekt. Die Kündigung war ein Befreiungsschlag, der gefeiert werden musste.

Sarahs Werbeagentur ist kein Einzelfall: Laut einer Studie aus dem Jahr 2020 kommt in 85 Prozent der deutschen Unternehmen toxisches Verhalten von Vorgesetzten zumindest zeitweise vor, in jedem fünften Unternehmen gibt es laut den befragten Mitarbeitenden sogar ein »ausgesprochen toxisches« Führungsklima. Das Ergebnis ist eine emotionale Achterbahnfahrt, die täglich acht Stunden dauert.[21]

»Nicht die Emotionen selbst sind zu verurteilen, sondern ein falscher Umgang damit, weiß ich heute«, sagt mir Caroline. Wenn Emotionen zu Illoyalität gegenüber dem Unternehmen führen und andere unter ihnen leiden, sei das in ganzer Linie unprofessionell. Während ich noch über das Gesagte nachdenke, legt sie ihr Besteck auf den Teller und schaut auf ihr Handy: »Ich muss jetzt mal gucken, wann ich meinen nächsten Termin habe.«

Ich merke, dass sich unser Gespräch dem Ende zuneigt und ich währenddessen die Zeit vergessen habe.

»Caroline, ich habe noch eine Frage«, sage ich, und sie schaut auf.

»Bist du heute ganz du selbst?«

»Ich hoffe es – vielleicht noch nicht zu hundert Prozent, ich schminke mich noch sieben Tage die Woche, auch wenn ich sonntags auf dem Sofa sitze. Das wäre dann wohl mein nächster Schritt, um ganz ich selbst zu sein«, antwortet sie und lächelt mich an. Ich lächle zurück und nicke.

»Danke für deine Ehrlichkeit, Caroline«, sage ich.

Als wir an der Tür stehen, merke ich, dass wir beide kurz zögern und nicht wissen, ob wir uns zur Verabschiedung umarmen oder die Hand schütteln sollen. Am Ende reichen wir uns die Hand, sie klopft mir noch mal auf die Schulter, und ich fahre mit dem Fahrstuhl nach unten.

Handeln Familienunternehmen zukunftsorientierter, Albrecht Hornbach?

(HORNBACH)

Ich lenke das E-Auto, das ich mir für die heutige Tour geliehen habe, durch die von Weinbergen umgebene Landstraße. Mein Navi sucht das Dorf Bornheim in Rheinland-Pfalz, in dem gerade einmal 1.500 Menschen leben. Die rustikalen Häuser hier haben einen alten Charme, an einigen von ihnen rankt Efeu empor, und viele Fassaden sind in Weiß oder Gelb gestrichen. Auf den Straßen ist kaum etwas los – schwer vorstellbar, dass wenige Meter weiter im Industriegebiet ein Unternehmen seine Zentrale hat, das in mehreren europäischen Ländern aktiv ist und einen jährlichen Umsatz von sechs Milliarden Euro macht.

Alles begann 1877, als ein Schieferdeckermeister namens Michael in Landau, etwa 15 Minuten Autofahrt entfernt, seinen eigenen Handwerksbetrieb eröffnete. 1900 wurde dieser Betrieb von seinem Sohn Wilhelm um eine kleine Baumaterialienhandlung erweitert, in der es hauptsächlich große Rohstoffe wie Steine und Ziegel gab. Heute beschäftigt die Baumarktkette über 25.000 Mitarbeitende.

Als ich gerade den nächsten Hügel hochfahre, kann ich durch die Erhöhung in der Ferne das riesige orangefarbene Firmenlogo erkennen, das zwischen den Weinbergen völlig deplatziert wirkt und an eine Himmelspforte erinnert: HORNBACH. Ein Unternehmen, das seit Jahrzehnten in Familienhand ist und mich auch an meine eigene Familie erinnert, stelle ich fest, während ich der Straße weiter folge: Meine Mutter hat früher oft mit meinem Bruder und mir an der Dekupiersäge in der Garage gearbeitet. Aus dünnem Holz haben wir Weihnachtsdeko gesägt, einmal haben wir einen Elch und einen Schneemann auf Schlittschuhen gebaut und angemalt. Die beiden stehen bis heute zu jedem Weihnachtsfest in unserer Küche. Ein anderes Mal haben wir alle zusammen einen riesigen Jägerhochsitz für unseren Garten gebaut. Von dort aus konnte ich mit einem Fernglas die Hasen auf dem benachbarten Feld beobachten. Mit Baumärkten verbinde ich also tatsächlich viele schöne Momente, einen wohligen Geruch von Holz und das Geräusch eines Pinsels, der Farbe in einem Malkasten aufschäumt oder mit rauen Borsten leise über eine Leinwand kratzt.

Ich lenke den Wagen ins Industriegebiet und gelange zu einem breiten Parkplatz, der die umliegenden Gebäude vereint. Unübersehbar die orangefarbene HORNBACH-Filiale, an der das Logo prangt, daneben eine Tankstelle, eine dm-Filiale und ein weiteres Gebäude mit Glasdach – die Zentrale von HORNBACH – sowie ein EDEKA, der zu meinem Amüsement den Namen Albrecht trägt. Albrecht heißt auch der Mann, den ich gleich treffen werde. Ich fahre über den Parkplatz Richtung Tankstelle und suche eine Ladestation für meinen Wagen.

»Hä?«, sage ich zu mir selbst und drehe suchend meinen Kopf in alle Richtungen. Es ist nicht das erste Mal, dass ich auf einem Parkplatz stehe und vor lauter Autos die Ladesäule nicht finde. Ich greife nach meinem Handy, das auf dem Beifahrersitz liegt, und gucke in meiner App nach. Die Karte zeigt mir, dass die Säule hinter der Zentrale sein muss, auf die ich nun zufahre. Dort entdecke ich zu meiner Verwunderung nur drei Ladesäulen, eine ist zum Glück noch frei. Nachdem ich den Wagen in die Parklücke manövriert und die Aufladung aktiviert habe, nehme ich meinen Rucksack und steuere auf die Eingangstür des Headquarters zu.

»Guten Tag«, begrüßt mich eine freundliche Frau am Empfang. Sie sitzt in Jeans und T-Shirt hinter einem großen Schreibtisch aus Holz, der so aussieht, als hätte man ihn hier selbst zusammengezimmert.

»Hey, mein Name ist Ronja Ebeling. Ich habe ein Interview mit Albrecht Hornbach«, melde ich mich an.

»Ach, ja!«, sagt die Frau und kramt in einer Box, aus der sie eine vorbereitete Karte herauszieht, auf der mein Name steht.

»Hiermit kommen Sie gleich durch die Einlasskontrolle. Bitte setzen Sie sich noch kurz, Sie werden gleich abgeholt«, sagt sie und weist auf eine dunkle Ledercouch. Ich nehme die Karte entgegen und setze mich. Während ich warte, beobachte ich die Leute, die in der Zentrale ein- und ausgehen. Die meisten von ihnen sind in T-Shirts, Jeans und einfachen Turnschuhen gekleidet. Andere tragen praktische Bauhosen, eine beige Weste mit Firmenlogo und dem eigenen Namen am Brustpatch. Mit ihren Unternehmenskarten gleiten sie durch die automatische Einlasskontrolle. Ich sehe mich weiter um und stelle fest, dass der Großteil des Eingangsbereichs aus Holz ist: die Empfangstresen und sogar ein Teil der Raumverkleidung. Außerdem fällt mir eine grün bepflanzte Wand auf, und ich frage mich, ob die Büsche echt sind und wie sie bewässert werden. Durch die Sicherheitskontrolle läuft nun ein junger Mann in Hemd und Anzughose und kommt direkt auf mich zu.

»Hallo, Frau Ebeling!«, sagt er und gibt mir zur Begrüßung die Faust.

»Hallo, schön Sie kennenzulernen«, antworte ich und stehe vom Sofa auf. Es ist der Pressesprecher, wir haben schon einmal telefoniert.

»Haben Sie gut hergefunden?«, fragt er mich höflich, als wir zusammen die Sicherheitsschleuse passieren.

»Ja, danke, lief alles super ... sind die Pflanzen echt?«, frage ich. Überrascht dreht er sich um und betrachtet die vielen kleinen Büsche, die hinter ihm aus der Wand ragen.

»Ja, die sind echt«, versichert er mir lachend und erklärt, dass diese Pflanzen optimal fürs Raumklima sind.

Wir folgen einem langen Gang, der Altbau und Neubau miteinander verbindet. In diesem Flur liegen links große schwere Steine auf dem Boden. Direkt daneben sind erklärende Schilder angebracht.

»Das sind die Meilensteine in unserer Verantwortungsstrategie«, erklärt der Pressesprecher, als er meinen Blick bemerkt. Ich erhasche im Vorbeigehen ein paar Eckdaten:

- *1998 Kein Tropenholz mehr aus Raubbau*
- *2002 HORNBACH Stiftung »Menschen in Not«*
- *2012 Phenolfreie Kassenbons*

- *2013 Keine handgehauenen Natursteine mehr*
- *2015 Kein Glyphosat und Neonicotinoide*
- *2018 Bio-Zertifizierung*
- *2018 Elektroladesäulen*

Für den Bruchteil einer Sekunde bleibe ich verwundert stehen und frage mich, ob es doch noch weitere Ladestationen für mein Auto auf dem Parkplatz gab. »In Bornheim gibt es vier auf dem Kundenparkplatz, dann drei für die Mitarbeitenden auf dem Verwaltungsparkplatz und zusätzlich noch mehrere im Parkhaus, an denen die E-Dienstfahrzeuge des Unternehmens geladen werden«, klärt mich der Pressesprecher auf. Wir laufen weiter.

- *2020 LED-Beleuchtung in 125 Hornbach-Filialen*
- *2020 Aus für Feuerwerksverkauf*

Mit Albrecht Hornbach möchte ich passend zu den Meilensteinen auf dem Flur über das Wort Verantwortung sprechen. Der Vorstandsvorsitzende der HORNBACH Management AG ist Jahrgang 1954, und ich konnte aus zahlreichen Interviews schließen, dass er sich auch privat viele Gedanken über die soziale Verantwortung von Unternehmen und auch Einzelpersonen macht. Deshalb möchte ich von ihm wissen, inwiefern sich Familienunternehmen in der Entscheidungsfindung von anderen Unternehmen absetzen. Handeln sie verantwortungsvoller, weil sie die Firma funktionsfähig in die Hände nachfolgender Generationen geben möchten?

Der Pressesprecher und ich nehmen den Fahrstuhl nach oben. Er führt mich in einen kleinen Konferenzraum, wo schon Gläser und zwei Wasserflaschen bereitstehen.

»Möchten Sie noch etwas trinken?«, fragt mich eine dunkelhaarige Frau, und ich bitte sie um einen schwarzen Kaffee, während ich mit dem Rücken zum Fenster Platz nehme und meine Notiz-zettel aus meinem Rucksack hole.

»Sind Sie bereit?«, fragt mich der Pressesprecher, und ich nicke.

Wenige Sekunden später steht auch schon Albrecht Hornbach im Türrahmen. Er ist sehr groß, schlank und steckt in einem dunkel-blauen Sakko und blauen Jeans. Dazu trägt er ein weißes Hemd mit blauer Knopfleiste, die ersten oberen Knöpfe sind offen. Sein Haar ist ergraut, er trägt eine Brille mit schwarzem dünnem Gestell, und sein Gesicht hat trotz des fortgeschrittenen Alters etwas Jungenhaftes.

»So, hallo!«, begrüßt er mich und betritt den Raum.

»Hallo, ich bin Ronja Ebeling. Vielen Dank, dass Sie sich die Zeit nehmen«, sage ich und stehe von meinem Stuhl auf, um einen Schritt auf ihn zuzugehen.

»Ja, schön, Sie kennenzulernen«, sagt Albrecht Hornbach und schüttelt meine Hand. Dabei lächelt er, ohne die Zähne zu zeigen.

Er setzt sich gegenüber von mir an den Tisch und bittet die dunkel-haarige Frau um einen Espresso.

»Und können Sie bitte den Lichtschutz runterlassen?«, ergänzt er, und die Frau nickt. Sie betätigt einen Schalter an der Tür, und der Raum verdunkelt sich schlagartig.

»Noch etwas weiter ... jetzt kippen«, weist der Vorstandschef sie an, woraufhin sich der Winkel der horizontalen Lamellenjalousien verändert, während der Pressesprecher und ich das Spiel von unse-ren Plätzen aus beobachten.

»Nein, anders ...«, sagt Albrecht Hornbach und steht dann auf, um den für ihn perfekten Winkel selbst zu ermitteln. Die Frau ver-schwindet schnell und kommt kurz darauf mit einer Espressotasse und einem kleinen Stück Vollmilchschokolade wieder zurück. Als Albrecht Hornbach endlich zufrieden mit dem Winkel ist, setzt er sich wieder an seinen Platz, und ich atme erleichtert aus, weil das Gespräch jetzt beginnen kann.

DER ERSTE TAG

Albrecht Hornbach packt das Schokoladenstück aus und beißt eine Ecke davon ab.

»Können Sie sich noch an Ihren ersten Arbeitstag hier im Unternehmen erinnern?«, frage ich.

»Ja, kann ich«, antwortet er knapp und guckt mich mit seinem Schokoladenstück zwischen den Fingern herausfordernd an. Ich warte ab.

»Soll ich so antworten wie Olaf Scholz?«, fragt er, und ein schelmisches Lachen streift sein Gesicht, das ihn erneut jungenhaft aussehen lässt.

»Oh, bitte nicht«, antworte ich trocken. Unser aktueller Bundeskanzler ist bekannt dafür, Journalist*innen auflaufen zu lassen, wenn Fragen nicht präzise gestellt werden. Auf geschlossene Fragen antwortet er daher gern mit einem Ja oder Nein und verzichtet ganz bewusst auf eine weiterführende Erklärung. Ich persönlich empfinde diese Art von Kommunikation als unangemessen, sie suggeriert, kein Interesse am Gespräch zu haben. Mehr noch: Sie gibt dem Gegenüber das Gefühl, wirklich nur das gesagt zu bekommen, wonach sehr konkret gefragt wird. Alles andere wird im Zweifel unter den Teppich gekehrt und nie erwähnt.

»Wie war Ihr erster Arbeitstag in diesem Unternehmen?«, stelle ich meine Frage erneut, und dieses Mal holt Albrecht Hornbach aus.

»Also zunächst sah es nicht so aus, als würde ich in das Unternehmen einsteigen. Es war nicht vorgesehen, dass meine Generation das Geschäft übernimmt.«

Als sein Vater und dessen Cousin in Bornheim den ersten richtigen Baumarkt eröffneten und damit den Grundstein für das Familienimperium legten, war Albrecht Hornbach gerade einmal 14 Jahre alt.

»Das Konzept eines Baumarktes gab es in dieser Form so noch nicht«, erklärt er weiter. Zu diesem Zeitpunkt mussten Heimwerkende noch viele verschiedene Läden anfahren, um alle gesuchten Baumittel zu finden. Einen Laden, bei dem es sowohl kleinteilige Schrauben als auch verschiedene Materialien wie Holz und Steine gab, das war neu.

»Als mein Vater und sein Cousin realisierten, wie groß das Wachstumspotenzial war, mussten sie sich Gedanken machen, ob sie uns als nachfolgende Generation nicht doch ins Boot holen wollten. Schließlich überlegten sie, an die Börse zu gehen«, spannt er den Bogen weiter. Die Herausforderung bestand darin, den Börseneinstieg so zu gestalten, dass die Hoheit über das Unternehmen in der Familie blieb.

»Und was war die Lösung?«, frage ich.

»Die Lösung war, dass das Unternehmen fünfzig Prozent des Kapitals als Wertpapiere herausgab. Aber diese Aktien hatten kein Stimmrecht, es handelte sich um Vorzugsaktien, weshalb die Entscheidungsmacht in der Familie blieb«, beschreibt Albrecht Hornbach den Unterschied zwischen Stammaktien und Vorzugsaktien. Bei Letzteren haben die Aktionär*innen kein Mitspracherecht, bekommen aber eine höhere Dividende ausgeschüttet. Es überrascht nicht, dass diese Art der Aktien in erster Linie Familienunternehmen nutzen.

Was mich allerdings überrascht, ist die Tatsache, wie viele Unternehmen in Deutschland in Familienhand sind – laut dem Institut für Mittelstandsforschung sind es ganze 93 Prozent. Zwar haben diese durchschnittlich weniger als zehn Beschäftigte, insgesamt betrachtet arbeitet dennoch mehr als die Hälfte der privatwirtschaftlich Beschäftigten in Familienunternehmen.[22] Zu den größten von ihnen an der Börse gehören unter anderem die Volkswagen AG, die Henkel AG oder auch Fresenius. Darüber, wie familiär es in börsennotierten Familienunternehmen dieser Größe zugeht und wie verantwortungsvoll sie handeln, lässt sich mit Sicherheit diskutieren. Ich räuspere mich kurz.

»Wie würden Sie denn ein Familienunternehmen definieren?«, frage ich dann und kippe einen Schluck stilles Wasser in meinen Kaffee, ich mag ihn nur lauwarm. Albrecht Hornbach beobachtet mich amüsiert, sagt aber nichts.

»Die meisten Definitionen gehen davon aus, dass ein Teil des Unternehmenskapitals der Familie gehört und die Familie eine Führungsposition im Unternehmen bekleiden sollte«, antwortet er dann rational und nickt bei der Wiedergabe dieser offiziellen Beschreibung zustimmend. Ich gucke kurz von meiner Kaffeetasse hoch und bin etwas überrascht. Eigentlich war ich mit meiner Frage darauf aus, welche Werte ein Familienunternehmen ausmachen und welche moralische Grundhaltung in der Arbeitskultur etabliert sein muss. Ich überlege kurz und beschließe dann, seinen Gedanken von kapitaler Macht weiterzuführen: »Börsennotierten Unternehmen wird gern vorgeworfen, dass sie ihren Aktionär*innen unterlegen sind und zu ihren Marionetten werden. Inwiefern ist das bei börsennotierten Familienunternehmen anders?«

»Sie sprechen Quartalsergebnisse an, die beschönigt werden, um den Aktienkurs zu steigern? Auch Familienunternehmen stecken da in einem permanenten Zielkonflikt«, gibt Albrecht Hornbach zu und nickt erneut. »Bei Hornbach steuern wir allerdings die Geschäfte nicht, um die Quartalszahlen aufzubessern – das haben wir auch nicht nötig, weil die Familie bis heute die Mehrheit der Aktien hält. Wenn wir durch ein kleines Tief müssen, um langfristig besser agieren zu können, dann ist das eben so. Das können wir uns aber auch leisten, weil unser Unternehmen nie ein Übernahmekandidat sein wird«, fährt er fort. Mit einer Übernahme meint Albrecht

Hornbach den notgedrungenen Verkauf des Unternehmens oder der Mehrheitsanteile. In diese Misere geraten Firmen zum Beispiel, wenn sie ihr Geld nicht in langfristige Zukunftsinvestitionen stecken, sondern in kurzfristige Ziele, um genauso kurzfristig den Aktienkurs zu heben.

Familienunternehmen hingegen erreichen laut einer Studie der Stiftung Familienunternehmen eine bessere Performance, weil sie nicht in Quartalszahlen denken, sondern in Generationen. Die Entscheidungen sind dadurch oft »enkelkindertauglicher«, wenn man es so nennen will. Die Studie zeigt zudem, dass Aktien von Familienunternehmen geringeren Schwankungen unterliegen.[23] Um das bei HORNBACH auch in Zukunft zu gewährleisten, war es wichtig, dass mit dem Börsengang der HORNBACH Holding im Jahr 1987 die nachfolgende Generation mit ins Boot geholt wird. Albrecht Hornbach blieb also fast keine andere Wahl.

»Mein Bruder ist 1988 ins Unternehmen eingetreten. Ich bin ihm am 2. Januar 1991 gefolgt«, antwortet er auf meine Ursprungsfrage und steckt sich das letzte Stück der Schokolade in den Mund.

»Sie sind nicht als Praktikant gestartet. Was war Ihre erste Aufgabe?«, frage ich.

»Ich war keineswegs der Praktikant, schließlich hatte ich schon ein paar Jahre Berufserfahrung gesammelt. Als studierter Bauingenieur hat man es mir zur Aufgabe gemacht, die Errichtung der neuen Baumärkte, die im Rahmen einer großen Expansion entstehen sollten, zu verantworten«, erinnert er sich zurück. Er war zu dem Zeitpunkt 37 Jahre alt. Am besagten 2. Januar 1991 sollte Albrecht Hornbach nach Siegen fahren, um Details für einen in Dresden geplanten Baumarkt zu besprechen. Heute gibt es allein in Deutschland 98 HORNBACH-Standorte, insgesamt sind von Schweden über die Tschechische Republik bis nach Rumänien 170 Filialen verteilt.

DER MACHTWECHSEL

»Zum Zeitpunkt der Expansion, die Sie mitgestalten sollten, saßen direkt mehrere Familienmitglieder in Führungspositionen: Ihr Vater, sein Cousin und Sie mit Ihrem jüngeren Bruder Steffen. Gab es da auch mal Generationskonflikte?«, möchte ich wissen.

»Natürlich gab es die, aber die würde ich jetzt nicht ausbreiten«, antwortet er und lächelt mit seinen schmalen Lippen, die dabei so fest aufeinanderliegen, dass kein Wort mehr durchkommen kann. Ich verstehe: Er will keine dreckige Wäsche waschen. Also lächle ich über den Tisch hinweg zurück und nehme einen Schluck von meinem lauwarmen Kaffee. Eine weniger rationale Definition besagt, dass ein Familienunternehmen in erster Linie von der gemeinsamen Geisteshaltung, den Werten und einer transparenten Kommunikation geprägt wird. Genauso wie von der gegenseitigen Rückendeckung in der Öffentlichkeit. Albrecht Hornbach scheint diese Definition von Familienunternehmen verinnerlicht zu haben.

Ich stelle meine Tasse wieder ab und stütze meine Ellbogen auf den Tisch. »In jedem Unternehmen gibt es Situationen, in denen Generationen anderer Meinung sind – weil sie eben andere Perspektiven haben. Die Älteren argumentieren mit ihrer Erfahrung, während die Jüngeren etwas aus dem Bauch heraus anders machen wollen. Der Satz ›Das haben wir immer schon so gemacht‹ kann Ideen dann im Keim ersticken. Wann war das bei HORNBACH mal der Fall?«, frage ich nun mit etwas mehr Nachdruck. Mein Gesprächspartner lehnt sich zurück in seinen Stuhl und überlegt, ob und wie er auf diese Frage antworten könnte. Diese bedachte Art ist angemessen, immerhin kann er als Vorstandschef mit unüberlegten Aussagen ganze Aktienkurse bewegen – auch wenn der Kurs, wie er sagt, ein kleines Tal aushalten würde.

»Was war mit der neuen Strategiefindung Ende der 90er-Jahre, Herr Hornbach? Ob Sie es erwähnen wollen, obliegt natürlich Ihnen«, wirft der Pressesprecher nun zu meiner Überraschung vorsichtig von der Seitenlinie ein. Herrn Hornbachs Mundwinkel fahren hoch.

»Oh, ja ... das war so ein Generationenkonflikt, wenn man es so nennen will«, stimmt der Chef zu.

Albrecht Hornbach war ab 1998 Vorsitzender des Vorstands der HORNBACH Baumarkt AG, sein Bruder Steffen Hornbach wurde schon einige Jahre zuvor Mitglied des Gremiums. »Steffen ist zwar jünger als ich, aber weil er früher ins Unternehmen eingetreten ist, gebührte ihm natürlich auch zuerst der Platz im Vorstand«, erklärt Albrecht Hornbach wie von selbst, um keinen Interpretationsraum für den Grund dieser Reihenfolge offenzulassen. Mit ihren neuen Positionen fokussierten die beiden Brüder jedenfalls auch eine neue Strategie für das Unternehmen.

»Im ersten Schritt wollten wir damals eine Dauertiefpreisstrategie einführen und auf Sonderangebote verzichten. Im zweiten Schritt sollten die Flugblätter reduziert werden. Wir wollten auf eine neue Fernsehwerbung setzen. Sie kennen unsere Werbung sicherlich, oder?«, fragt er mich. Ich beobachte, wie seine Augen plötzlich ganz wach sind. In ihnen funkelt der unternehmerische Stolz.

»Natürlich«, sage ich und denke an den Slogan »Es gibt immer was zu tun«. In einem der ersten Werbespots des Unternehmens springt ein kranker Mann vom Sterbebett auf, um noch schnell den Dachboden auszubauen. Erst als er diese Aufgabe beendet hat, sieht er sich bereit, wieder in sein Sterbebett zurückzukehren.

»Mein Vater fand die polarisierende Werbung damals unpassend und unseriös. Er war geradezu entsetzt, als er die Vorschläge der Agentur und unsere Begeisterung sah«, schildert Albrecht Hornbach.

»Kann ich mir vorstellen«, sage ich grinsend.

»Er hat dann in seinem gleichaltrigen Umfeld nach Einschätzungen gefragt und von seinesgleichen Meinungen eingeholt – die ihm natürlich nach dem Mund geredet haben. Das hat unsere Diskussion auf die Spitze getrieben«, erinnert sich der Bauingenieur und zieht die Augenbrauen hoch.

»Warum sind Strategiefindungen so emotional?«, frage ich.

»Bei strategischen Entscheidungen dieser Art lässt sich im Vorfeld rein rational schwer sagen, ob eine Idee gut oder schlecht ist. Es geht vielmehr ums Bauchgefühl und um das Beobachten weltweiter Märkte. Und für meinen Vater war unsere Idee ein großer Bruch mit dem, wie sich das Unternehmen vorher präsentiert hat«, erklärt er weiter. »Vorher«, damit meint er, dass die Baumarktkette sich vor dem Generationenwechsel eher solide gezeigt hat und im Auftritt leise und bodenständig war.

Gleichzeitig ist es notwendig, zum richtigen Zeitpunkt auf eine geschmeidige Art mit dem Alten zu brechen, um nicht mit der alten Käufer*innenschaft auszusterben, kommt es mir in den Kopf. In meiner Branche, dem Journalismus, haben das viele Medienhäuser verpasst: Etliche haben sich an den Printheften festgeklammert und den Wechsel zu Online und den sozialen Netzwerken verpasst. Der Printjournalismus altert genauso wie unsere Gesellschaft: Die Hefte werden immer dünner, die Zeitschriftenregale immer kleiner, und irgendwann sind die allermeisten weg. Und wer nicht verschwinden will, sollte rechtzeitig auf die nächste Generation der Kund*innen zugehen. Dazu gehört auch, ihre Werte, ihren Humor und ihr Medienverhalten zu verstehen. Insbesondere Familienunternehmen oder traditionelle Branchen tun sich mit neuen Wegen schwer, gefährden damit aber das eigene Wachstum oder gar den eigenen Erhalt. Dabei liegt es in der Verantwortung des Managements gegenüber den Mitarbeitenden, am Zahn der Zeit zu bleiben und das Unternehmen zukunftsfähig zu halten.

Zu einem interessanten Ergebnis kommt auch eine Studie, in der die Performance von Familien-CEOs im Vergleich zu familienexternen CEOs in Familienunternehmen verglichen wird: In Wachstumsphasen – also zum Beispiel bei der Findung und Umsetzung einer neuen Strategie – haben familienfremde Manager*innen einen klaren Vorsprung.[24] Frischer Wind ist wichtig, die immer gleichen Meinungen aus derselben Bubble müssen hinterfragt werden. Nun waren Albrecht Hornbach und sein Bruder keine familienfremden Manager, aber sie haben vor ihrem Einstieg bei Hornbach beide in anderen Unternehmen gearbeitet und neue Eindrücke gesammelt, die zu jener neuen Strategie führten. Ein Satz wie »Das haben wir noch nie so gemacht« schoss ihnen genauso quer, wie es bei externen Manager*innen der Fall gewesen wäre.

»Was war beim Konflikt um die neue Werbung das ausschlaggebende Argument?«, möchte ich wissen.

»Mein Vater hat sich irgendwann zurückgezogen und uns einfach machen lassen«, antwortet der stete Vorstandsvorsitzende.

»Ist es im Zweifelsfall die einzige Lösung, dass sich die ältere Generation ab einem gewissen Punkt zurückzieht und das Steuer übergibt?«, frage ich.

»Ich denke schon. In einem Familienunternehmen – und letztlich auch in allen anderen Firmen – muss irgendwann die Verantwortung an die Jüngeren abgegeben werden. Die Jüngeren müssen dann für die Erfolge und auch für die Misserfolge geradestehen. Wenn eine Idee scheitert, haut die ältere Generation im Nachhinein vielleicht auf den Tisch«, fasst er zusammen.

»Und sagt so etwas wie: ›Wir haben es euch doch gesagt‹«, beende ich seinen Satz mit aufgesetzter Stimme, und er schmunzelt.

Albrecht Hornbach und sein Bruder bekamen diesen Satz damals allerdings nicht zu hören: Die neue TV-Werbung wurde ein Erfolg. Die polarisierende Erzählart hat HORNBACH seither als

Markenzeichen beibehalten und zeigt heute unter anderem Insekten beim Liebesspiel – in der Kampagne ging es 2020 um Artenvielfalt und darum, wie der blühende Garten zum Ort des Geschehens werden kann.

»Ich persönlich mag Ihre Werbespots. Aber was wäre, wenn jemand Jüngeres diese Werbung nun kritisiert? Mittlerweile sind Sie derjenige, der langsam die Zügel aus der Hand geben muss. Fällt Ihnen das schwer?«, bohre ich weiter.

»Zunächst einmal gibt es wohl in allen Altersgruppen Menschen, die unsere Werbung kritisieren. Das ist in Ordnung. Zu Ihrer zweiten Frage: Auch das ist in Ordnung. Aber die Situation ist auch weniger emotional. Mein Vater und sein Cousin haben das Unternehmen groß gemacht. Sie sind sozusagen die Gründer, obwohl es natürlich vorherige Generationen gab. Aber sie haben HORNBACH expandieren lassen und an die Börse gebracht. Solche Gründer sind wahnsinnig dominant in der Übergabe. Ich dagegen bin kein Gründer, ich gehöre der Nachfolgegeneration an und bin deshalb nicht dominant«, beschreibt der heutige Chef in gemächlichen Worten. Ich beobachte ihn von der anderen Seite des Tisches, wie er leicht zusammengesackt und mit vorgeschobenem Kinn auf seinem Stuhl sitzt. Eine Hand ruht auf dem Tisch. Auf mich macht Albrecht Hornbach tatsächlich keinen dominanten Eindruck. Vielmehr wirkt er wie jemand, der Menschen gern testet – aber auf keine böswillige Art, sondern einfach aus Neugierde, um ihre Reaktionen zu beobachten.

DIE VERANTWORTUNGSSTRATEGIE

»Sie haben also gemeinsam mit Ihrem Bruder die neue Werbestrategie auf den Weg gebracht. Vorhin auf dem Flur habe ich aber auch die Meilensteine gesehen, die Teil Ihrer Verantwortungsstrategie sein sollen. Was hat es damit auf sich?«, führe ich unser Gespräch weiter.

»Andere nennen das Nachhaltigkeitsstrategie, aber da weiß man nie so richtig, was gemeint ist, oder?«, stellt er die Gegenfrage, und ich zucke als Antwort nur mit den Schultern. Albrecht Hornbach trinkt seinen Espresso aus und schiebt die kleine Tasse in die Mitte des quadratischen Tisches.

»Jedenfalls liegt hier ein wesentlicher Unterschied vor: Eine Werbestrategie wirkt als Darstellung nach außen. Eine Verantwortungsstrategie muss sich in erster Linie nach innen richten. Sie stellt dar, wie wirkungsvoll unsere Arbeit ist«, skizziert er.

»Und was bedeutet es heute, Verantwortung für die nächste Generation zu übernehmen?«, frage ich. »Ja, da stecken wir heute politisch gesehen in einer Zwickmühle«, antwortet er und verzieht sein Gesicht. Er erklärt mir, dass der Klimaschutz aus seiner Sicht eine riesige Verantwortung sei, die gleichzeitig mit dem sozialen Wohlstand und extremen Ungleichheiten zusammenhänge.

»Wir haben den Wohlstand, der zugunsten Deutschlands ungleich verteilt ist, wie die meisten Industrienationen auf dem Rücken ärmerer Länder aufgebaut. Jetzt wäre es verantwortungsvoll, diesen Wohlstand gerechter zu verteilen. Aber was würde dann passieren?«, fragt er mich und guckt erwartungsvoll. Ich reagiere nicht.

»Dann würde die AfD wahrscheinlich achtzig Prozent bekommen, und das wäre auch nicht verantwortungsvoll«, beantwortet der Vorstand seine eigene Frage und verzieht einen Mundwinkel zu einem traurigen Clownslächeln.

»Mhm«, mache ich.

»Und in der Politik will sich niemand unbeliebt machen, im Zweifel Stimmen verlieren und diese großen Probleme angehen.

Deswegen schieben wir sie zum Leidwesen der nächsten Generation vor uns her«, schlussfolgert er.

Verantwortung zu übernehmen bedeutet also, den Mut zu haben, sich unbeliebt zu machen. Umschrieben mit Hornbachs Börsenhaltung bedeutet das, ein Unternehmen ganz bewusst in ein wirtschaftliches Tal reinlaufen zu lassen, damit es langfristig besser agieren kann – das gleiche gilt für unsere Gesellschaft. Weil wir aber in einer Demokratie leben und in dem Sinne keine reinen Vorzugsaktien haben, sondern sehr wohl ein Stimmrecht besitzen, trauen sich Verantwortliche in der Politik kaum, ein Tal in Kauf zu nehmen. Auch Politiker*innen und Parteien beugen sich, um bestimmte Quartalsziele zu erreichen. Aus Angst, die Hoheit in der Strategie und den Platz am Drücker zu verlieren.

»Würden Sie eigentlich mit der jüngeren Generation heute tauschen wollen?«, frage ich spontan.

»Oh, nein. Jede Generation trägt ihre Last, aber Sie tragen mit dem Klimawandel eine besonders schwere«, überlegt er und hält kurz inne. »Obwohl ich diese Last in gewisser Weise auch trage, schließlich möchte ich, dass es meinen Enkeln in Zukunft gut geht«, ergänzt er dann.

»Wie waren Sie denn in Ihrer Jugend?«, frage ich.

Albrecht Hornbach war nie ein Rebell, auch wenn sein rockiger Musikgeschmack vielleicht etwas anderes vermuten ließ. Noch immer hört der fast Siebzigjährige gern AC/DC und sitzt am liebsten selbst am Schlagzeug. Er hat früh Schach gelernt und war im Fußballverein. »Auf dem Feld hatte ich die Position des linken Mittelläufers und saß oft auf der Ersatzbank«, erinnert er sich lachend. Er war am Ball nicht sonderlich begabt. Dafür war er schnell und hatte viel Ausdauer. Bis heute geht er in seiner Freizeit lieber draußen joggen, anstatt einen Sportwagen spazieren zu fahren – obwohl er sich eine ganze Garage voll von den Dingern leisten könnte. Innerlich notiere ich mir: Albrecht Hornbach prahlt nicht.

Im Dezember 2014 wurde er mit dem Bundesverdienstkreuz für sein vielfältiges, ehrenamtliches Engagement ausgezeichnet. So war er zum Beispiel jahrelang Vorsitzender der Metropolregion Rhein-Neckar e. V. und engagierte sich im Advisory Council des Deutschen Krebsforschungszentrums in Heidelberg oder als Förderer der Technischen Universität Kaiserslautern. In Rumänien hat er ein viel beachtetes Ausbildungsprojekt für Jugendliche durchgeführt, und 2011 wurde er zum Honorarkonsul des Landes ernannt. Er veranlasste zudem die Restaurierung einer Gedenkstätte für Opfer des Nationalsozialismus in Neustadt. Auf dem Kasernengelände an der Weinstraße, das seit 2001 im Besitz des Unternehmens ist, befindet sich nämlich das einzige noch sichtbare Konzentrationslager seiner Art in Rheinland-Pfalz. Heute steht es Besucher*innen unter dem Motto »Erinnern – gedenken – lernen« offen.

Während wir hier im abgedunkelten Konferenzraum sitzen, erzählt Albrecht Hornbach mir jedoch nicht von diesem Engagement, nicht einmal sein Bundesverdienstkreuz erwähnt er. Kurz frage ich mich, ob ich ihn darauf ansprechen soll, stelle dann aber fest, dass es sich erübrigt: Soziales Engagement ist keine Werbestrategie, die er nach außen darstellt. Es ist Teil der Verantwortungsstrategie, die sich in erster Linie nach innen richtet.

»Wie engagieren Sie sich sozial?«, frage ich also platt.

»Wir machen zum Beispiel mit unseren Teams einen Stadtlauf zugunsten der Deutschen Aidshilfe. Da laufe ich unter den dreihundert Mitarbeitenden auch mit, das macht Spaß«, berichtet er mir, und ich warte, ob er noch ein anderes Engagement erwähnt. Tut er nicht. Stattdessen sagt er: »Bei Aktionen, die dem Allgemeinwohl dienen sollen, ist es wichtig, die Einstiegshürde relativ gering zu halten. Für unseren Lauf bedeutet das, dass die meisten Teilnehmenden nur fünf Kilometer laufen.«

DIE EINSTIEGSHÜRDE

»Diese Einstiegshürde ... wird die im Laufe des Erwerbslebens und mit wechselnden Lebensphasen nicht eher höher?«, frage ich.

»Wie meinen Sie das?«, fragt er zurück, und ich bemerke, dass sein Lachen aussetzt.

»Na ja, die letzten offiziellen Zahlen vom Bundesfamilienministerium stammen aus dem Jahr 2017 und beinhalten die Coronapandemie nicht, aber zu dem Zeitpunkt war knapp die Hälfte aller jungen Menschen zwischen 14 und 25 Jahren in einem Ehrenamt tätig. Damit lag die Engagementbeteiligung junger Menschen über dem Bevölkerungsdurchschnitt in Deutschland«, erkläre ich.[25]

»Die Hälfte?«, unterbricht mich der Vorstandschef ungläubig.

»Ja, laut den letzten Erhebungen«, wiederhole ich.

»Was machen die?«, will er wissen.

»Ganz unterschiedlich. Während der Pandemie haben mir in Testzentren zum Beispiel viele Menschen meiner Generation das Stäbchen in die Nase gesteckt. Worauf ich aber hinausmöchte: Das soziale Engagement nimmt nach dem 25. Lebensjahr ab und erst mit dem Eintritt ins Rentenalter wieder zu. Wenn wir also bestimmen müssten, was die Einstiegshürde bei sozialem Engagement ist, dann ist es der Berufseinstieg oder vielmehr die Vierzig-Stunden-Erwerbsarbeitswoche plus Überstunden«, komme ich zu meinem eigentlichen Punkt.

So ähnlich war es auch bei mir. Vor meinem ersten Vollzeitjob bin ich regelmäßig für den Tierschutz nach Rumänien gereist und habe dort in einem städtischen Tierheim gearbeitet. Im

Angestelltenverhältnis war das wegen begrenzter Urlaubstage plötzlich schwieriger, und so musste ich mich entscheiden, ob ich die Ferien tatsächlich als Erholung nutze oder in einem Zwinger mit über tausend Hunden arbeite und anschließend mit Magendarminfekt wieder zurück nach Deutschland reise. Jegliche Krankheiten fängt man sich in den Zwingern nämlich schnell ein, in denen durstige Ratten in die Trinkeimer springen und jämmerlich ertrinken. Am nächsten Tag mussten die aufgedunsenen Tiere wieder herausgefischt werden, Hunde haben sich so mit Krankheiten infiziert, und ihre Kadaver lagen in den Hütten. Kein Wunder, dass ich selbst auch oft krank von der Reise zurückkam. Aber wie erklärt man das im Job? Mein Engagement nahm folglich stark ab und begrenzte sich eine Zeit lang nur auf gelegentliche Aktivitäten, die dem Gemeinwohl dienten. Einen neuen Aufschwung erlebte ich in der Coronapandemie, als ich in meiner letzten Festanstellung in Kurzarbeit versetzt wurde und plötzlich Zeit hatte, um eine alleinerziehende Mutter beim Homeschooling zu unterstützen. Morgens hat sie ihre zwei Kinder vor der Arbeit zu mir gebracht und am Nachmittag wieder abgeholt. Zeit ist neben finanzieller Sicherheit und mentaler Gesundheit ein wesentlicher Faktor, um sich sozial zu engagieren.

»Glauben Sie, unser soziales Engagement in Deutschland reicht aus?«, frage ich.

»Nein, es bereitet mir eher Sorgen. Und ich stimme Ihnen zu, dass Zeit dabei wohl eine große Rolle spielt«, sagt er nachdenklich.

»Mir bereitet die Zeitknappheit in Verbindung mit sozialem Engagement auch Sorge – ausgerechnet zwischen den unendlich vielen Krisen wie Klimawandel, Inflation und Angriffskrieg, in denen es auch darum geht, Menschen vor Armut und Gewalt zu bewahren. Die Tafeln in Deutschland schreien förmlich nach Unterstützung. Im Zuge der Inflation wird sich diese Situation zuspitzen. Wie lassen sich Freiräume für Engagement schaffen?«, möchte ich wissen.

»Also, ich denke schon, dass man sich bei einem normalen Job von vierzig Stunden noch engagieren kann ...«, setzt mir Albrecht Hornbach entgegen, aber ich bin anderer Meinung.

»Glaube ich nicht«, sage ich deshalb entschlossen, woraufhin er mich etwas verwundert anguckt. 2020 gaben hochgerechnet 26 Millionen Menschen in Deutschland an, dass sie eine ständige Zeitnot empfinden.[26] Bei ständiger Zeitnot haben wir das Gefühl, nie ganz da zu sein und alles nur halb zu schaffen. Das Miteinander und die menschlichen Begegnungen finden bei einem Gefühl von ständiger Zeitnot keinen Raum mehr in unserem Alltag.

»Gerade junge Familien haben deutlich weniger Zeit, sich sozial zu engagieren. Genauso wie Menschen, die Angehörige pflegen. Es ist für die meisten schon eine Herausforderung, Care-Arbeit und Erwerbsarbeit unter einen Hut zu bringen«, erkläre ich also weiter.

Die Autorin Teresa Bücker hat in ihrem Buch *Alle_Zeit* wunderschön beschrieben, wie sich die Wahrnehmung von Zeit in den unterschiedlichen Lebensphasen verändert: Sie vergleicht Zeit mit Wasser und schreibt, dass wir während unserer Kindheit in Zeit schwimmen, als sei sie ein Meer – endlos eben. Je älter wir werden, desto mehr gleiche Zeit abgetrennten Schwimmbahnen, in denen Bewegungsrichtung und Distanz vorgegeben sind. Irgendwann erleben wir unsere Zeit als eine Badewanne, in die wir nur knapp hineinpassen und aus der das kalt gewordene Wasser ablaufe. So fühlt sich Zeit für viele Eltern an, schreibt die Journalistin und Mutter.[27]

Die Soziologin Frigga Haug, die auch von einigen die »Grande Dame der Linken« genannt wird, plädiert deshalb in ihrem Buch *Die Vier-in-einem-Perspektive* für eine Gesellschaft, in der konkrete Möglichkeiten geschaffen werden, damit politische und gesellschaftliche Beteiligung Alltag werden. Sie schlägt vor, dass Menschen jeweils die gleiche Summe Zeit – vier Stunden am Tag – für die drei Lebensbereiche Erwerbsarbeit, Fürsorgearbeit sowie Kultur und Politik aufwenden können sollten.[28] In ihren Augen gelinge das, weil sich unser Produktivitätslevel in den letzten hundert Jahren durch Technologie und Automatisierung gesteigert habe und wir nun sukzessive anfangen sollten, die Erwerbsarbeitsstunden zu reduzieren, um die neu gewonnene Zeit auf die anderen Bereiche zu verteilen. Immer mehr Menschen – die es sich finanziell leisten können – tun das bereits aktiv und verkürzen ihre Arbeitszeit: Die Zahl der Teilzeitbeschäftigten steigt seit den 80er-Jahren. Waren 1985 nur 1,4 Prozent der männlichen Angestellten in Teilzeit beschäftigt, stieg die Zahl 2018 bereits auf 11,2 Prozent. Bei den Frauen ist der Anteil der Angestellten, die in Teilzeit arbeiten, von knapp 29 auf knapp 48 Prozent gestiegen.[29] Im nächsten Schritt müssen wir aus den Privilegien Einzelner eine Bewegung machen und Gewerkschaften mobilisieren, um für eine allgemeine Verkürzung der Erwerbsarbeitszeit für alle einzustehen. Einige Kritiker*innen bezeichnen die neue Zeitenverteilung als radikal, andere als utopisch und wieder andere als den Untergang der Wirtschaft. Ich persönlich denke, Zeit ist der Schlüssel, um unsere Demokratie krisenfester zu machen und unser soziales Miteinander zu stärken.

»Ich glaube, in Krisenzeiten, in denen soziales Engagement wichtiger wird, müssen wir Menschen auch mehr Zeit dafür einräumen. Anders gesagt: Unternehmen beanspruchen mit der Erwerbsarbeit zu viel Zeit ihrer Mitarbeitenden«, fasse ich meine Gedanken deswegen zusammen. Zumal sich die Krisen häufen werden. Der Deutsche Wetterdienst bestätigt beispielsweise, dass im Zuge des Klimawandels mehr Extremwetterereignisse wie das im Juli 2021 im Ahrtal stattfinden werden: Als Folge extremen Starkregens wurden ganze Dörfer geflutet, die Aufräumarbeiten nach solchen Unglücken (bei denen sich viele Freiwillige beteiligten) dauern teils über Jahre.[30] Genauso müssen wir aufgrund des Klimawandels mit einer erhöhten Fluchtbewegung in anderen Ländern rechnen.[31] Um diese Menschen zu integrieren, in den deutschen Arbeitsmarkt einzugliedern und den gemeinsamen Austausch zu fördern, wird auch hier ein erhöhtes soziales Engagement notwendig sein. Wenn wir uns diese Zeit nicht nehmen und eine gute Integration durch menschliche Begegnungen fördern, kann das letztlich unsere Gesellschaft spalten.

In den einzelnen Bundesländern gibt es bereits Regelungen zur Freistellung von Arbeitnehmer*innen in bestimmten sozialen Tätigkeitsfeldern. Darunter fällt je nach Bundesland die Mitwirkung in der Jugendarbeit oder im Brand- und Katastrophenschutz. Je nach Bundesland und Tätigkeit sind Sonderurlaubstage möglich – in Bayern sind es sogar 15 Tage pro Jahr. Die Krux: Menschen wissen kaum von diesen Freistellungsmöglichkeiten, weil die wenigsten Unternehmen sie aktiv zum sozialen Engagement ermutigen.

»Wir haben den Freiwilligentag, an dem sich die Mitarbeitenden sozial engagieren«, wirft der Pressesprecher nun von der Seite ein. Er zeigt außerdem auf sein Handgelenk, um mir zu signalisieren, dass unser Gespräch langsam zu einem Ende kommen muss. Ich nicke.

»Das ist vorbildlich. Wie oft findet dieser Tag statt?«, möchte ich wissen.

»Alle zwei Jahre«, antwortet der Pressesprecher.

»Mhm. Ist das jetzt Teil einer Strategie, die nach außen oder nach innen wirkt?«, frage ich kritisch.

»Nein, das ist gar keine Strategie von uns«, schaltet sich Albrecht Hornbach energisch ein. Er erklärt mir, dass die Initiative aus der Region komme und vom Verein Zukunft Metropolregion Rhein-Neckar e.V., bei dem er privat jahrelang im Vorstand saß, ins Leben gerufen wurde.

»Ich habe also in unserem Unternehmen aktiv auf den regionalen Freiwilligentag aufmerksam gemacht, und viele Kollegen und

Kolleginnen haben sich engagiert. Gleichzeitig ist es wichtig, dass sich Unternehmen in ihren eigenen Fachbereichen einbringen«, führt Albrecht Hornbach weiter.

»Was meinen Sie damit?«, frage ich.

»Nun ja, wir haben Baumärkte in unterschiedlichen Regionen und Zugang zu Baumaterialien. Dadurch liegt es auf der Hand, dass sich unsere lokalen Mitarbeitenden am besten darin engagieren, etwas zu bauen. Das haben sie auch bereits getan, zum Beispiel Spielplätze für Geflüchtetenlager. Genauso haben wir das Ahrtal und die Umgebung nach der Flutkatastrophe unterstützt. Viele unserer Leute haben mit angepackt.«

»Ich glaube, dass es essenziell ist, dass Unternehmen ihre Mitarbeitenden aktiv ermutigen, mit anzupacken und gesellschaftliche Verantwortung zu übernehmen. Dafür müssen sie ihnen mehr Zeit einräumen«, schlussfolgere ich.

»Wir überlegen tatsächlich gerade, ob es eine Art extra Freizeit geben könnte, damit sich die Mitarbeitenden sozial engagieren. Und wenn ich Ihnen so zuhöre, denke ich, das sollten wir wirklich tun«, sagt der Vorstandschef nachdenklich.

»Vielen Dank für das gute Gespräch, Herr Hornbach«, schließe ich ab. Meine Zeit ist um.

»Ich danke Ihnen«, antwortet er und lächelt mich zum letzten Mal an. Wir stehen auf und reichen uns zur Verabschiedung die Hand, aber irgendwas sagt mir, dass diese Unterhaltung noch nicht beendet ist. Dann begleitet mich der Pressesprecher nach draußen.

DIE NEUE ZEIT

Einen Monat später stehe ich bei meinen Eltern im Garten und gieße mit meiner Mutter die kleinen Salatköpfe in ihrem Hochbeet.

Der Holzkasten ist ihr neues Hobby, und sie erklärt mir gerade, wie viele unterschiedliche Schichten den perfekten Nährboden für die Pflanzen ausmachen, als mein Handy in meiner Hosentasche vibriert. In meinem E-Mail-Postfach entdecke ich eine Nachricht vom Pressesprecher der HORNBACH Baumarkt AG, die einen Anhang enthält: In einem offiziellen Presseschreiben verkündet das Unternehmen, ein flexibleres Arbeitszeitmodell einzuführen. Sie haben dieses bereits in einer Pilotgruppe getestet und für gut befunden. »Arbeitszeit nach Maß« ermöglicht den 11.000 Mitarbeitenden in Deutschland, die eigene Arbeitszeit unbürokratisch aufzustocken, zu reduzieren oder umzuverteilen. »Früher richtete sich die Sollarbeitszeit nach Maschinen, heute geht es um den Menschen«, heißt es weiter in dem Schreiben, das ich nun schnell durchscrolle, während ich mich auf einem der Gartenstühle niederlasse. Durch die Umwandlung von Weihnachts- und Urlaubsgeld können bis zu zwanzig zusätzliche freie Tage im Jahr genommen werden. Die neu gewonnene Zeit kann individuell genutzt werden: im Rahmen der Familie, für persönliche und kulturelle Weiterbildung oder auch für soziales Engagement.

»Ronny ... hast du gehört?«, reißt mich meine Mutter aus meiner Lektüre. Sie steht mit ein paar geernteten Kohlrabi in der Hand neben mir und guckt mich bittend an.

»Nee, was hast du gesagt?«, frage ich zurück.

»Ich habe die Bettwäsche gewaschen, und du sollst sie wegbringen ... zur Sammelstelle der Ukraine-Hilfe. Machst du das?«, wiederholt sie ihre Frage und zeigt auf den Wäscheständer. Ich merke selbst, wie cheesy dieser Moment wirkt, und gleichzeitig, wie wichtig er ist: Die mentalen Kapazitäten zu haben, um an die ungebrauchte Bettwäsche zu denken, die in der Kiste im Flur liegt, ist ein Privileg. Genauso wie die Zeit zu haben, um sie zu waschen und zu einer Sammelstelle zu bringen, wo noch viele weitere Menschen ihre Zeit investieren, damit aus vermeintlichen Kleinigkeiten etwas Wirkungsvolles entstehen kann.

»Ja, ich hab Zeit«, sage ich also und stehe auf.

Sägt die Digitalisierung
am Stuhl von CEOs,
Tijen Onaran?

(GLOBAL DIGITAL WOMEN)

Sarah und ich schlendern an der Hamburger Alster entlang, die Sonne ist eben untergegangen, und eine Straßenlaterne flackert am Wegrand langsam auf. Ich mag das Geräusch des Schotters, der unter unseren Schritten knirscht, und atme entspannt aus. Meine Freundin hingegen ist eher aufgebracht. Sie läuft wie getrieben neben mir her, trinkt einen Schluck von ihrer Schorle, die wir uns eben am Kiosk gekauft haben, und erzählt mir von ihrem Masterstudium, das sie neben ihrem neuen Werbeagenturjob macht.

»Schau mal!«, sagt sie und reicht mir ihr Handy rüber, auf dem LinkedIn geöffnet ist. Eine etwa Gleichaltrige beschreibt in einem Post, was für ein Projekt sie neben dem Studium mit einem Unternehmen umgesetzt hat und wie wichtig die Zusammenarbeit für sie gewesen sei. Es ist die klassische Erfolgsstory, von denen es auf LinkedIn nur so wimmelt.

»Was soll damit sein?«, frage ich und verstehe nicht, worauf sie hinauswill.

»Ich kann das nicht mehr lesen!«, platzt es aus Sarah heraus. Ich gucke meine langjährige Freundin irritiert an, weil ich sie nicht als missgünstige Person kenne, die neidisch auf den Erfolg anderer blickt. »Versteh mich nicht falsch, ich gönne ihr das ... aber wenn ich LinkedIn öffne, frage ich mich ständig: Mache ich selbst genug? Bin ich selbst genug? Sollte ich neben meinem Job und meinem Studium noch täglich etwas auf LinkedIn posten?«, gibt sie ihr Gedankenkarussell wieder und fängt an, schneller zu gehen, als würde sie mit irgendwem mithalten wollen.

»Verdammt ... ich habe gar nicht das Gefühl, dass ich gerade noch im Studium bin. Es fühlt sich an, als wäre ich meine eigene Branding-Agentur und alles müsse perfekt sein«, erklärt sie weiter mit aufgerissenen Augen. Sie flucht, erst über LinkedIn, dann über den Schotter, der in ihren Birkenstocksandalen landet, und ein paar Meter weiter auf unserem Spaziergang weiß ich plötzlich, was sie meint.

Plattformen wie LinkedIn geben Berufseinsteigenden die Chance, schon im Studium oder in der Ausbildung wahrgenommen zu werden. Gleichzeitig üben sie in dieser Findungsphase einen wahnsinnigen Druck aus.

»Meinst du, das ist etwas Neues? Wir kennen Leistungsdruck ja auch von Instagram. Das sind oft inszenierte Ausschnitte, die meist nur das Positive zeigen und das eigene Leben schmälern«, nehme ich das Thema auf.

Sarah schüttelt den Kopf. Sie wischt sich eine dunkle Locke aus dem Gesicht und sagt mir, dass man Instagram und LinkedIn nicht vergleichen könne.

»Wieso?«, will ich wissen.

»Ein grüner Smoothie oder ein Work-out auf Instagram schmälern mein eigenes Leben nicht – davon kann ich mich gut distanzieren! Aber auf LinkedIn geht es um Arbeit. Es ist eine Business-Plattform, auf der das Ziel lautet, Arbeit in einer Dauerschleife sichtbar zu machen. Das ist toxisch!«, erklärt mir meine Freundin. Ich finde es etwas lustig, dass ausgerechnet eine Marketingstudentin Eigenwerbung als toxisch empfindet, aber ich verstehe ihren Punkt. Dass immer mehr Leute LinkedIn nutzen, ist mir tatsächlich auch schon aufgefallen. Sie berichten über Bücher, die man gelesen haben sollte. Sie zeigen sich auf Veranstaltungen, die man besucht haben sollte. Sie reden von einem Netzwerk, von dem man Teil sein sollte. Ich grüble über Sarahs Worte und frage mich, warum die Relevanz digitaler Sichtbarkeit im Job erst in den letzten Jahren zugenommen hat.

»Weißt du, was das ist?«, sage ich dann. »Das ist die Digitalisierung der Anwesenheitskultur.«

Sarah schaut mich stirnrunzelnd an und verarbeitet mein Gesagtes, als würde sich ein Puzzle in ihrem Kopf zusammensetzen. Wer denkt, Deutschland habe durch neues *remote working* während der Pandemie seine Anwesenheitskultur abgelegt, irrt sich nämlich gewaltig. Nur hat sie sich von den Büroräumen ins Homeoffice verlagert. Um hier sichtbar zu bleiben und kundzutun, wie viel man leistet, wurde seit der Coronapandemie deutlich mehr auf LinkedIn gepostet.

2020 verzeichnete die Plattform eine Steigerung der geposteten Beiträge um sechzig Prozent im Vergleich zum Vorjahr. Die Interaktion – also Likes und Kommentare – hat um 55 Prozent zugenommen. [32]

»Das klingt irgendwie logisch – finde ich aber trotzdem anstrengend«, fasst Sarah zusammen.

»Das kann auch total anstrengend sein, weil diese Postings oft nach Feierabend stattfinden. Sie sind quasi die moderne Form der Überstunden und zeigen, wer am längsten im Büro bleibt«, skizziere ich spontan ein Bild in meinem Kopf und stelle mir eine fest angestellte Person vor, die nun nicht mehr zur späten Stunde am Schreibtisch in einem dunklen Bürogebäude hängt, sondern auf der heimischen Couch und noch schnell ein Posting über die gemachte Arbeit absetzt.

»Ich bin mir aber sicher, dass diese Digitalisierung von Sichtbarkeit auch etwas Gutes hat und eine Unternehmenskultur gravierend verändern kann«, rede ich weiter.

»Sichtbarkeit von Vorbildern und so. Ich weiß schon, was du sagen willst«, wirft meine Freundin ein, und ich muss lachen, weil sie mich so gut kennt.

Mit 18 habe ich zum ersten Mal eines meiner Vorbilder auf Instagram entdeckt: eine Unternehmerin, die in Australien ihre eigene Modeagentur leitete und kurz davorstand, nach Singapur zu expandieren. Ich war maximal fasziniert von ihr als Person, ihrer Haltung und ihrem Tatendrang. Als ich sie ein Jahr später im Rahmen eines Praktikums persönlich kennenlernen durfte, habe ich zum ersten Mal eine Person getroffen, die eine massive Energie aus ihrer

Arbeit zieht und gleichzeitig wieder reinsteckt. Um ehrlich zu sein: Sie war eine grauenhafte Führungskraft, weil sie immer alles an sich riss. Aber sie war auch eine brennende Vollblutunternehmerin, wie ich sie bis dato einfach nicht gekannt hatte, weil sie für mich nicht sichtbar waren. Mittlerweile bin auch ich selbstständig und nutze Plattformen wie LinkedIn, um meine Arbeit sichtbar zu machen. Sie sind ein Sprachrohr für mich, das mir enorme Unabhängigkeit ermöglicht.

»Die Vorteile von digitaler Sichtbarkeit gehen aber noch über die Vorbilder hinaus! Das erzähle ich dir nach meinem Gespräch morgen. Ich muss jetzt los, mein Wecker klingelt früh«, sage ich, als wir an der Busstation ankommen, die Sarah für ihren Rückweg angesteuert hat.

IM HOMEOFFICE

Als ich am nächsten Morgen wach werde, schiele ich aufs Handy, das neben meinem Bett liegt. Kurz vor halb vier also schlage ich die Bettdecke weg und stehe auf. In der Küche fülle ich den Wasserkocher, um mir eine Tasse Kaffee zu machen, schalte parallel mein Handy aus dem Flugmodus und deaktiviere den Wecker, der in wenigen Minuten klingeln würde. Prompt kommt eine SMS rein. Jedes Mal, wenn das passiert, bin ich kurz verwirrt. Eigentlich schreibt mir nur mein Vater ab und zu eine SMS. Diese hier kommt allerdings von Marco, der mir mitteilt, dass mein Treffen mit seiner Geschäftspartnerin doch woanders stattfinden müsse: nicht wie geplant im Unternehmen, sondern im Homeoffice. Ich weiß, dass seine Geschäftspartnerin in ihrer Kindheit nur ungern Gäste zu Hause empfangen hat. »Wir haben nicht so viel Platz«, hatte sie damals oft gesagt und andere Treffpunkte vorgeschlagen.[33] Mittlerweile ist das anscheinend anders. »Kein Problem«, antworte ich also. Als Nächstes öffne ich meine LinkedIn-App und sehe, dass ich auf einem Panzerbild markiert wurde. »Ich halte gar nichts von dieser Ronja Ebeling«, steht da, und ich stelle peinlich berührt fest, dass sich manche Leute auf der Business-Plattform ernsthaft wie auf Facebook verhalten, obwohl ihre Vorgesetzten das im Zweifel sehen können: Hass ist schließlich alles andere als professionell. Das Bild ist eine Reaktion auf ein Statement von mir, das auf der Plattform eine Million Menschen erreicht hat.[34] Ich war anschließend zwei Tage damit beschäftigt, Hasskommentare zu melden, Trolle zu blockieren und müde festzustellen, dass die Kehrseite von Sichtbarkeit eine vergrößerte Angriffsfläche ist. Ich lege das Handy weg und brühe den Kaffee auf, um mich anschließend auf den Weg von Hamburg nach München zu machen.

Einige Stunden später und etliche Kilometer weiter südlich laufe ich an der Isar entlang und bin auf dem Weg zu der Adresse, die Marco mir geschickt hat. Es ist gerade mal zehn Uhr und die Junisonne knallt ungewöhnlich heiß vom Himmel. Mit meiner langen Jeans und ohne den gewohnten Westwind bin ich viel zu warm angezogen, stelle ich fest, als ich an ein paar urigen Kneipen vorbeilaufe. Der Stadtteil war früher Teil der Kunst- und Studierendenszene, mittlerweile geht es hier eher bürgerlich zu, was wohl an den horrenden Mietpreisen im Münchener Stadtviertel liegen dürfte. Vor einem großen Gebäude bleibe ich stehen, links und rechts stehen zwei prachtvolle Linden und eine vertrocknete Hortensie. Es ist ein Haus, in dem man gern Gäste empfängt, denke ich. Ich frage mich, wie alt es wohl ist und ob es früher das Stadthaus einer Adelsfamilie gewesen sein könnte. München wird schließlich nicht umsonst »Kaiser- und Königsstadt« genannt. Ich gehe die knapp zehn steinernen Stufen zum Haus hoch. Die große Eingangstür ist aus massivem Holz, direkt daneben sind auf einem goldenen Schild sieben Klingeln und ein paar Namen angebracht. Dort steht es: T. u. M. Duller-Onaran. Vorsichtig drücke ich auf den Knopf und lausche gespannt.

Mit einem Surren öffnet sich die Haustür, und ich erspähe als Erstes eine breite Treppe, die zu den Wohnungen im oberen Stockwerk führt. Aber dahin muss ich gar nicht, stelle ich fest. Direkt im Eingangsbereich öffnet sich eine Tür, und ich entdecke einen Mann mittleren Alters in kurzer Jogginghose, Socken und weitem T-Shirt. Seine Haare stehen etwas ab.

»Hey, ich bin Marco!«, begrüßt er mich da auch schon strahlend und schüttelt meine Hand.

»Hallo, ich bin Ronny. Vielen Dank, dass ich euch besuchen kommen darf. Soll ich meine Schuhe ausziehen?«, frage ich und betrete die Altbauwohnung.

»Sehr gern! Die Hunde werden sie dir wahrscheinlich klauen ...«, sagt Marco, und schon entdecke ich den Cockerspaniel Paul, der eine sommerliche Fellrasur trägt, und hinter ihm eine Art kurzbeinigen Labrador namens Leo. Schwanzwedelnd kommen sie auf mich zugerannt, um mich zu begrüßen. Kaum habe ich mir die Turnschuhe an der Wohnungstür abgestreift, rennt einer von ihnen damit im Maul weg.

»Der legt ihn gleich wieder hin, keine Sorge«, lacht Marco über die Hunde. Von dem großen Flur, in dem wir stehen, gehen mehrere Türen ab. Hinter dem Milchglas kann ich eine Person in einem pinken Oberteil vermuten. Das muss sie sein.

»Tijen ist gerade noch im Termin, aber müsste gleich fertig sein«, sagt er und führt mich in die Küche, um mir etwas zu trinken anzubieten. Paul und Leo folgen uns in den gefliesten Raum und springen immer noch aufgeregt um mich herum.

»Mit oder ohne Sprudel?«, fragt Marco und holt ein Glas aus einem der weißen Küchenschränke.

»Ohne, bitte«, antworte ich.

Tijen Onaran hat 2017 gemeinsam mit ihrem Mann Marco das Unternehmen Global Digital Women gegründet und fungiert seitdem als Beraterin für Firmen, die eine diversere und inklusivere Arbeitskultur etablieren möchten. Sie ist 1985 geboren und als Kind türkischer Gastarbeitender im badischen Karlsruhe aufgewachsen, wo sie ihr Abitur an einem katholischen Mädchengymnasium gemacht hat – damals als einziges Kind mit Migrationsvordergrund. So nennt sie mittlerweile ihre türkischen Familienwurzeln, denn die Herkunft sei nichts, was im Hintergrund versteckt werden muss. Nach ihrem Schulabschluss hat sie politische Wissenschaft, Geschichte und öffentliches Recht studiert und wollte damit eigentlich eine politische Karriere bei der FDP einschlagen, doch dann machte ihre Laufbahn den Bogen in eine andere Richtung, weshalb ich heute mit einem Wasserglas in dieser Küche stehe. Mit Tijen möchte ich über Leistungsdruck am Arbeitsplatz sprechen. Ich will wissen, wie eine Unternehmenskultur zustande kommt und ob nach wie vor nur CEOs die Möglichkeit haben, Unternehmenswerte zu definieren und sie nach außen zu kommunizieren.

»Hallo!«, sagt Tijen, als sie um die Ecke kommt und plötzlich in der Tür steht. Sie trägt apricotfarbene Socken, einen neongrünen Rock mit großen Plissees und passend zum pinken Oberteil einen knalligen Lippenstift. Wenn sie für ihr Make-up kritisiert oder es als unseriös bezeichnet wird, erwidert sie, dass Lippenstift Gehirnzellen nicht schrumpfen lässt. Sie will es sich nicht verbieten lassen, auch im Job einen Teil ihrer Persönlichkeit nach außen zu tragen, schreibt sie auf LinkedIn. Ansonsten ist ihr Gesicht heute ungeschminkt, und man sieht ihm auf eine sympathische Weise an, dass es ein heißer Freitag ist und Tijen eine anstrengende Woche mit vielen Geschäftsreisen hinter sich hat. Ihre Haare hat sie zu einem wilden Dutt hochgeknotet.

»Hey Tijen, ich bin Ronny. Vielen Dank für deine Zeit und dass ihr mich hier empfangt«, sage ich zur Begrüßung, und wir schütteln uns in der Küche die Hände.

»Gern! Geht doch schon mal ins Wohnzimmer, ja? Ich komm gleich«, sagt sie mit fester Stimme.

»Ich geh gleich mit den Hunden raus«, kündigt Marco an, aber führt mich noch ins Wohnzimmer. Der schöne Raum mit Fischgrätenboden und hohen Decken beherbergt einen alten Kamin und einen großen Holztisch, um den breite Samtstühle stehen. An der Wand hängen mehrere Bilder, unter anderem ein buntes Graffiti-Werk und ein Foto von Tijen. Ich setze mich gegenüber von dem Platz, auf dem ihr buntes Notizbuch liegt, und stelle mein Glas auf einen der Getränkeuntersetzer. »Ja, du graue Nase ...«, sagt die Unternehmerin zum kurzbeinigen Labrador Leo. Wenige Sekunden später sitzt sie mir gegenüber und füllt ihr eigenes Wasserglas auf. Ihre Fingernägel leuchten blau, und mit einem Nicken gibt sie mir das Zeichen, dass ich mein Aufnahmegerät starten soll, weil wir nur eine knappe Stunde Zeit haben.

DER JENGA-TURM

»Findest du, CEOs sind überbewertet?«, frage ich zum Einstieg. Tijen ist selbst CEO und führt 18 Leute in ihrem Team.

»Tatsächlich nicht, weil ich entgegen der öffentlichen Meinung finde, dass es gerade jetzt in diesen sehr krisenbehafteten und unsicheren Zeiten gute Führung braucht. Es braucht eben schon Menschen an der Spitze von Unternehmen, die den Mitarbeitenden und der Organisation ein Gefühl von Sicherheit geben«, antwortet sie und nippt an ihrem Glas.

»Was bedeutet es, ein Sicherheitsgefühl durch Führung zu geben?«

»Es bedeutet nicht, alles besser zu wissen und konsequent die Richtung vorzugeben. Ich meine damit eine Ausstrahlung, die suggeriert, dass ich am Ende die Verantwortung trage und mich deshalb auch immer schützend vor mein Team stelle«, erklärt sie ihre Meinung. Auch wenn ich das Gefühl habe, dass ihre Woche anstrengend war, weiß sie ganz genau, was sie sagen will.

»Und wie würde dein Team dich als CEO beschreiben?«, möchte ich wissen. Ihr Blick wandert kurz im Raum umher, als würde sie dort die Antwort suchen.

»Hm ...«, macht sie. »Ich glaube, sie würden sagen, dass ich eine extreme Transformation durchgemacht habe. Am Anfang war ich wohl ein großer Kontrollfreak und wollte sehr viel selbst machen. Ich war auch der Überzeugung, dass ich das ganz gut kann«, gesteht sie.

»Du warst also diese Art CEO, die alles besser weiß?«, frage ich überspitzt nach.

»Damals schon«, sagt sie und nickt. »In dieser Zeit habe ich abends von der Couch aus Instagram-Posts gelöscht oder die Caption geändert, die das Team vorher geschrieben hatte. Ich habe ihnen E-Mails geschrieben und gefragt, warum sie etwas anders formulieren, als ich es vielleicht gemacht hätte.«

»Warum denken CEOs, dass sie Dinge besser wissen?«, frage ich.

»Na ja, niemand wird als gute Führungskraft geboren, und wenn du ein eigenes Unternehmen gründest, dann willst du, dass es perfekt ist – alles! Du hast deine Vision, deine Werte, und daraus entsteht schnell ein überzogener Überwachungsinstinkt, der diese Vision letztlich gefährdet. Heute weiß ich, dass mein Team sich bei jedem Social-Media-Post etwas denkt, und ich lasse sie ihr Ding machen – auch weil Diversität Meinungsvielfalt bedeutet«, beschreibt Tijen ihren eigenen Lernprozess.

»Meinungsvielfalt bedeutet auch, dass Unternehmenswerte nicht in Stein gemeißelt sind, oder?«, frage ich, und mein Gegenüber nickt.

Wenn ich mir das ideale Wertesystem eines Unternehmens vorstelle, habe ich einen Jenga-Turm vor Augen. Alle Werte zusammen bilden ein stabiles Fundament und sorgen für eine starke Grundhaltung der Firma, auf deren Basis Entscheidungen getroffen werden. Einige Werte sind wie die Spielsteine tragend und sollten nur mit Bedacht berührt werden, weil sonst das gesamte Konstrukt ins Wanken geraten könnte. Andere Spielsteine möchte ich als Mitarbeiterin aber ruhig mal rausziehen können, um sie mir genauer anzusehen und vielleicht sogar zu hinterfragen, ob sie nicht weiter oben im Turm angesiedelt werden sollten oder mittlerweile überflüssig oder gar überholt sind. Das Gleichgewicht zwischen Formbarkeit und Stabilität zu halten, ist die Herausforderung. Ziehe ich zu viele Steine heraus, verliert das Unternehmen seine Haltung und fällt zusammen – anfangs nur kulturell, dann wirtschaftlich. Um das zu verhindern, sollten in meinen Augen alle Mitarbeitenden mitspielen dürfen, denn man kann das Wanken des Turmes am besten einschätzen, wenn aus den unterschiedlichsten Perspektiven draufgeschaut wird. Erst wenn das der Fall ist, können sich Mitarbeitende mit den Firmenwerten identifizieren, und eine Unternehmensstrategie wird wirksam.

So weit die Idealvorstellung, die Realität sieht bis dato anders aus: Studien zufolge fühlen sich über achtzig Prozent der Mitarbeitenden kaum oder gar nicht mit ihrem Unternehmen verbunden, was hauptsächlich daran liegt, dass ihr Wertesystem ein anderes ist. Je konkreter Mitarbeitende ihre persönlichen Werte für sich formuliert haben, umso größer ist die Reibungsfläche, wenn das Unternehmen anders agiert oder gravierende Fehler begeht. Ein solcher Fehler, der sich auch auf die Mitarbeitendenbindung ausgewirkt hat, war zum Beispiel der Abgasskandal von Volkswagen im Jahr 2015. Der Konzern rutschte im Ranking der attraktivsten DAX-Arbeitgeber*innen von Platz eins auf Platz acht. Rund ein Viertel der potenziellen Bewerber*innen des Vorjahres würde sich ein Jahr nach dem Abgasskandal nicht mehr in Wolfsburg bewerben – in heutigen Zeiten des Fachkräftemangels eine Katastrophe.[35]

Gerade der Generation Z ist ein werteorientiertes Handeln von Unternehmen extrem wichtig.[36] Viele meiner Altersgruppe fordern eine ehrliche und offene Kommunikation, nachhaltige und soziale Entscheidungen sowie Diversität in der Belegschaft.[37] Wenn Unternehmen ihre Werte aber in Stein gemeißelt haben und sie nicht gemeinsam mit der neuen Generation abgleichen, entsteht auch keine Bindung. Die Folge wird dann wahrscheinlich eine innere Kündigung sein – also die Weiterführung des Arbeitsverhältnisses unter geringerer Leistungsbereitschaft und Eigeninitiative. Genau genommen ist das schon heute der Fall: Jede*r vierte*r Mitarbeitende steht seit der Pandemie zumindest innerlich kurz vor dem Jobwechsel und guckt sich nach alternativen Jobs um. Die Fluktuation ist gerade unter jungen Menschen hoch, die in den ersten Berufsjahren im Homeoffice noch keine engere Bindung zum derzeitigen Arbeitgeber aufgebaut haben und sich mit der Firmenkultur nicht identifizieren.[38]

»Was unterscheidet unsere Generationen voneinander?«, frage ich Tijen in ihrem Wohnzimmer. Sie ist knapp zehn Jahre älter als ich.

»Ich muss sagen ... ich hatte früher nie den Mut, so viel zu fordern. Deine Generation ist sehr laut, und ihr wisst, was ihr wollt. Ich bin Generation Praktikum, war dankbar für jeden Job – ach, ich hätte für den Job sogar noch bezahlt«, sagt sie sarkastisch, und ich nicke. Es ist nicht so, als würde meine Generation nichts mehr dafür tun, um Arbeitserfahrung zu sammeln. Für ein Praktikum in

Düsseldorf habe ich mal drei Monate Couchsurfing gemacht, weil die WG-Zimmer zu teuer waren und ich aber auch nicht jeden Tag stundenlang mit dem Schienenersatzverkehr pendeln wollte, um bei meinen Eltern wohnen zu bleiben. Augen zu und durch, das kennt auch Generation Z. Nichtsdestotrotz wird meine Generation auch gerade deshalb als so unbequem und fordernd wahrgenommen, weil wir Unternehmen eine klare Haltung abverlangen.

»Wir wollen die Unternehmenskultur und die dazugehörigen Werte mitgestalten und sie nicht nur vorgegeben bekommen. Wir wollen nicht von den Entscheidungen anderer abhängig sein, sondern mit am Tisch sitzen und beim Jenga-Spiel dabei sein«, sage ich und klopfe symbolisch auf den Holztisch, an dem wir sitzen. Schon im nächsten Moment komme ich mir bei dieser Kegeltrupp-Geste komisch vor.

»Und das ist sehr richtig so! Selbstbestimmtheit und die damit verbundene Unabhängigkeit haben mich immer am meisten angetrieben. Ich kann dieses Bedürfnis sehr gut nachvollziehen«, sagt Tijen.

»Hast du dich mal abhängig gefühlt?«, frage ich sie. Ich erinnere mich, dass sie mit zwanzig als FDP-Kandidatin in den Landtag einziehen wollte – allerdings nicht selbstbestimmt. Ihr wurde das Thema Migration übergestülpt, plötzlich wollte man sie auf ihre türkischen Wurzeln reduzieren, und sie sollte ihren Wahlkampf komplett nach diesem Thema ausrichten. Passt ja, dachte man sich, aber fühlt sich nicht gut an, merkte Tijen.[39]

»Ja, ich bin in diesem Moment in eine Abhängigkeit geraten, weil jemand anderes für mich die Agenda festgelegt hat. Ich habe mir geschworen, nie wieder in eine Situation zu geraten, in der mich andere in eine Schublade stecken, weil sie denken, dass es passen könnte«, erinnert sie sich und formuliert ihre Werte und ihre Rolle seitdem selbst. So steht sie heute zwar ebenfalls für Diversity und das Aufsteigen in der Gesellschaft, aber die Art und Weise, wie sie ihre Geschichte erzählt, bestimmt sie selbst.

DER EISBERG

»Es gibt diese Eisbergtheorie, kennst du die?«, führe ich das Thema weiter. Über der Wasseroberfläche stehen die Werte, die auch in Unternehmensbroschüren und auf Websites genannt werden: unter anderem Ehrlichkeit, Qualität, Loyalität, Diversität, Nachhaltigkeit. Unter der Wasseroberfläche befinden sich nicht selten destruktive Werte, die tatsächlich im Unternehmen gelebt werden: zum Beispiel Leistung, Hierarchie, Härte, Intoleranz oder Stagnation.

»Hast du selbst schon einmal destruktive Werte vermittelt, ohne dir dessen bewusst zu sein?«, frage ich und sehe, wie sie ihre knalligen Lippen nachdenklich zusammenpresst.

»Zu Anfang meiner Gründung sicherlich. Wie gesagt, wusste ich damals vermeintlich vieles besser. Kontrolle war also ein destruktiver Wert, den ich aber mittlerweile abgelegt habe. Ich weiß auch, dass ich bis heute einen sehr hohen Leistungsanspruch habe. Weil unser Unternehmen zu einhundert Prozent cashflow-finanziert ist und wir keine Investor*innen haben, müssen wir Umsatz machen, damit wir sichere Arbeitsplätze anbieten können. Heute stelle ich mir aber eher die Frage, wie ich es schaffe, dass alle Spaß bei der Arbeit haben. Aus Spaß entsteht eine Eigeninitiative und dann stimmt auch die Leistung«, weiß sie mittlerweile.

Für die meisten Menschen, die im Büro arbeiten, steht Leistungsdruck allerdings auf der Tagesordnung, ermittelte auch ein Meinungsforschungsunternehmen. Jede*r dritte deutsche Angestellte hat das Gefühl, dass ein Großteil des Arbeitstages nahezu verschlungen werde, neunzig Prozent der Befragten fühlen sich an mindestens einem Tag in der Woche sehr erschöpft von der Arbeit. Weil in vielen Firmen Mitarbeitende fehlen und Teams wegen Sparmaßnahmen verkleinert wurden, müssen die Übriggebliebenen zusätzliche To-dos übernehmen. Dadurch weiß jede zweite Person nicht mehr genau, was überhaupt der eigene Aufgabenbereich ist, und versucht nur noch verzweifelt, alle Bälle in der Luft zu halten.[40] Nachdem mir meine Freundin Sarah erzählt hatte, wie die Digitalisierung den Leistungsdruck verstärkt, möchte ich von Tijen mehr über die Chancen erfahren.

»Woran hast du damals gemerkt, dass du zu viel Leistung abverlangt hast?«, frage ich nach.

»Mein Team hat es mir gesagt, was mir gezeigt hat, dass wir zum Glück von Anfang an einen Raum für Austausch und Feedback geschaffen haben. Wenn der nicht besteht, bekommst du als Führungskraft auch kein Feedback«, sagt sie, und ich nicke zustimmend.

»Womit waren deine Mitarbeitenden damals überfordert?«

»Ich erinnere mich zum Beispiel daran, dass ich erst einmal lernen musste, nicht von mir auf andere zu schließen. Ich habe während meiner Gründung auf vieles verzichtet – nicht nur auf Schlaf. Diese Priorisierung kann ich nicht von allen verlangen«, antwortet sie. Ich sage nichts, sondern höre einfach zu, wie ihre Stimme durch den Altbau hallt. »Ich habe beispielsweise nichts dagegen, mehrere Geschäftsreisen hintereinander abzurocken, aber natürlich gibt es Menschen, die einen Tag Pause brauchen. Ich bin jedes Mal sehr dankbar, wenn mir mein Team ehrlich kommuniziert, dass es bestimmte Dinge aus psychischen oder physischen Gründen gerade nicht machen kann.«

DER KNALL

Wenn die Diskrepanz zwischen gelebten und propagierten Unternehmenswerten zu groß ist, kündigt Tijen an, folgt meist ein großer

Knall: »Der nächste Shitstorm steht vor der Tür, wenn nicht drin ist, was draufsteht. Früher oder später werden Mitarbeitende oder ehemalige Mitarbeitende auspacken, einen Post absetzen oder das Unternehmen irgendwo bewerten. Dann kommt alles ans Licht, und die Mitarbeitenden sind im Zweifel weg.«

Damit leitet Tijen einen essenziellen Punkt ein, der über Bewertungsplattformen wie kununu hinausgeht. Wenn Mitarbeitende die Möglichkeit bekommen, die Unternehmenswerte mitzudefinieren und beim Jenga-Spiel am Tisch zu sitzen, wächst auch das Verlangen, dafür zu sorgen, dass sich alle an die Spielregeln halten. Es verstärkt sich der Impuls, laut zu werden, wenn jemand einen Stein aus dem Turm zieht, obwohl die Person nicht an der Reihe ist. Erst recht, wenn dieser Stein für andere enorm wichtig ist. Die Frage ist dann: Wie laut dürfen Mitarbeitende werden? Und wo werden sie laut?

»Nehmen wir den Pride Month«, werfe ich ein Beispiel ein. Nahezu jedes Unternehmen hisst im Juni die Regenbogenflagge, aber nur wenige gehen intern gegen Diskriminierung vor und befragen gezielt die eigenen Mitarbeitenden, welche Unterstützung sie brauchen. »Wäre es dann verwerflich, wenn zum Beispiel ein schwuler Mitarbeiter auf LinkedIn oder Twitter deutlich macht, dass der oder die CEO nur im Juni LGBTQIA+-freundlich ist und er seinen Kaffee sonst nicht aus einem Regenbogenbecher trinkt?«, frage ich und wähle einen Stein im Jenga-Turm, der besonders gern als Werbemittel genutzt wird und definitiv polarisiert.

»Der Ton macht die Musik. So ein Post würde sicherlich aus einer Emotion heraus entstehen, die wahrscheinlich einer negativen Erfahrung geschuldet ist. Besser wäre es natürlich, diese Kritik zunächst intern zu äußern. Manchmal muss es aber auch laut knallen, damit es eine Veränderung gibt – auch wenn sich die Person, die das postet, meist keinen Gefallen tut«, antwortet Tijen und öffnet ihren Dutt. Ihre Haare stehen abgeknickt ab, und vermutlich hat sie nach der heutigen Dusche noch keine Zeit gehabt, sie zu kämmen. Ich stelle fest, dass sie zwar CEO ist, aber bis auf den Lippenstift aussieht wie ich selbst im Homeoffice. Sympathisch normal, merke ich, und denke über Tijens beschriebenen lauten Knall nach, den ich auch schon in meinem Umfeld gehört habe.

Ich erinnere mich daran, wie meine Freundin Mya bei einem früheren Arbeitgeber ein großes Projekt übernehmen wollte, aber es ihr im Meeting abgesprochen wurde. »Warum? Das Projekt basiert doch auf meiner Idee, dann kann ich es doch auch umsetzen?«, hatte sie damals gefragt. Eine ältere Kollegin begründete die Entscheidung damit, dass Mya zu jung sei und ihr Äußeres nicht zum Projektpartner passe. »Mein Äußeres?«, hatte Mya wiederholt und dachte erst, sich verhört zu haben, aber der Großteil des Teams nickte nur stumm. Innerlich sprudelte ihre Wut fast über, aber im Meeting selbst schaffte sie es noch, die Fassung zu bewahren. Danach marschierte sie entschlossen in das Büro ihres direkten Chefs und machte ihrem Ärger Luft: »Ich möchte, dass wir darüber noch einmal sprechen. Was soll das für eine Begründung sein? Mein Alter und mein Aussehen spielen ja wohl keine Rolle!« Er winkte ab und sagte, dass er sich um einen Kompromiss kümmern würde. Tat er allerdings nicht, das Projekt ging still und heimlich an eine andere Person im Team. Als Mya davon erfuhr, geschah etwas, was Tijen das »Reagieren aus einer negativen Emotion heraus« nennt: Sie twitterte den Vorfall, nannte dabei allerdings nicht den Namen des Unternehmens.

Nachdem sie den Tweet einige Wochen später schon wieder vergessen hatte, wurde sie ins Büro ihres Chefs bestellt, der den Tweet gesehen hatte: »Du musst das sofort löschen, oder die Nummer hier nimmt ganz andere Dimensionen an. Man sieht online schließlich, wo du arbeitest!« Mya wurde geradezu die Pistole auf die Brust gesetzt und damit Druck gemacht, üble Nachrede begangen und Interna nach außen getragen zu haben. »Mir wurde ein Projekt abgesprochen, weil mein Äußeres nicht passt! Ist es so schwer nachzuvollziehen, dass ich das unfair finde?«, versuchte sie gegenzuhalten und bangte innerlich schon um ihren Job. »Ach, so war das doch gar nicht – Mya, ich rate dir nur, diesen Post unverzüglich zu löschen«, wiederholte ihr Chef drohend. Zwar gab Mya nach und löschte den Tweet, der Knall hallte aber noch lange nach – bis sie schließlich das Unternehmen auf eigene Faust verließ.

In ihrem Münchener Wohnzimmer schüttelt Tijen nur den Kopf, als ich ihr Myas Geschichte erzähle. »Es kommt nur zu diesen emotionalen Eskalationen, wenn nicht offen kommuniziert wird. Einer Mitarbeiterin Druck zu machen und sie zum Löschen von Beiträgen zu zwingen, bringt letztlich gar nichts«, gibt die Expertin ihre Einschätzung. In solchen Fällen rät sie dazu, erst mal auf die Mitarbeiterin zuzugehen und gezielt zu fragen, was man als Führungskraft hätte anders machen sollen.

»Ist es bei dir auch schon einmal emotional eskaliert?«

»Ich habe schon immer externe Posts zum Thema Frauen und Diversity scharf kommentiert – sehr scharf. Aber ich habe nie aus der Emotion heraus etwas über die Unternehmen gepostet, bei denen ich angestellt war. Allerdings habe ich mal aus einer Emotion heraus gekündigt!«, sagt Tijen und grinst kurz. »Auch da ging es mir um eigene Werte und Selbstverwirklichung. Ich wollte wachsen und ein größeres Team aufbauen, aber das damalige Unternehmen wollte mich an der kurzen Leine halten. Das hat mich saufrustriert, also bin ich spontan gegangen ...«, erinnert sie sich.

»Und dann?«

»Im ersten Moment hat es sich megageil angefühlt, ich bin quasi in Slow Motion aufgestanden und habe das Büro verlassen. Auf dem Flur habe ich dann festgestellt, dass ich gar nichts Neues habe. Das war der Horror, weil der Zeitpunkt echt nicht gut gewählt war: Mein Mann hatte damals auch keinen festen Job. Wir waren also erst einmal beide arbeitslos«, erzählt meine Gesprächspartnerin, und ich sehe an ihren aufblitzenden Augen, wie bei der Erinnerung das Adrenalin durch ihren Körper saust. Ihre spontane Kündigung war ein Knall, dessen Lautstärke auch ihr als Absenderin einen Schrecken verpasst hat. Manchmal ist ein unüberhörbarer Knall aber auch gut, weil sowohl Unternehmen als auch Mitarbeitende viel aus ihm lernen und die Kommunikation in Zukunft verbessern können.

DIE DEMOKRATISIERUNG

Die Kündigung war für Tijen der Start in ihre Selbstständigkeit. Für sie hat es sich bewährt, an den eigenen Werten und dem Wunsch nach Selbstverwirklichung festzuhalten. Dabei kann man sich eigentlich auch in einem Angestelltenverhältnis selbst verwirklichen – vorausgesetzt, das Unternehmen lässt es zu und digitale Plattformen werden gezielt als Hebel der Machtverschiebung genutzt und angenommen.

»Social Media führen zu einer Demokratisierung unserer Arbeitswelt«, sagt Tijen. Sie meint damit, dass Mitarbeitende Missstände aufdecken können und gleichzeitig selbst zum Aushängeschild des Unternehmens werden können. Die Digitalisierung sägt am Chefsessel.

»Haben Unternehmen Angst vor dieser Demokratisierung, wenn zum Beispiel die Azubine anfängt, auf LinkedIn eigene Inhalte zu posten, und damit womöglich mehr Reichweite bekommt als die Führungskraft?«, möchte ich wissen.

»Es kommt eine gewisse Eitelkeit ins Spiel, da es lange Zeit nur eine einzige Stimme gab, die für das Unternehmen gesprochen hat«, sagt Tijen. In den meisten Fällen waren die CEOs oder auch die Kommunikationsleitung diese Stimme. Wenn einer Praktikantin im Netz plötzlich eine Vorbildfunktion zugesprochen wird, kann das bei manchen Vorgesetzten ein Ego-Problem auslösen. Auf den Onlineplattformen haben auch diejenigen ein Sprachrohr, die sonst in Meetingräumen auf den hintersten Plätzen sitzen mussten und lediglich den anderen beim Reden zuhören durften. Diese Demokratisierung ist für manche hierarchisch sozialisierte ältere Mitarbeitende so unerwartet, dass sie nicht selten mit Mansplaining, Abwertungen oder gar Beleidigungen und Verlinkungen auf Panzerbildern reagieren, überlege ich.

»Dieses Verhalten ist ein Zeichen von Angst vor Kontrollverlust. Und diese Angst ist nur berechtigt, wenn sich das Unternehmen und die Vorgesetzten digitaler Kommunikation nicht annehmen und unwissend bleiben«, erklärt sie weiter.

»Aus dieser Unwissenheit entsteht der Vorwurf, dass meine Generation mit den ganzen Selfies und Postings total ichbezogen sei«, ergänze ich sarkastisch.

»Na ja gut, es gibt Selfies mit Inhalt und welche ohne. Ich glaube, ein Fünkchen Eitelkeit hilft hin und wieder, um Inhalte auf den Punkt zu kommunizieren und Menschen davon zu überzeugen, dir zuzuhören. Ohne ein gesundes Maß an Ichbezogenheit kannst du die Leute online auch nicht davon überzeugen«, argumentiert Tijen, und mein Blick wandert auf ihre pinken Lippen.

»Letztlich verfehlen Führungskräfte ein gewaltiges Potenzial, wenn sie die Online-Präsenz ihrer Leute nicht ernst nehmen oder sich sogar drüber lustig machen«, sagt Tijen. Sie erklärt weiter, dass Mitarbeitende dank digitaler Plattformen zu Botschafter*innen für das Unternehmen werden können, wenn sie zum Beispiel positive Insights zur Unternehmenskultur teilen oder auch von spannenden Projekten oder außergewöhnlichen Weiterbildungsmöglichkeiten erzählen. »Zu Zeiten des Fachkräftemangels ist es das Beste, was einem Unternehmen passieren kann, denn zufriedene Mitarbeitende werben so neue Mitarbeitende und können in eine Vorbildrolle schlüpfen«, führt Tijen aus.

»Und dabei sind sie für die meisten deutlich greifbarer als CEOs ...«, sage ich gerade, da klingelt es an der Haustür. Meine Gesprächspartnerin entschuldigt sich kurz, um zu öffnen, und erklärt mir vom Flur aus, dass sie gleich einen Fototermin habe.

»Okay«, sage ich und schiele auf die Uhr. Zu meinem Bedauern ist die vereinbarte Stunde mit ihr schon fast um.

»Noch eine Frage, Tijen ...«, sage ich, als sie wieder vor mir sitzt und eine Stylistin mit hellen blonden Haaren parallel beginnt, einen Koffer auszupacken. »Du hast eben gesagt, dass es großes Potenzial hat, wenn Mitarbeitende online zu Vorbildern werden und weitere Mitarbeitende werben. Warum geben wir CEOs trotz des Potenzials auf analogen Veranstaltungen dann noch mehr Aufmerksamkeit als anderen im Team? Warum sitzt nicht die Junior Projektleitung in einem Veranstaltungspanel und spricht über das Unternehmen – mit ihrer Perspektive können sich doch viel mehr Menschen identifizieren und Schlüsse auf die eigene berufliche Entwicklung ziehen?«, frage ich.

»Ich glaube, das fängt jetzt langsam an«, beschreibt sie ihre Beobachtung. Auf Veranstaltungen seien sicherlich viele Menschen von Konzernen qua Position eingeladen, und ihr Jobtitel erklärt in den Augen vieler ihre Daseinsberechtigung. Durch Plattformen wie LinkedIn spielen Titel und Positionen für Tijen aber eine weniger große Rolle: Die digitale Bühne ist mit qualitativem Content auch ohne Titel für alle zugänglich. Die Digitalisierung sägt damit am Stuhl von CEOs, übersetze ich im Kopf. »Wenn ich echte Sichtbarkeit für ein Thema erreicht habe, dann bleibt mir die auch erhalten, wenn der Titel im Unternehmen irgendwann wegfallen sollte. Eine starke, öffentliche Positionierung hält länger als eine Position im Unternehmen. Was aber auch wichtig ist: Wir müssen nicht in Dauerschleife auf Social Media stattfinden, um sichtbar zu sein«, hält die Unternehmerin am Ende unseres Gesprächs fest. Zufrieden schiebe ich meinen Stuhl vom Holztisch weg und stoppe mein Aufnahmegerät, um Tijen ihrer Stylistin zu überlassen.

Nachdem wir uns mit einer herzlichen Umarmung verabschiedet haben, gehe ich die Treppenstufen am Eingang des großen Stadthauses runter. Ich ziehe mein Handy aus der Tasche, um Tijens Worte an meine Freundin Sarah weiterzuleiten, die ihr hoffentlich den Druck nehmen:

»Wir müssen nicht in Dauerschleife auf Social Media stattfinden, um sichtbar zu sein.«

Wie können wir den Nachwuchs in der Pflegebranche sichern, Jos de Blok?

(BUURTZORG)

»Ich muss auf Toilette!«, sagt sie und legt die Gabel wieder neben den Erdbeerkuchen, den ich ihr erst vor wenigen Sekunden gebracht habe. Ich schaue meine alte Freundin im Rollstuhl irritiert an. Ein Windstoß hat ihr lichtes graues Haar wieder etwas zerzaust, und ich glätte es mit einer beiläufigen Handbewegung. Früher war ihr das wichtig.

»Aber wir waren vor zehn Minuten erst auf der Toilette. Wollen wir nicht erst einmal Kuchen essen?«, ich deute auf unsere Teller.

»Nein, das geht nicht! Beeil dich, los!«, krächzt sie mit dünner panischer Stimme und versucht, sich rückwärts vom Tisch wegzuschieben. Ich kenne sie schon mein ganzes Leben und weiß, dass dieses Krächzen keine Widerrede zulässt. Also stehe ich erneut auf, um ihren Rollstuhl von der begrünten Sommerterrasse durch das enge Café zu manövrieren. Drinnen nicke ich dem Kellner zu und mache deutlich, dass wir gleich wieder da sind. Er versteht.

Weil der Boden hier so uneben ist, schiebe ich ihren Rollstuhl über den Hof des Hildesheimer Kulturcampus, der nur ein paar Autominuten von ihrem Altenheim entfernt ist. Ich umfahre die vielen Schlaglöcher und bringe sie in ein anderes Gebäude, in dem im Erdgeschoss ein barrierefreies WC ist.

»Soll ich draußen warten?«, frage ich, nachdem ich sie in den geräumigen Toilettenraum geschoben habe.

»Nein! Bleib hier, du musst mir helfen!«, wieder leichte Panik in der Stimme. Also schließe ich die Tür von innen, schiebe sie an die Toilette ran und helfe ihr, die Hose mit dem breiten Gummibund runterzuziehen. Dabei achte ich darauf, dass auch die dicke Einlagenbinde nicht zwischen ihren Beinen kleben bleibt. Ich zeige ihr, wo sie sich festhalten kann, um den Sitz zu wechseln, und stütze sie. Dann drehe ich mich zum Spiegel und tue so, als würde ich irgendwas mit meinen Augenbrauen machen. Es ist schon viel besser geworden, sage ich mir innerlich und starre mich selbst an. Allgemein ist es ein Wunder, dass sie sich von mir ins Auto hieven ließ und wir zum Kulturcafé fahren konnten. Im letzten Jahr wollte sie ihr Zimmer im Altenheim gar nicht verlassen, weil sie nach mehreren Operationen inkontinent wurde und Angst hatte, außerhalb des Zimmers nicht rechtzeitig eine Toilette zu finden.

»Ich sitz hier nur rum! Ich bin gefangen«, hatte sie gemeckert, als man sie im Heim in einen Rollstuhl gesetzt hat. In dieser Zeit hatte sie stark abgebaut, hatte ihre Haare nicht mehr färben lassen und sie nach dem Föhnen nicht mehr mit diesem Haarspray von Wella fixiert, nach dem es früher in ihrem Badezimmer immer gerochen hat. Mittlerweile scheint es so, als würde der kleinste Wind nicht nur ihre Frisur ruinieren, sondern wie ein starker Tornado ihren gesamten Tagesablauf beeinflussen.

»Du musst nur deine Zimmertür aufmachen«, hatte ich gesagt und auf das regelmäßige Gruppenprogramm im Pflegeheim hingewiesen.

Das Team ist zu dünn besetzt und ohnehin überarbeitet. Bundesweit fehlen laut dem Deutschen Pflegerat schon heute zweihunderttausend Fachkräfte – Prognosen zufolge soll diese Zahl bis 2050 auf eine Million steigen.[41] Die meisten Angehörigen sind daher froh, dass es das Gruppenprogramm überhaupt noch gibt. Alle Zimmer vorher abzuklopfen und Überzeugungsarbeit zu leisten, daran teilzunehmen, ist zeitlich gar nicht drin. Jede Minute im Schichtplan ist getaktet, um die Grundpflege zu gewährleisten: waschen, ankleiden, Bettwäsche wechseln, Hilfe bei der Nahrungsaufnahme und nicht zuletzt die individuelle Medikamentenversorgung. Eine sogenannte aktivierende Pflege, die auf die persönlichen Fähigkeiten der alten Menschen einzahlt, bleibt meist aus Zeitgründen auf der Strecke.

Ich starre weiter meine Augenbrauen an, und mir läuft ein kalter Schauer über den Rücken. Werden meine eigenen Eltern wegen des Pflegemangels auch vereinsamen und langsam zerfallen? Bis 2040 werden aufgrund des demografischen Wandels eine Million weitere Pflegebedürftige erwartet. Im Zweifel zählen auch meine eigenen Eltern dazu. Der Gedanke daran tut weh. Wenn ich lese, dass jährlich zweihunderttausend Menschen wegen des Fachkräftemangels in dieser Branche sterben, schreie ich innerlich.[42] Sie sterben einsam und in ihrer Abhängigkeit von anderen.

»Hm ... kommt nichts«, ertönt es hinter mir, fast schon enttäuscht, dass ihr Kopf ihr einen Streich gespielt hat. Ich versuche, sie aufmunternd anzulächeln: »Dann können wir ja jetzt Erdbeerkuchen essen.«

DIE GEISELNAHME

Einige Wochen später fahre ich mit dem Auto über die holländische Grenze. Ich habe einen Termin, der schon zweimal kurzfristig verschoben wurde, und ich hoffe inständig, dass er heute tatsächlich stattfinden kann. Mein Ziel ist die Provinz Almelo, wo ich einen ehemaligen Pfleger treffen möchte, der das System kritisiert. Aus meinen Recherchen weiß ich, dass die Abhängigkeit von Pflegebedürftigen in seinen Augen einer Geiselnahme gleicht und sie kaum in ihrer Selbstständigkeit gefördert werden. Im Radio läuft *Cat's in the cradle* von Harry Chapin. Ich summe leise mit, als ich in ein Industriegebiet fahre und auf der rechten Seite ein weißes Gebäude entdecke. Vor dem Parkplatz prangt ein großes Schild: »Buurtzorg«, zu Deutsch Nachbarschaftspflege.

Ich mache den Wagen aus und bleibe noch einen Moment sitzen, um über das Wort Geiselnahme nachzudenken und zu überlegen, wie radikal diese Wahrheit ist. Meine alte Freundin, mit der ich Erdbeerkuchen essen war, zahlt monatlich mehrere Tausend Euro für das Pflegeheim. Ihr früheres Haus steht gerade auf eBay

Kleinanzeigen zum Verkauf. Dieser Verkauf dient als eine Art Löse-geld und wird dazu beitragen, dass die Pflegebranche den Prognosen zufolge bis 2030 einen Umsatz von 85 Milliarden Euro erreichen wird. Zum Vergleich: 2015 wurden 47 Milliarden Euro umgesetzt. Seit 2005 wächst der deutsche Pflegemarkt im Schnitt knapp fünf Prozent pro Jahr – und somit schneller als die Gesamtwirtschaft.[43]

Oder um es anders auszudrücken: Es geht um verdammt viel Geld. Pflegekräfte sind bei diesem wachsenden Geschäft extrem formu-liert für die grobe Arbeit verantwortlich. Sie sind als Handlangende die ausführende Kraft, die nicht gerecht an den Gewinnen beteiligt werden und in jedem Fall das größte Risiko eingehen – auch gesund-heitlich. Ohne sie würde der lukrative Plan des Bandenkopfes bei der Geiselnahme nicht aufgehen.

Wer der Bandenkopf ist? Die transnationalen Unternehmen, die einzig und allein von der Geiselnahme profitieren. Ein stetig wachsen-der Teil der staatlichen Ausgaben für die Pflege fließt in ihre Kassen: So verwalten die zwanzig größten Konzerne in Europa bereits knapp 4.700 Heime für mehr als vierhunderttausend Pflegebedürftige. Anonyme Finanzinvestor*innen übernehmen immer größere An-teile am Pflegegeschäft und entziehen die mit öffentlichen Geldern gemachten Gewinne der Besteuerung, indem sie ihre Erlöse in Off-shorezentren verschieben.[44]

»Die maximale Gewinnorientierung hat mich und meine Kol-leg*innen krank gemacht«, sagt Jos de Blok. Ich sitze in seinem Büro an einem großen weißen Tisch. Der CEO des Pflegeunternehmens Buurtzorg hat sein Office direkt hinter der Rezeption im Gebäude. Dort hat er mich persönlich abgeholt und uns eigenhändig zwei Tas-sen Kaffee geholt, anstatt jemanden zu schicken. Ungewöhnlich für einen Chef, der 15.000 Leute unter sich hat, stelle ich fest. In dem Zimmer mit gelber Raufasertapete sieht es ein bisschen so aus wie bei meinem früheren Mathenachhilfelehrer, zu dem mich meine

Eltern zu Schulzeiten schickten: In der Tischmitte liegen mehrere Papierstapel, Zeitungsartikel, Textmarker und jede Menge Süßstoff für den Kaffee. Nur die gehäkelte Tischdecke fehlt. Stattdessen sind die Regale voll, in einem stehen unendlich viele Pokale und Auszeichnungen: »Bester Arbeitgeber des Jahres«.

Ich verbinde mit derartigen Auszeichnungen eigentlich nie so viel Glaubwürdigkeit. Unternehmen kaufen sich Nachhaltigkeitssiegel, gute Bewertungen auf Mitarbeitendenportalen wie kununu und tun sonst was, um ein positives Bild nach außen abzugeben. Aber diese Auszeichnungen hier sind echt: In 25 Ländern kündigen Fachkräfte zuhauf ihre Jobs in herkömmlichen Pflegebetrieben und melden sich bei Jos de Blok, um bei Buurtzorg anzufangen. Der Niederländer, der sein Unternehmen 2006 startete, beschäftigt mittlerweile 15.000 Leute. Der für mich spannendste Punkt an der Geschichte: Seine Mitarbeitenden sind zufriedener, die Pflegebedürftigen gesünder und die Gewinne auch noch höher als von herkömmlichen Pflegeunternehmen. Als Non-Profit-Organisation werden diese wieder vollständig in das Unternehmen reinvestiert. Von Jos de Blok möchte ich wissen, wie wir alte Menschen aus der Geiselnahme befreien können und den Nachwuchs in der Pflegeindustrie sichern können.

»Ist es denn eine Industrie?«, fragt mich Jos de Blok kritisch, als ich das Wort ausspreche. »Ich glaube, als wir angefangen haben, Pflege als Industrie oder Branche zu bezeichnen, ist sie zugrunde gegangen«, erklärt er seine Ansicht. Er sitzt in einem schwarzen T-Shirt vor mir, in dessen Nacken dezent HUGO BOSS steht. Das habe ich vorhin beim Reingehen gesehen. An seinem Handgelenk leuchtet eine Apple Watch, seine Haare sind an den Schläfen bereits ergraut. Jos reibt sich die braunen Augen und wischt über sein glatt rasiertes Gesicht, das etwas müde wirkt. Er ist Jahrgang 1960 und hat den Wandel des Pfleger*innen-Berufs miterlebt.

Dabei war die Pflege gar nicht seine erste Wahl. Als junger Mann entschied er sich nach dem Abitur erst einmal für ein BWL-Studium. »Das habe ich aber abgebrochen, es ging nur um Geld und Profit. Das entsprach nicht meinen Werten«, erinnert er sich rückblickend. Man könnte sagen, die Konfrontation mit dem Erwachsenenleben und dem Kapitalismus hat Jos in eine erste depressive Phase gestürzt.

»Hast du das damals diagnostizieren lassen?«, frage ich, weil mentale Gesundheit in den 80er-Jahren noch ein größeres Tabu war.

»Nein, aber es hat sich alles unglaublich sinnlos angefühlt«, beschreibt er das Gefühl und zuckt mit den Schultern. Durch seine Tante, die in einem indonesischen Krankenhaus arbeitete, entdeckte er schließlich den Pflegeberuf und fand, wonach er suchte: Menschlichkeit statt Profit. Also begann er eine Ausbildung, machte einen Bachelor im Bereich Pflegemanagement, arbeitete erst im Krankenhaus und dann in der mobilen Pflege.

»Ich habe Demenzkranke kennengelernt und mit Angehörigen gesprochen. Gemeinsam haben wir überlegt, wie die Menschen ganz individuell so lang wie möglich zu Hause wohnen bleiben können und was sie dafür brauchen. Das war die schönste Arbeit, die ich mir vorstellen konnte«, sagt Jos voller Überzeugung. 1993 machte er einen Master of Innovations, danach änderte sich das System zum Schlechten und die Geiselnahme der Mitarbeitenden und Pflegebedürftigen begann – auch in Deutschland.

Den Pflegekräften wurde ihre Autonomie genommen. Stattdessen bekamen sie Zeitpläne aus einer Zentrale zugeteilt, die festhielten, wie viele Minuten sie bei welchem Menschen verbringen und wie lange sie für welche Aufgabe benötigen sollten. Jede Leistung wurde katalogisiert und mit Zeit- und Geldwerten hinterlegt.

Pflegebedürftige wurden im Akkord gewaschen, Medikamente in Sekunden verabreicht. »Wenn alles schnell gehen muss, nimmt sich niemand mehr die Zeit, um Pflegebedürftige dazu zu befähigen, sich selbst zu waschen oder anzuziehen«, beschreibt Jos den Zeitdruck, der eine Spirale der Abhängigkeit erschuf. Am Ende entsteht dadurch mehr Arbeit für die Mitarbeitenden und ein rasanter körperlicher und mentaler Zerfall der Pflegebedürftigen. Das Arbeiten im Akkord ist ein Teufelskreis für alle, außer für diejenigen, die das steigende Lösegeld kassieren: Wenn der Pflegegrad zunimmt, fließt mehr Kohle.

1995 kam Jos de Blok in eine Rolle, in der er die Lösegeldübergabe demontieren wollte. Nach seinem Studium wurde er zum regionalen Direktor eines Pflegeunternehmens ernannt und führte über sechshundert Pflegekräfte.

»Ist eine Direktorenstelle nicht ziemlich weit weg von deinem Herzensberuf und dafür ziemlich nah dran an deinem BWL-Studium, das du damals bewusst abgebrochen hast?«, frage ich skeptisch. Jos nimmt einen Schluck aus seiner Kaffeetasse und verzieht danach das Gesicht, als hätte er eine bittere Bohne erwischt.

»Absolut, deshalb hätte ich mich auch niemals freiwillig dafür entschieden. Aber ich sah es als Notwendigkeit an, selbst Teil des Systems zu werden, um diese katastrophalen Entwicklungen aufzuhalten«, sagt Jos, der schon damals eine grobe Idee von Buurtzorg im Kopf hatte und sie eventuell als Tochterunternehmen großer Firmen etablieren wollte. Am Ende kam es aber anders: Jos konnte die Entwicklungen des Systems nicht aufhalten, das System hielt ihn auf. Von seinen Ideen wollten die Vorsitzenden nichts hören, er sollte lieber Dienst nach Vorschrift machen. Eine weitere depressive Phase suchte ihn heim. »Der Vorstand hat mich verrückt gemacht. Es ging nicht um Menschen, die gepflegt werden mussten, es ging um Egos und Geld. Es ging um Gewinne auf Kosten der Gesundheit von Mitarbeitenden«, fasst Jos zusammen und wird dabei lauter, als würde er noch immer nicht gehört werden. In seinem Gesicht macht sich Unzufriedenheit breit.

Festangestellte vieler Branchen kennen diese Unzufriedenheit, die daraus resultiert, wenn sie zum Leidwesen ihrer eigenen Gesundheit immer wieder an ihr persönliches Limit getrieben werden. Daraus hat sich die Bewegung des *Quiet Quitting* ergeben. Der Begriff beschreibt Mitarbeitende, die nicht mehr die Extrameile gehen, sondern nur noch Dienst nach Vorschrift machen und klare Grenzen setzen. Sie verlassen um Punkt achtzehn Uhr das Büro und weigern sich, Überstunden zu leisten oder am Wochenende erreichbar zu sein. Das strikte Ablehnen von Mehrarbeit fällt jedoch schwer, wenn – wie in der Pflege – Menschenleben involviert sind. Dann wird die Moral der einzelnen Fachkräfte genutzt, um sie dazu zu drängen, eben doch die Extrameile zu gehen – immer und immer wieder. So leisteten in Deutschland allein die Beschäftigten in der Altenpflege im Jahr 2019 unbezahlte Überstunden im Wert von 61 Millionen Euro.[45]

Vierzig Prozent der Altenpflegekräfte denken zwar an einen Ausstieg, aber nur wenige tun es wirklich.[46] In der 2022 veröffentlichten Studie »Ich pflege wieder, wenn ...« nennen die im Verhältnis wenigen Berufsaussteigenden als wichtigste Gründe für einen Wiedereinstieg mehr Wertschätzung durch Vorgesetzte, Zeit für qualitative und menschliche Pflege und die Tarifbindung.[47] In sozialen Berufen setzen sich insgesamt weniger Beschäftigte zur Wehr als in industriellen Berufen. Es gibt weniger Streiks, weil die Fachkräfte wissen, wer am meisten unter der Arbeitseinstellung leiden würde. »Pflege ist eine Berufung«, erklärt mir auch Jos schulterzuckend, als sei es ein Schutzinstinkt, den er nie abschalten konnte und wegen dem er vieles in Kauf genommen hat.

DER SCHUTZINSTINKT

Ich kenne diesen Instinkt, tatsächlich wird er mit den Jahren immer ausgeprägter, stelle ich fest. So saß ich neulich mit meiner Mutter im Wohnzimmer, als es an ihrer Haustür klingelte und sie aufstand. Von der Couch aus konnte ich hören, wie sie zweimal Nein sagte und jemanden abwimmeln wollte, der sich nicht abwimmeln ließ. Obwohl meine Eltern mit sechzig überhaupt nicht *richtig alt* und schutzbedürftig sind, hatte ich direkt einen Betrüger im Kopf, der als Elektrotechniker getarnt in das Haus alter Leute eindringt und sie brutal ausraubt. Blitzschnell sprang ich auf, als ich diesen Ton in ihrer Stimme wahrnahm. »Ach, du Vogel ...«, sagte meine Mutter lachend, als sie meine überstürzte Reaktion einordnete. Wie sich herausstellte, handelte es sich um den bofrost-Verkäufer, der ihr den neuen Prospekt andrehen wollte.

Was sich so absurd anhört, fühle ich in letzter Zeit allerdings ständig: Ich will die schweren Kisten schleppen, bevor mein Vater es tut. Ich will auf den Stuhl in der Küche steigen, um die Kuchenform aus dem Regal zu holen, bevor meine Mutter es tut. Gefühlt ist es gar nicht lange her, da war es noch genau andersrum. Der Schutzinstinkt, den sie seit meiner Kindheit für meinen Bruder und mich empfinden, beginnt sich langsam zu drehen: Plötzlich sind sie nicht mehr die Starken, die mich vor dem Bösen in der Welt schützen sollen. Ich will sie schützen. Und obwohl meine Eltern gesund, fit und alles andere als schutzlos sind, möchte ich an manchen Tagen schon jetzt körperliche Arbeiten für sie übernehmen. Ein fatales Fehlverhalten als Folge meines Schutzinstinktes, wie Jos mir später sagen wird.

Während seiner Direktorenstelle hat er im Hintergrund die Basis für Buurtzorg aufgebaut: ein Pflege-Netzwerk, das in jeder Linie auf

Selbstverantwortung setzt. Zuerst startete das Unternehmen 2006 mit vier Mitarbeitenden, Jos arbeitete selbst auch wieder als Pfleger.

»Wie hat sich das nach deiner Erfahrung als Direktor angefühlt?«, will ich wissen.

»Wie das Normalste der Welt. Es war einfach sinnvoll, dass ich die Arbeitsstrukturen selbst erlebe, um zu wissen, ob sie den Pflegekräften genug Raum lassen«, erklärt mein Gegenüber und lehnt sich entspannt im Stuhl zurück. Er wollte selbst sehen, wo die Schwierigkeiten lagen und an welchen Stellschrauben gedreht werden musste. Die Arbeitsstrukturen sind mittlerweile wie folgt aufgebaut: Ein Team von höchstens zwölf Pflegekräften kümmert sich um Menschen in einem Umkreis, der in maximal zwanzig Minuten mit dem Fahrrad abzufahren ist. Weniger Fahrzeit bedeutet mehr Pflegezeit und eine bessere Vereinbarkeit von Beruf und Privatleben. Die Teams leben selbst in der Nachbarschaft und binden die örtlichen Apotheken und Facharztpraxen direkt mit ein. Die Pflegepläne schreiben sie selbst, es gibt keine herkömmliche Zentrale, die ihnen dabei Zeitdruck macht. In guter Absprache miteinander legen sie fest, wer lieber Früh- Spät- oder Wochenendschichten übernehmen möchte, genauso wie sie gemeinsam entscheiden, wer ins Team aufgenommen wird. Es gibt keine Führungskraft im Team, das Jahresbudget wird gemeinsam verwaltet.

Der Schutzinstinkt des persönlichen Umfelds wird genutzt, um Angehörige und Freund*innen mit in die Pflege einzubeziehen. Dabei ist das oberste Ziel, die Pflegebedürftigen so lang wie möglich selbstständig zu halten und nicht alles für sie zu übernehmen. »Wenn zum Beispiel jemand einen Schlaganfall hatte, sollte täglich sehr viel Zeit in die Rehabilitation investiert werden. Zu diesem Training gehört auch die Rehabilitation der Angehörigen, die verstehen müssen, welcher Teil des Gehirns beeinflusst wurde«, erklärt der studierte Fachexperte. Nur wenn das der Fall ist, kann das

Umfeld filtern, welche alltäglichen Aufgaben in Zukunft wirklich übernommen und welche nur wieder neu erlernt werden müssen.

In Deutschland sind rund 3,4 Millionen Menschen pflegebedürftig, natürlich sind nicht alle davon alt. Drei Viertel von ihnen werden zu Hause versorgt, davon 1,76 Millionen in der Regel allein durch ihre Angehörigen. Derzeit gehen Berechnungen von etwa 4,8 Millionen pflegenden Angehörigen aus. Davon sind etwa 2,5 Millionen Menschen erwerbstätig.[48] Wir müssen davon ausgehen, dass die Zahl zunehmen wird und sich Arbeitgeber*innen unterschiedlicher Branchen mit diesem Aspekt der Care-Arbeit auseinandersetzen und endlich Vereinbarkeit schaffen müssen. Verhindern Manager*innen Vereinbarkeit von Care-Arbeit und Beruf heute, schaufeln sie sich im Zweifel ihr eigenes Grab, in dem sie morgen liegen. Wenn der Pflegemangel in den nächsten zwanzig Jahren akut wird und weder Angehörige noch Fachpersonal die Kapazitäten haben, sich um sie zu kümmern, werden sie es bereuen, überlege ich leise.

»Ab einem gewissen Alter denken auch die Angehörigen, dass zum Beispiel nach einem Schlaganfall nichts mehr so sein wird, wie es einmal war«, schildert Jos de Blok weiter. Stempel drauf: Pflegefall. Der Schutzinstinkt greift auf eine negative Weise über. Dabei gerät das Ziel aus den Augen, so nah wie möglich an den alten Zustand ranzukommen.

»Bei Buurtzorg wollen wir Abhängigkeiten verhindern oder nach einer Erkrankung so schnell wie möglich wieder abbauen – und zwar auch im hohen Alter«, sagt der Pflegeexperte.

»Du siehst es also als Teil des Jobs, den Schutzinstinkt der Angehörigen in die richtige Richtung zu lenken, um durch weniger Abhängigkeit auch die Pflegeteams zu entlasten«, fasse ich für mich selbst zusammen. Ich beobachte, wie Jos mit dem Kopf nickt. Er ist im Alter meiner Eltern, hat breite Schultern und sieht auf eine ergonomische Art und Weise trainiert aus, als mache er beinahe täglich präventives Rückentraining und würde immer gesund aus den Knien heben, mutmaße ich. Er macht den Eindruck, als würde er selbst die Kisten tragen und auf den Stuhl in der Küche klettern, um die Backform zu holen. Ich erinnere mich, dass er auch eigenhändig den Kaffee geholt hat, anstatt die Empfangsdame darum zu bitten. Eine Kleinigkeit, die auf einmal ziemlich viel Sinn ergibt.

DIE EIGENVERANTWORTLICHKEIT

»Was machst du heute anders als deine damaligen Vorgesetzten, damit deine Mitarbeitenden nicht kaputtgehen?«, will ich konkret wissen.

»Ich möchte, dass meine Kolleg*innen ihren Tag pfeifend auf dem Fahrrad starten. Deswegen lasse ich sie hauptsächlich in Ruhe«, sagt Jos trocken, der jahrelang unter den Vorgaben von Zentralen gelitten hat. Für Buurtzorg arbeiten hauptsächlich studierte Pflegekräfte mit einem medizinischen Hintergrund, und Jos vertraut darauf, dass sie die Profis in ihrem Fach sind. Er sieht keinen Sinn darin, dass Büromitarbeitende, die Patient*innen noch nie getroffen haben, über ihre Bedürfnisse entscheiden und den eigentlichen Expert*innen ihr Fachwissen absprechen. Diese Vorgehensweise ist übrigens auch in Deutschland die Regel.

Wenn ein*e Pfleger*in aber sagt, dass er*sie mit einem alten Herrn in der Arbeitszeit regelmäßig Streuselkuchen isst, dann ist es in Jos' Augen genau das Richtige. Eine Aufgabe, für die klassische Pflegezentralen keine Zeit einräumen. Dabei wird vergessen, dass auch Einsamkeit tödlich sein kann: Wer einsam ist, hat ein schlechtes Immunsystem, wird depressiv, und die Suizidrate steigt ab siebzig Jahren drastisch. Ein gemeinsamer Streuselkuchen kann Leben retten! Wenn währenddessen geplant wird, wo der alte Herr in Zukunft vielleicht Rommé spielen könnte oder wie er mithilfe des Nachbarschaftsnetzwerkes öfter zu seinem Skat-Stammtisch in die Kneipe kommt, kann das bei Alleinlebenden das Sterberisiko um 32 Prozent senken.[49]

»Für Mitarbeitende, die aus klassischen Betrieben zu dir kommen, ist das sicher eine Umstellung. Wie lange brauchen sie, um wirklich eigenverantwortlich zu arbeiten?«, frage ich.

»Nicht so lang, wenn sie in einem etablierten Team eingearbeitet werden. Es dauert ein paar Wochen, vielleicht zwei Monate. Die Büromitarbeitenden hingegen brauchen sechs bis acht Monate, würde ich schätzen«, sagt Jos.

Jedes Team kann nach wie vor auf eine örtliche Zentrale zurückgreifen, wo es Unterstützung anfordern kann. Die Zentralen sind sehr klein, um die Verwaltungskosten gering zu halten. »In herkömmlichen Betrieben übt die Zentrale viel Druck aus und sagt den Pflegekräften, was sie zu tun haben. Bei uns ist es genau andersrum: Pflegekräfte werden nicht herumgeschubst. Sie sind unsere Expert*innen und geben den Leuten im Büro vor, was sie brauchen, um gute Arbeit zu machen«, sagt Jos glasklar. In der Zentrale bekommen sie daher Coachings, die das eigenverantwortliche Arbeiten fördern, Entscheidungsmanagement und Teamkommunikation schulen, sowie fachliche Weiterbildungen.

Jos schaut auf seine Uhr. Wir haben insgesamt nur 45 Minuten zusammen, und ich merke, dass meine Zeit verrinnt.

»Das hört sich alles rosarot-romantisch an. Aber wie macht ihr Geld?«, frage ich also sehr direkt, und Jos muss lachen, weil diese Fragestellung natürlich impliziert, dass Wirtschaftlichkeit und zufriedene Mitarbeitende nicht zusammenpassen.

»So meine ich das nicht ...«, sage ich jetzt auch lachend.

»Buurtzorg ist eine Stiftung, aber unsere Leistungen werden von den Krankenkassen gezahlt«, schildert er.

»Die Krankenkassen wollen aber ganz genau wissen, für welche Leistung wie viel Zeit investiert wurde. Sie möchten nach Leistungskatalogen arbeiten«, werfe ich ein.

»Richtig, aber die Grundlage von Buurtzorg ist, dass wir unseren Pflegeteams vertrauen. Sie nutzen die zeitlichen Ressourcen bestmöglich«, erklärt er den größten Unterschied, der für die Krankenkassen und den medizinischen Dienst einen Kontrollverlust bedeutet. Die Fachkräfte bei Buurtzorg müssen nicht mehr nachweisen, welche Leistung sie pro Patienten oder Patientin verrichten. Sie werden im Rahmen einer festgelegten Stundenvergütung entlohnt.

»Ich möchte Qualität messen, keine Zeit«, stellt der CEO klar. Wenn beispielsweise ein Buurtzorg-Pfleger die Wohnung einer Patientin betritt, loggt er sich mit dem Tablet ins System ein und beim Verlassen der Wohnung wieder aus. Wie viel Zeit er bei der pflegebedürftigen Person verbracht hat, wird demnach trotzdem erfasst. Wie lange das Waschen und Frühstücken im Einzelnen gedauert hat, spielt keine Rolle.

»Wie messt ihr Qualität?«, frage ich.

»Wir notieren zum Beispiel die Verhaltensentwicklung der Pflegebedürftigen«, skizziert Jos. Bei einem Patienten, der beispielsweise gesundheitsbedingt das Körpergewicht reduzieren sollte, notiert die Pflegekraft digital, welche Art der Bewegung dem Patienten Freude bereitet und wie sie am besten in den Alltag integriert werden kann. »Die Pflegekraft beeinflusst mit kleinen Impulsen das Verhalten dieser Person und erklärt auch genau, warum eine andere Ernährung oder mehr Bewegung notwendig sind. Diese psychologische Beeinflussung bewirkt, dass der Patient Eigenverantwortung übernimmt. Wenn wir die im Bereich Ernährung und Bewegung etabliert haben, können wir uns einer anderen Aufgabe widmen«, erklärt er. Jos möchte so viel Unabhängigkeit wie möglich für die Pflegebedürftigen und sie in keine Abhängigkeit führen, um sie finanziell auszubeuten.

Diese Herangehensweise hat insbesondere bei den nieder-ländischen Behörden und Krankenkassen viel Überzeugungsarbeit gekostet. Nur wenn sie mitziehen, kann die Systemveränderung gelingen.

»Durch die schlanke Zentralverwaltung werden am Ende enorm viele Bürokratiekosten gespart«, sagt Jos.

»Und auf das Gehalt der Pflegekräfte draufgeschlagen?«, frage ich weiter.

»Wir zahlen unseren Pflegekräften überdurchschnittlich viel, wenn du das meinst«, antwortet Jos zum Schluss.

Als wir das Büro verlassen und er mich zum Haupteingang begleitet, wo wir uns mit einem Handschlag verabschieden, nehme ich noch ein Schild an seiner Zimmertür wahr. Auf Niederländisch steht da:

»Die Zeit ist Geld, sagt der Manager. Die Pflege braucht Zeit, sagt die Fachkraft.«

Ich verlasse das Haus und laufe über den Parkplatz, wo ich mich ins Auto setze und kräftig ausatme. Die Versorgung alter Menschen wird eine der größten Herausforderungen in den nächsten Jahren, stelle ich fest. Sie betrifft nicht nur eine einzelne Branche, sondern unsere ganze Gesellschaft.

Das Buurtzorg-Konzept wurde 2018 auch von einem deutschen Pflegeunternehmen als Pilotprojekt im Münsterland getestet und musste vier Jahre später Insolvenz anmelden. Unter anderem, weil die neuen Teams nicht ausreichend in ihrer Eigenständigkeit geschult wurden und man zu schnell zu viele Standorte eröffnen wollte. »Ihr werdet Fehler machen, und ihr werdet aus ihnen lernen«, sagte Jos de Blok dem deutschen Geschäftsführer beim ersten Zusammentreffen. Um aus Fehlern lernen zu dürfen, braucht es aber eine finanzielle Grundlage: Ein weiterer Grund für die Insolvenz war, dass Krankenkassen und der medizinische Dienst Angst vor dem Kontrollverlust hatten und sich mit der festgelegten Stunden-vergütung nicht anfreunden konnten. Sie wollten für eine Stunde ambulante Pflege 32 Euro zahlen. Mindestens sechzig Euro mussten es aber sein, damit die Organisation kostendeckend arbeiten konnte. Die Kassen und Behörden begründeten ihre Entscheidung damit, dass sie Vertrauensmissbrauch seitens der Fachkräfte befürchteten. So hätten Stunden abgerechnet werden können, die gar nicht ge-leistet werden.[50]

Im Auto drehe ich den Schlüssel um und lache verzweifelt in mich hinein, weil das Pflegesystem, in dem wir alle einmal landen werden, so abstrus ist: Die Insolvenz bedeutet nicht zwangsläufig, dass das Projekt gescheitert ist. Die Niederlande, wo Kassen und Be-hörden mitziehen, beweisen die Umsetzbarkeit. Mit einer stabilen Grundlage und einer Kontrollverlagerung zu den eigentlichen Fach-kräften – dem Pflegepersonal – wäre eine Veränderung des deut-schen Pflegesystems noch immer möglich. Die Insolvenz bedeutet aber erst mal, dass viele Fachkräfte weiterhin unter den Arbeits-bedingungen leiden und sich die Geiselnahme von Pflegebedürftigen in die Länge zieht. Eine Geiselnahme, bei der in Zukunft vielleicht auch unsere eigenen Eltern zu Hilflosen werden.

Haben alle die Chance auf ein gutes Gehalt, Nina Straßner?

(SAP)

Ich bin zu Besuch bei meinen Eltern am Niederrhein, wir sitzen im Garten und essen gemeinsam zu Abend. Unser Hund Wolfgang steht ungeduldig neben dem Tisch und wartet, bis etwas runterfällt.

»Auf deinen Platz, Wolfi ...«, sagt meine Mutter und weist auf die Decke, aber der mittlerweile 15-jährige, taube Australian Shepherd ist der festen Überzeugung, dass ihm nach seinem eigenen Abendessen noch etwas vom Esstisch zustünde, und setzt sich deshalb demonstrativ und laut hechelnd neben uns. Ich gucke ihn genervt an. Wolfgang ist nimmersatt.

»Wo ist der Frischkäse?«, frage ich und nehme parallel eine Scheibe Brot aus dem Korb, der auf dem Tisch steht.

»Ey, Papa! Handy weg«, sage ich elterlich mahnend, wie er es sonst immer tut. Der Frischkäse steht direkt vor seiner Nase, aber er merkt nichts, weil er auf dem Display seines Smartphones herumtippt.

»Ja ... der Bernd hat gerade Fotos vom Segeln geschickt. Er ist vor Korsika«, murmelt mein Vater. Er streckt das Handy über den Tisch, und ich sehe seinen langjährigen Freund Bernd mit verspiegelter Sportsonnenbrille an einem großen Steuerrad stehen, hinter ihm blauer Himmel und das Meer.

»Das ist ja nichts Neues«, antworte ich und erhebe mich vom Stuhl, um über den Tisch nach dem Frischkäse zu greifen.

Bernd ist Frührentner und bekommt weiterhin hohe Bezüge von seinem ehemaligen Arbeitgeber SAP. Das Unternehmen digitalisiert den Einkauf, die Finanzbuchhaltung oder die Rechnungsprüfung in anderen Firmen und ist in den letzten Jahrzehnten stark gewachsen. Gleichzeitig hat SAP in den letzten Jahren mehrfach eine Verjüngungskur in der Belegschaft durchgeführt und älteren Mitarbeitenden ein Frührentenprogramm angeboten. Die erste Vorruhestandsregelung von 2015 betraf die Geburtsjahrgänge 1960 und früher. Die Höhe der Abfindung richtete sich nach der Dauer der individuellen Betriebszugehörigkeit. So erhielten Leute, die zehn Jahre im Unternehmen waren, 18,5 Monatsgehälter, Kolleg*innen mit zwanzig Jahren Betriebszugehörigkeit 33,5 Monatsgehälter, und bei dreißig Beschäftigungsjahren erwarteten die Mitarbeitenden 43,5 Monatsgehälter.[51] Weil die Gehälter bei Software-Unternehmen wie SAP bekanntlich nicht gerade gering ausfallen und es für ältere Generationen keine Seltenheit war, jahrzehntelang bei einem Arbeitgeber zu bleiben, gingen viele von ihnen mit mehreren Hunderttausend Euro im Gepäck in Frührente.

2019 folgte die zweite Welle: Bernd war einer der Glücklichen, denen der Konzern ein lukratives Angebot unterbreitete. Tatsächlich wurde das Programm in dieser Runde von mehr Leuten wahrgenommen, als der Konzern zunächst erwartet hatte. Dadurch fielen auch die Kosten für Abfindungen und Frührentenprogramme im Jahr 2019 insgesamt höher aus. Sie summierten sich auf knapp 1,1 Milliarden Euro.[52]

Ich nehme mir zwei Gurkenscheiben vom Gemüseteller und knabbere den Rand ab.

»Im Winter will Bernd Heliskiing ausprobieren. Da bin ich dann auch dabei«, sagt mein Vater voller Überzeugung.

»Heliskiing? Machen das jetzt die Rentner*innen von heute?«, frage ich trocken, und Mama zwinkert mir zu.

»Lass deinem Vater seine Illusionen. Mit seinen Knien kann er sich das eh abschminken«, sagt sie, als säße er nicht mit am Tisch, und mein Papa verzieht das Gesicht. Er weiß selbst, dass er nicht mit einem Helikopter auf einen Berggipfel fliegen wird, um anschließend im Tiefschnee auf Ski wieder runterzufahren. Ganz zu schweigen davon, dass so eine Aktion fast zehntausend Euro kostet. Trotzdem will er unsere Seitenhiebe nicht auf sich sitzen lassen.

»Gönnt ihr uns das etwa nicht?«, fragt er gespielt entrüstet, als wäre er schon auf dem Weg zum Gipfel.

»Doch«, antworte ich plötzlich ziemlich ernst. »Ich hätte an Bernds Stelle auch das Frührentenangebot zu diesen Konditionen angenommen und würde jetzt vor Korsika auf so einem Boot abhängen – wer hätte da Nein gesagt? Ich frage mich aber auch, was hinter diesen Frührentenprogrammen steckt und ob ihr die letzte Generation seid, die sich überhaupt den Gedanken leisten kann, Heliskiing auszuprobieren«, sage ich überspitzt. Natürlich weiß ich, dass nicht die gesamte Boomer-Generation in Geld schwimmt – ganz im Gegenteil: 22 Prozent der über Achtzigjährigen in Deutschland leiden unter Altersarmut. Bei Frauen liegt der Anteil noch mal um neun Prozent höher.[53] Ehemalige Mitarbeitende von Unternehmen wie SAP, thyssenkrupp oder auch Bayer bilden ganz klar die Ausnahmen. Abfindungen und Frührentenprogramme verzerren daher das Bild von Wohlstand in allen Altersgruppen und vergrößern die Schere zwischen Arm und Reich.

Das Problem ist nämlich: Obwohl private Altersvorsorge immer wichtiger wird, können es die meisten jungen Menschen sich kaum leisten, etwas auf die hohe Kante zu legen. Ihr komplettes Einkommen geht für die aktuellen Lebenshaltungskosten drauf: Sechzig Prozent der Haushalte können inflationsbedingt nicht sparen.[54] Berufseinsteigende mit niedrigen Gehältern sind von dieser Problematik besonders betroffen. Diese Entwicklung verlangt vielen Menschen eine ungeheure Kraft ab. Mit aller Mühe schwimmen sie in einem Pool vor einer Gegenstromanlage umher und kommen kein Stück voran. Jetzt wurde die Maschine noch eine Stufe höhergestellt, die Inflation erzeugt Druck, und die Muskelkraft lässt nach. Aus diesem Grund wirkt die Vorstellung, dass ehemalige Mitarbeitende noch über Jahre Bezüge von großen Konzernen bekommen, obwohl sie gar nicht mehr arbeiten, auf den ersten Blick für viele so merkwürdig.

DIE FORDERNDEN

Einige Wochen später bin ich wieder zurück in Hamburg und drucke gerade die Interviewfragen für mein nächstes Gespräch aus, als ich eine E-Mail bekomme:

»On my way – vielleicht 15 Min zu spät!! Beeile mich!«

Die E-Mail ist von Nina Straßner – Global Head of People Initiatives bei SAP.

»Kein Stress, bis gleich!«

Ich nehme den Zettel aus dem Drucker, auf dem meine Fragen stehen. Es ist nicht das erste Mal, dass ich mich mit Nina Straßner verabrede. Wir sprachen schon einmal, als ich für einen *SPIEGEL*-Artikel zu LGBTQIA+-freundlichen Unternehmensstrukturen recherchierte. Der offizielle Pride-Index für DAX-Unternehmen, der von der LGBTQIA+-Community initiiert wurde, wird nämlich seit Jahren von SAP angeführt – vorbildlich![55] Ein anderes Mal habe ich bei einer Veranstaltung ein Panel moderiert, bei dem Nina Straßner darüber sprach, wie SAP in Zukunft intern über den weiblichen Zyklus und die Wechseljahre informiert. Der deutsche Konzern hat festgestellt, dass ihnen zu viele wertvolle Mitarbeitende in der Menopause verloren gehen, weil manche so stark unter den Symptomen leiden und sich mit den psychischen und körperlichen Belastungen allein fühlen. SAP schult daher Führungskräfte zu dem Thema und ermöglicht Mitarbeitenden in der Menopause eine ganzheitliche gesundheitliche Beratung – auch vorbildlich.

Ich weiß also bereits: Nina Straßner und ihr Team beschäftigen sich mit großen Tabus und kleineren Befindlichkeiten, um ihren Mitarbeitenden das Leben angenehmer und ihre Arbeit damit effektiver zu gestalten. Bei unserem heutigen Termin möchte ich aber nicht über softe Maßnahmen sprechen, die auf das Wohlbefinden einzahlen. Ich will über Geld sprechen und die Frage, ob alle

Generationen die gleichen Gehaltsentwicklungschancen haben. Ich möchte verstehen, warum SAP es sich Milliarden kosten lässt, ältere Kolleg*innen wie Bernd trotz Fachkräftemangels frühzeitig in Rente zu schicken, und was das für meine Generation bedeutet.

Mit meinen Fragen in der Tasche fahre ich mit dem Fahrrad Richtung Mühlenkamp, wo ich für zwölf Uhr im Restaurant Hennys reserviert habe. Das schicke Szenerestaurant liegt in einem dieser Viertel, die erahnen lassen, dass in Hamburg deutschlandweit die meisten Millionär*innen leben: Die großen Land Rover parken direkt vor der Haustür. Im Hennys platziert mich eine Frau mit Tablet an einem eingedeckten Tisch auf der Terrasse, auf dem ein kleiner Topf Rosmarin steht, der die Wespen fernhalten soll. Während ich warte, beobachte ich, wie zahlreiche Kinder mit Schultüten auf die Terrasse strömen, um mit ihren Familien ihre Einschulung zu feiern. Ich hoffe, dass die Feierlichkeiten nicht zu laut werden, und überlege, doch noch nach einem anderen Tisch zu fragen, aber da entdecke ich auch schon Nina. Sie steht neben der Frau mit dem Tablet und trägt einen hellbraunen Jumpsuit, einen braunen Ledergürtel um die Taille und eine große »Book Tote«-Tasche von Dior in bunten Farben. Als sie mich entdeckt, kommt sie direkt auf mich zu.

»Hey, entschuldige bitte die Verspätung«, sagt sie und umarmt mich zur Begrüßung.

»Alles gut! Danke, dass du dir die Zeit nimmst«, antworte ich. Sie ist für unser Gespräch aus Kiel nach Hamburg gekommen, hat aber noch einen Anschlusstermin in der Hansestadt.

»Lass uns schnell bestellen, und dann kannst du mir noch mal kurz sagen, worum es hier konkret geht«, sagt sie und pustet sich den kupferfarbenen Pony aus dem Gesicht, während sie einen Blick ins Menü wirft. Sie bestellt eine Bowl und eine Rhabarberschorle, ich nehme den Sommersalat und eine Apfelschorle.

»Ich will mit dir über Geld und eure Frührentenprogramme sprechen, die ehemaligen Mitarbeitenden eine fast luxuriöse Rente ermöglichen«, leite ich ohne Umschweife ein. Die Gehaltsverteilung in einem Unternehmen ist wie ein immer fortlaufendes Spiel, in das ständig neue Teilnehmende einsteigen können. Die Karten werden augenscheinlich gut durchmischt verteilt, und es geht los. Aber ob wirklich nur der Zufall entscheidet, wie gut die Karten sind – oder ob vielleicht auch der Einstiegszeitpunkt ins Spiel eine Rolle spielt –, möchte ich heute herausfinden.

»Weil du dich berechtigterweise fragst, was sich deine Generation leisten kann, wenn sie in Rente ist«, führt Nina meinen Satz beiläufig weiter, und ich halte kurz inne. Die Rechtswissenschaftlerin gehört zum Jahrgang 1981 und ist durch und durch Kommunikationsprofi. Denn allein mit diesem solidarischen Satz entschärft sie das folgende Gespräch. Gleichzeitig ist es so, als hätte sie beim ersten Blick gesehen, dass sie mit der Kartenauswahl auf ihrer Hand so oder so gewinnen wird. Ich seufze kurz.

»Lass uns am besten ganz vorn anfangen. Kannst du dich noch an deine allererste Gehaltsverhandlung erinnern?«, frage ich.

»Du meinst, nach dem Jurastudium? Verhandlung kann man das wohl nicht nennen. Ich habe mich gar nicht getraut zu verhandeln. Das lag aber weniger daran, dass ich noch sehr jung war, sondern an der Tatsache, dass ich eine Frau bin. Ich habe mich zu dem Zeitpunkt ersetzbar gefühlt«, erinnert Nina sich.

Mit 24 hat sie geheiratet. Damals meinten viele Kanzleien, die potenziellen Babywindeln schon hundert Kilometer gegen den Wind riechen zu können. Während ihr Ehemann, der ebenfalls Jurist ist, zu etlichen Vorstellungsgesprächen eingeladen wurde, sah es bei Nina trotz ihrer guten Zeugnisse, zahlreicher Fremdsprachen und Zusatzqualifikationen anders aus. Sie schüttelt den

Kopf und bedankt sich für die Schorle, die der Kellner an unseren Tisch bringt.

»Bei einem der Gespräche wurde mir zwar ein Job angeboten, im selben Moment aber mitgeteilt, sie hätten in der Vergangenheit schlechte Erfahrungen mit jungen Frauen gemacht.«

»Schlechte Erfahrungen?«, wiederhole ich und beobachte, wie sich eine Wespe dem Rosmarintopf nähert und sich anschließend wegdreht, als sei sie im Flug gegen etwas Unsichtbares gestoßen.

»Ja, weil die jungen Frauen ja vielleicht schwanger werden – quasi Hochverrat, nach all dem Investment!«, sagt Nina ironisch und verdreht genervt die Augen. »Sie sagten mir im Gespräch, sie hätten eigentlich einen Mann einstellen wollen, aber ich habe sie ›ganz schön um den Finger gewickelt‹. Danach habe ich den Job abgelehnt. Je länger das her ist, umso mehr regt es mich auf. Als könnten wir ausknobeln, wer in einer Partnerschaft die Kinder austrägt.« Sie lehnt sich in ihrem Stuhl zurück und runzelt die Stirn zu einer winzigen Zornesfalte. Aussagen wie diese machen die Juristin noch immer wütend. Zu Recht, denn sie sind die Wurzeln eines strukturellen Problems: 41 Prozent der Eltern werden im Job diskriminiert – Mütter besonders häufig.[56] Als einer Frau im gebärfähigen Alter haben die Unternehmen es Nina damals schwer gemacht, überhaupt einen Platz am Tisch zu bekommen, um mitzuspielen. Als junge Frau, die derzeit noch keine Kinder hat, macht mich das unendlich wütend. Bis 2030 werden uns hunderttausend Fachkräfte fehlen, um allein die Ganztagsbetreuung von Grundschulkindern in Deutschland zu gewährleisten.[57] Dieser Betreuungsengpass wird von Eltern aufgefangen werden müssen – wie es schon seit Jahrzehnten der Fall ist. Der Unterschied ist aber, dass es sich Unternehmen dann aufgrund des allgemeinen Fachkräftemangels nicht mehr leisten können, Eltern zu diskriminieren. Sie können ihr Drängen auf Vereinbarkeit dann nicht mehr ignorieren, sondern müssen sich gute Argumente einfallen lassen, um Mütter als ihre Mitarbeitenden halten zu können. Wäre es zum Beispiel radikal, wenn bei abendlichen Pflichtveranstaltungen die Betreuungskosten der Kinder von den Arbeitgeber*innen getragen werden? Sollte es nicht Ziel jedes Unternehmens sein, nach fünfzehn Uhr keine Meetings mehr stattfinden zu lassen, um Teilzeitkräfte ganz selbstverständlich im Informationsloop zu halten, anstatt sie systematisch an die Seitenlinie des Spielfeldes zu drängen?

Älteren Untersuchungen aus dem Jahr 2016 zufolge, förderte die damals noch verstärkte Diskriminierung von potenziellen Müttern jedenfalls den sogenannten Confidence Gap: Frauen sollen aufgrund ihrer Sozialisierung und der jahrzehntelangen patriarchalen Strukturen – die noch immer nicht beseitigt sind – ein geringeres Selbstbewusstsein haben. Sie bewerben sich auf dem Arbeitsmarkt oft zögerlicher, stellen die eigene Qualifikation infrage und fühlen sich demnach ersetzbar.[58]

Ich beobachte, wie die mittlerweile zweifache Mutter einen Schluck von ihrer Rhabarberschorle nimmt. Sie sieht nicht aus wie eine Person, die sich ersetzbar fühlt. Über die letzten Jahre hat sie sich als selbst ernannte »Juramama« einen Namen gemacht und es sich zur Mission gemacht, Eltern im Falle von Diskriminierung juristisch den Rücken zu stärken. Dann kam das Jobangebot von SAP. »Es ist einfacher, Veränderungen von außen zu fordern, als sie von innen umzusetzen. Ich war neugierig auf die Herausforderung«, begründet sie diesen Schritt und stellt das Glas ab.

Heute ist Nina also diejenige, die mit Forderungen konfrontiert wird – unter anderem mit meinen. Ich lehne mich in meinem Stuhl zurück und überlege, ob sich meine Generation leicht zu ersetzen fühlt. Durch die hohe Akademisierungsrate in Deutschland bringen viele junge Menschen eine gute Qualifikation und Fachspezialisierung mit. In Kombination mit der Zuspitzung des Fachkräftemangels fühlen wir uns gebraucht, auch als potenzielle Mütter. Viele von uns gehen dadurch schon selbstbewusster in die Gehaltsverhandlung – aus der Sicht mancher Unternehmen zu selbstbewusst.

»Meiner Generation wird gern vorgeworfen, unsere Gehaltsvorstellungen seien unverhältnismäßig. Empfindest du das auch so?«, frage ich.

»Ich führe selbst keine Gehaltsverhandlungen, außer mit meinem eigenen Team. Das macht bei der Einstellung unser Recruiting-Team und dann eben die jeweiligen Führungskräfte im Rahmen von fein justierten Gehaltsbändern, die man transparent überprüfen kann«, winkt sie ab.

Bei SAP gibt es sogenannte Gehaltsbänder. Diese Kategorien nennen sich T1 bis T5 und geben vor, wie viel Berufserfahrung oder welche Qualifikationen erbracht werden müssen, um ein bestimmtes Gehaltslevel zu erreichen.

»Was ist also deine Aufgabe?«, möchte ich wissen.

»Ich finde die kommunikativeren Probleme ...«, leitet sie ein und schaut einem Kind hinterher, das mit seiner Schultüte über den Gehweg neben der Terrasse des Restaurants jagt.

»Wenn neue Mitarbeitende zum Beispiel nicht wissen, dass diese Gehaltsbänder existieren und wie sie aufgebaut sind, müssen wir uns fragen, ob wir proaktiv genug darauf aufmerksam machen und wie wir hier besser werden können«, erklärt sie. Insgesamt gingen die Vorstellungen der jungen Bewerbenden und des Konzerns selten weit auseinander, was sich wohl mit den ohnehin hohen Einstiegsgehältern begründen ließe. Im HR-Bereich lägen sie ohne Berufserfahrung nach dem Studium beispielsweise bei fünfzigtausend Euro brutto im Jahr, so Nina. »Die Jüngeren fordern nicht pauschal

mehr Geld, sondern mehr Freizeit, transparente Aufstiegsmöglich-
keiten, Weiterbildung oder eine bessere Ausstattung – höhen-
verstellbare Tische und so. Wenn übers Gehalt diskutiert wird, dann
meist generationenübergreifend. Und natürlich möchten auch diejenigen mehr Gehalt, die ohnehin schon viel verdienen. Das ist ganz
normal.« Sie zieht trotzdem die Augenbrauen nach oben.

Dass sich die ohnehin Gutverdienenden nicht zurückhalten, habe
ich vor dem Gespräch bereits recherchiert. So bestätigt auch eine
Gehaltsumfrage der Liste Pro Mitbestimmung, die der IG Metall nahesteht, dass die finanziellen Ansprüche bei dieser Gruppe hoch sind. Die Gewerkschaft befragte nach eigenen Angaben
zuletzt Tausende SAP-Mitarbeitende. »Die Situation bei SAP ist
prekär«, formulierte ein Gewerkschaftssekretär das Ergebnis. Die
unteren Verdienstgruppen zeigten sich unzufrieden. Mit 54 und
40 Prozent halten laut der Umfrage aber sogar die Einkommens-
gruppen T4 Level Expert und T5 Level Chief Expert ihre Gehälter
nur in geringem Maße für angemessen. Dabei verdient die erste
Gruppe zwischen 80.000 und 145.000 Euro und die zweite sogar
bis zu 200.000 Euro brutto im Jahr.[59]

Grinsend lege ich den Kopf in den Nacken, gucke in den blauen
Hamburger Himmel und denke an die Gewerkschaftsumfrage: Es
sind nicht unbedingt die Jungen, deren Forderungen unverhältnismäßig sind. In Großkonzernen wie SAP sind es in erster Linie die Älteren, die ihre ohnehin hohen Gehälter verteidigen und noch weiter
steigern wollen. Sie sind wie mein 15-jähriger nimmersatter Hund,
der mittlerweile taub für das ist, was um ihn herum passiert, überlege ich.

»Gehälter wie in eurer Branche wirken auf die meisten Menschen
wie von einem anderen Planeten«, fasse ich am Mittagstisch zusammen. Mittlerweile steht das Essen vor uns; Nina legt sich die
graue Serviette auf den Schoß.

»Das kann ich gut verstehen. Es sind auch eher nicht die studentischen Mitarbeitenden, die im Homeoffice einen Zuschlag für Kaffeepulver fordern. Aber es gehört gleichzeitig zur Geschichte dazu, dass mit steigendem Einkommen auch die Ausgaben wachsen und sich im höheren Alter auch der Anspruch schärft, was einem zusteht, was man wert ist oder was man will und was nicht. Ich fordere heute auch andere Dinge als mit 25 und lasse weniger durchgehen oder unwidersprochen stehen«, sagt sie.

»Wenn junge Menschen das tun, wird uns das gern zum Vorwurf gemacht. Wir sind zu fordernd, heißt es dann«, werfe ich ein.

»Also aus meiner Sicht ist es gut, wenn Jüngere heute früher damit anfangen, für sich einzustehen. Manche Arbeitsbedingungen sind in den letzten Jahrzehnten so aus dem Ruder gelaufen, dass sie durch die Forderungen der Jüngeren auf ein gutes Maß zurückgedreht werden«, sagt Nina.

DIE AUTOBAHN

»In meiner Branche, dem Journalismus, kommt es mir so vor, als ob Medienunternehmen sich in den 80er- und 90er-Jahren verkalkuliert und die Budgets und Gehälter abnormal hoch angesetzt haben«, leite ich das Thema noch mal auf die Gehaltsfrage und stochere meinen Salat auf die Gabel. Ältere Kolleg*innen schwelgen manchmal in Erinnerungen und erzählen mir von vergoldeten Fotoproduktionen und Übernachtungen in Fünfsternehotels. Heute hat das zur Folge, dass Praktikant*innen bei vielen öffentlich-rechtlichen Sendern überhaupt nicht vergütet werden und die Gehälter insgesamt bei jüngeren Kolleg*innen deutlich geringer ausfallen, solang die Älteren mit ihren lukrativen Verträgen noch auf der Gehaltsliste stehen.[60]

»Wie war das bei euch? Habt ihr euch damals bei den Gehältern der älteren Kolleg*innen auch verkalkuliert?«, frage ich offen, und Nina grinst.

»Da war ich noch nicht geboren, wir sind ein Software-Unternehmen, das in den 70ern gegründet wurde. Niemand wusste zu dem Zeitpunkt, wie sich die Branche entwickeln würde und welche Fähigkeiten benötigt werden. Es wurden vermutlich erst einmal alle Ingenieure eingestellt, die das Wort IT buchstabieren und damit was anfangen konnten. Ich gendere hier bewusst nicht ...«, umschifft Nina meine Frage, und auch ich kann mir ein Lachen nicht verkneifen.

Systeme, Anwendungen, Produkte in der Datenverarbeitung GmbH – kurz SAP – hat 1972 in Weinheim die Weichen für Cloud-Dienste der Zukunft gestellt. Keine Ahnung, ob die fünf Gründer überhaupt den leisesten Schimmer hatten, dass ihre Software-Idee schon zehn Jahre nach Gründung einen Umsatz von 24 Millionen D-Mark verzeichnen würde. Heute beschäftigt das Unternehmen über hunderttausend Mitarbeitende in 140 Ländern und entdeckt immer wieder neue Märkte für sich.

»Versteh mich richtig, die Mitarbeiter haben in den ersten Jahren von SAP eine digitale Kultur erarbeitet, als noch niemand das Internet kannte. Diese Leute hatten zu diesem Zeitpunkt ganz viel Wissen, eine wahnsinnige Bereitschaft und ein Gespür für Innovation. Heute haben naturgemäß andere das Gespür für Innovation«, sagt Nina ernst und macht sich an ihrer Salatbowl zu schaffen. »Wie meinst du das?«, will ich wissen.

»Na ja, ich merke selbst, dass ich bei gewissen Themen einfach schon raus bin. Gaming und eSports sind für SAP interessante Märkte, die wir nur mit der Generation fünfzig plus eher nicht erobern werden«, erklärt Nina ohne Umschweife.

»Wie verhindert ihr, dass sich die ältere Generation aufs Abstellgleis gestellt oder gar diskriminiert fühlt?«, frage ich nach.

»Ja, das ist ein schmaler Grat, denn diese Generation scheint mir zumindest sehr zerrissen. Manche warten nur auf die Einladung in den Vorruhestand, und andere empfinden allein das Wort als Beleidigung und denken, man wolle sie loswerden. Sie sind noch voller Tatendrang und Ideen«, beschreibt Nina die Unterschiede und streicht sich eine Haarsträhne aus dem Gesicht. Die Herausforderung in ihrem Job besteht darin, bei beiden Gruppen ein Gefühl der Wertschätzung zu etablieren. Das funktioniere nur durch viele persönliche Gespräche, sagt sie und legt ihr Besteck weg, um mir ihre ganze Aufmerksamkeit zu widmen.

»Wenn ältere Mitarbeitende das Frührentenprogramm ablehnen und bleiben wollen, ist für unsere Unternehmenskultur eigentlich am wichtigsten zu wissen, mit welchem Gefühl sie bleiben«, erklärt die HR-Expertin. Damit liegt sie richtig, denn Altersdiskriminierung ist auf dem Arbeitsmarkt ein großes Problem: Jede*r vierte Personalverantwortliche hält über 55-Jährige für zu alt. Acht Prozent geben Erwerbstätigen über 45 Jahren schon keine Anstellungschance mehr.[61] Noch viel schlimmer ist die Tatsache, dass sich die Lebenserwartung von Menschen durch negative Stereotype über das Alter nachweislich um 7,5 Jahre verkürzt: Sie fühlen sich abgehängt, werden abgehängt und sterben früher.[62]

»Ein schlechtes Gefühl möchten wir in jedem Fall verhindern, schließlich haben wir eine Fürsorgepflicht, die wir auch über das Ende des Erwerbslebens hinaus ernst nehmen. Dazu zählt, unsere Mitarbeitenden auch emotional auf die Rente vorzubereiten, wenn es für sie so weit sein soll. Wir bieten dafür extra Programme an«, erklärt Nina weiter. Das sei essenziell, schließlich verliere der Alltag durch den Abbau der Erwerbsarbeit seine komplette Struktur, die es erst einmal neu zu formen gilt, führt sie weiter aus.

»Und wie verhindert ihr, dass die Kolleg*innen, die bleiben wollen, die Karriereleiter verstopfen?«, formuliere ich meine Frage bewusst scharf und spieße die Mango in meinem Salat auf. Denn gesamtgesellschaftlich betrachtet wollen immer mehr engagierte Mitarbeitende über das Renteneintrittsalter hinaus arbeiten, was zunächst überaus positiv ist: Die Zahl der Arbeitenden ab 65 Jahren hat sich zwischen 2005 und 2019 mehr als verdoppelt. Daraus wird aber oft automatisch geschlossen, dass all diese Rentner*innen arbeiten müssen, weil das Rentenniveau zu niedrig sei, um davon den Lebensunterhalt zu bestreiten. Eine Analyse des Instituts der deutschen Wirtschaft (IW) zeigt jedoch, dass erwerbstätige Rentner*innen sehr häufig ein überdurchschnittliches Einkommen haben. Laut der Analyse arbeiten sie deshalb nicht aus finanziellen Gründen weiter, sondern weil sie Lust auf den Kontakt mit anderen Menschen haben – eine überaus vorbildliche Haltung, von der unsere gesamte Gesellschaft profitiert.[63]

Wer aber genauer nachdenkt, versteht, warum es gerade die ohnehin Besserverdienenden sind, die über das Renteneintrittsalter hinaus arbeiten: Sie sind psychisch und körperlich noch in der Lage dazu. Anders als Menschen, die schon jahrzehntelang in prekären Jobs gearbeitet haben, sind sie durchschnittlich länger gesund und haben auch eine längere Lebenserwartung.[64] Wer über Jahre Dachdecker oder Maurerin war, kann mit 65 selten weiterarbeiten – obwohl sie es finanziell oft nötiger hätten und tatsächlich Probleme haben, ihren Lebensunterhalt zu bestreiten.

Demnach wäre es aus meiner Sicht kein Wunder, wenn ausgerechnet Unternehmen wie SAP, deren Belegschaft in der Regel keine körperlichen Jobs ausübt und die auch mental präventiv stark unterstützt wird, viele Mitarbeitende hätten, die länger arbeiten wollen. Das ist gut, denn so bleibt wertvolles Fachwissen erhalten, und der Markt wird in Zeiten des Fachkräftemangels entlastet. Gleichzeitig halten sie damit aber eben auch an Jobs fest, die jüngere Kolleg*innen mit der Zeit selbst gern besetzen würden. Sie kassieren die Gehälter, die Familien mit Kleinkindern brauchen. Junge Mitarbeitende treten dadurch im Zweifel auf der Stelle und warten länger auf ein Beförderungsangebot – oder bewerben sich weg, wenn sie der Stau auf der Karriereleiter zu sehr nervt.

»Also ich spreche in diesem Zusammenhang eher nicht von einer Karriereleiter«, hakt Nina kauend ein, »sondern lieber von einer mehrspurigen Autobahn: Auf der einen Spur geht's mal schneller voran, auf der anderen langsamer. Einen vermeintlichen Stau gilt es mit den richtigen Maßnahmen eben aufzulösen.« Nina zuckt mit den Schultern, als wäre das für sie eine Kleinigkeit. Zu den Lösungen gehörten zum Beispiel Karriere in (Alters-)Teilzeit oder Jobsharing unter den Generationen. »Wenn sich ein älterer und ein junger Mensch eine Führungsposition teilen, verdienen die dann gleich viel?«, frage ich kritisch.

»Aber selbstverständlich!«, antwortet Nina fast entsetzt, und ihre Gabel stockt auf dem Weg zu ihrem Mund voller Verwunderung über diese Frage. Wer eine junge Person in eine Führungsposition setzt, aber gleichzeitig damit argumentiert, der Person fehle es wegen des Lebensalters an Berechtigung für das entsprechende Gehalt, habe die Zweiseitigkeit von Altersdiskriminierung nicht verstanden. »Ich zweifle nicht daran, dass SAP ein Unternehmen mit sechsspuriger Autobahn ist, aber etliche andere Firmen sind eher eine kurvige Landstraße mit schlechten Überholmöglichkeiten. Wenn es da Stau gibt, steht das Ding«, schlussfolgere ich und schiebe meinen Teller weg. Ich habe aufgegessen. »Sechs Spuren sind auf jeden Fall ein Vorteil – nicht nur beim Thema Altersteilzeit«, sagt Nina und zwinkert mir zu.

DIE ANGEBOTE

Letztlich ist eine mehrspurige Autobahn auch deswegen vorteilhaft, weil es für Eltern, Pflegende oder Menschen mit anderen Bedürfnissen im Idealfall alle paar Kilometer einen Rasthof gibt. Hier können sie eine Auszeit vom Job einlegen. Der Verkehr läuft parallel weiter, und sie sollten sich optimalerweise immer ohne Probleme wieder einordnen und weiterfahren können. Abschließend lassen sich auf einer Autobahn auch die Ausfahrten besser integrieren.

»Warum bezahlt ihr mehrere Milliarden im Rahmen eures Frührentenprogrammes? Was ist der langfristige Wert dahinter?«, frage ich nun ganz direkt und nicke dem Kellner zu, der unsere leeren Teller abräumt.

»Trinken wir noch einen Kaffee?«, fragt mich Nina, statt zu antworten, und tupft sich mit der Serviette die Lippen ab. Ich nicke. Wir bestellen einen Cappuccino und einen Americano.

»Also ... wir wollen kein Geld sparen, wenn du das meinst. Ganz im Gegenteil: Wir stellen weiter ein und wachsen«, geht sie schließlich doch auf meine Frage ein. »Auch um die Gehaltsentwicklung der jungen Mitarbeitenden möglichst garantieren zu können, hilft es, bei der Finanzplanung genauer zu wissen, wer bis wann auf der Payroll steht«, erklärt Nina und lehnt sich über den Tisch zu mir rüber, als hätte sie gerade ein Geheimnis verraten.

»Arbeitgeber*innen können stabiler und sicherer planen, wenn sie wissen, ob sie beispielsweise dem Kollegen Dieter noch 18 Monatsgehälter zahlen müssen oder ob er bis zum Renteneintrittsalter bleibt oder irgendwann früher freiwillig aufhören will. Wer bleibt, bleibt aber am besten gesund und voller Tatendrang und Möglichkeiten«, führt sie aus.

»Ergibt Sinn. Ich frage mich aber, ob für meine Generation in Bezug auf den Reallohn dieselben Gehaltsentwicklungschancen bestehen wie für vorherige Generationen. Können wir uns diesen Wohlstand trotz Inflation auch eines Tages leisten?«, frage ich und meine mit dem Reallohn das Verhältnis von Nominallohn und Preisniveau. Ich will wissen, ob die heutigen Gehälter noch dieselbe Kaufkraft haben wie früher.

»Gesamtgesellschaftlich würde ich diese Frage definitiv verneinen. Bei SAP ist es aber wirklich anders. Ich habe nachgeschaut: 27 Prozent unserer Early Talents – eins unserer Programme für junge Mitarbeitende – haben in der letzten Beförderungsrunde eine Gehaltserhöhung bekommen. Das ist wirklich viel«, sagt Nina.

Als ich später selbst nachschaue, stelle ich fest, dass diese Gehaltserhöhungen im Vergleich zur Gesamtbelegschaft sogar prozentual höher ausgefallen sind. Laut der IG-Metall haben die Early Talents eine Erhöhung von 6,7 Prozent bekommen, während die restlichen Gehälter durchschnittlich um 2,7 Prozent gestiegen sind. Die Gewerkschaft schrieb online, dass man damit Alt gegen Jung ausspielen wolle.[65]

Nina sagt, das sei nicht der Fall: »Es wird jedes Jahr in der dafür zuständigen Abteilung bei Total Rewards geguckt, wie unser Promotionsbudget aussieht. Damit junge Mitarbeitende in jedem Fall mitgedacht werden, haben wir für sie ein eigenes, unabhängiges Budget erstellt. Dieses Budget ist damit sicher und wird an die verteilt, die unter drei Jahre Berufserfahrung haben«, erklärt sie. Es ist der Versuch, eine finanzielle Schutzblase um junge Menschen zu ziehen. Dabei geht es nicht darum, die Generationen gegeneinander auszuspielen, sondern die zu unterstützen, die als Berufseinsteigende bislang am wenigsten verdienen. Vorbildlich, denke ich wieder.

Gesamtgesellschaftlich sieht das allerdings leider anders aus: Junge Menschen stecken auf dem Arbeitsmarkt in keiner finanziellen

Schutzblase – ganz im Gegenteil, sie bekommen Sparmaßnahmen oft besonders zu spüren. Schon vor Corona verdienten junge Menschen laut einer OECD-Studie weniger als ihre Vorgänger-generationen. Die OECD-Studie mit dem Titel *Under Pressure: The Squeezed Middle Class* untersuchte 2019 den Anteil der 20- bis 29-Jährigen mit mittlerem Einkommen zu verschiedenen Zeit-punkten in 36 Industrienationen sowie Südafrika, China, Russ-land und Brasilien. Zur Mittelschicht zählt, wer zwischen 75 und 200 Prozent des nationalen Medianeinkommens verdient. Frauen kommen jährlich auf circa 41.000 Euro brutto im Median, Männer auf 47.000 Euro. Bei unseren Eltern, den Babyboomern, gehörten noch 68 Prozent in diesem Alter zu einem Mittelschicht-Haushalt. Bei den Millennials sind es heute nur noch 60 Prozent.[66] Nun lässt die Inflation diesen Wert weiter sinken, die Lebenskosten steigen und auch die letzte finanzielle Schutzblase platzen.

Interessant ist auch, dass insbesondere die mittleren Einkommen trotz Wirtschaftswachstum in den letzten zwei Jahrzehnten um ein Drittel weniger gestiegen sind als die Durchschnittseinkommen der oberen zehn Prozent. Auch hier wird deutlich: Es fordern nicht die, die gerade in das Berufsleben starten. Es fordern und kassieren jene, die aufgrund langer Berufserfahrung und etablierter Karriere ohnehin schon mehr verdienen und ihren Lebensstandard nun in Gefahr sehen.

EIN GEDANKENSPIEL

»Weißt du, was ich so abstrus finde?«, frage ich Nina. »Warum ver-dient man eigentlich in der Lebensphase, in der die Lebenskosten zum Beispiel durch eine Familiengründung am höchsten sind, am wenigsten Geld?«

»Eine Frage, die man mal bei einer Flasche Wein diskutieren müsste«, wirft Nina ein und scheint zu bedauern, dass wir nicht philosophisch abgleiten können. Ich gucke kurz zum Kellner auf, der mit unseren Kaffeetassen auf uns zukommt.

»Danke schön«, sage ich zu ihm und freue mich über den Schokocrossie, der auf der Untertasse liegt.

»Angenommen, man startet mit einem Jahresgehalt von 120.000 Euro ins Berufsleben, und bis zum Alter von fünfzig Jahren reduziert sich das Gehalt auf ... keine Ahnung, 50.000 Euro?«, fragt Nina und nimmt mein Gedankenspiel auf.

»Okay ...«, antworte ich. Während ich auf dem Schokocrossie herumkaue, denke ich zuerst an den Wohnraum in unseren Städten, weil ich ihn als akuten Fehlerpunkt sehe: Die Immobilienpreise sind in den letzten zwei Jahrzehnten dreimal so schnell gestiegen wie das mittlere Einkommen der Haushalte.[67] Viele Menschen haben demnach ein Problem, sich ohne Erbschaft insbesondere in der Stadt den Wohnraum zu leisten, den sie mit zwei oder drei Kindern eigentlich bräuchten. Einige verschieben die Familienplanung deshalb nach hinten, andere entscheiden sich bewusst gegen eigenen Nachwuchs, weil sie sich mit Ende zwanzig die entsprechende Wohnung nicht leisten können. Alleinlebende über sechzig hingegen wohnen laut Statistik durchschnittlich auf einhundert Quadratmetern Wohnfläche.[68] Sehr viele können sich das nur leisten, weil sie an alten Mietverträgen festhalten. Andere leben ganz bewusst auf großem Raum, obwohl es ökologisch weder nachhaltig ist noch den rationalen Bedürfnissen ihrer aktuellen Lebensphase entspricht.

»Ein mit dem Alter abnehmendes Einkommen könnte dazu beisteuern, dass Wohnfläche nachhaltiger und der Lebensphase entsprechender genutzt wird. Damit diese Utopie aufgeht, bräuchte es aber in jedem Fall irgendeine Art von Mietenstopp, der verhindert, dass die Preise auf dem Immobilienmarkt weiter so stark steigen und gerade Ältere dem ausgesetzt sind«, denke ich laut weiter.

Ich weiß natürlich, dass so eine Veränderung nicht von einem Unternehmen allein angestoßen werden kann. In einer globalisierten Wirtschaftswelt müssten die Gehaltssysteme weltweit umgestellt werden – und daran scheitert diese Utopie wahrscheinlich.

»Das Problem ist außerdem, dass eine Gehaltsentwicklung die Menschen motiviert, Karriere zu machen. Wir leben schließlich in einer Welt, in der das Ziel immer mehr ist«, wirft Nina rational ein und schmeißt meine Idee mit zwei Sätzen über den Haufen.

»Ja, und da liegt der Fehler: Die meisten Privatpersonen sind genauso wie Unternehmen auf Wachstum aus. Ein Umzug in eine kleinere Wohnung oder auch ein geringeres Gehalt im Alter wäre für viele ein Rückschritt, anstatt eine logische Anpassung an eine neue Lebensphase«, sage ich und schüttle den Kopf.

»Absolut, deswegen würden uns die älteren Mitarbeitenden wahrscheinlich auch aufs Dach steigen. Letztlich scheitert es aber auch am Arbeitsrecht«, sagt Nina und weist als Juristin sachlich darauf hin, dass ein Unternehmen das Gehalt zum Schutz der Arbeitnehmer*innen nicht einfach downgraden kann. Obwohl ich weiß, dass dieser Schutz sinnvoll ist, verziehe ich in dem Moment das Gesicht und nehme meine Tasse in die Hand. Das war's mit der Utopie.

»Dennoch sehen wir bei SAP die Lebensrealität von jungen Menschen – auch auf dem Wohnungsmarkt. Wir bieten deshalb nach drei Jahren Betriebszugehörigkeit kostenlose Immobilienkredite an, um den Kauf von Eigentum als Altersvorsorge zu fördern«, erklärt Nina, und ich spucke fast meinen Kaffee aus.

»Sorry, was?!«, frage ich nach. Es ist, als hätte sie soeben das entscheidende Kartenset auf den Tisch gelegt, das alle anderen Mitspielenden handlungsunfähig macht: viermal Ass.

»Wie vorhin schon gesagt, haben wir eine Fürsorgepflicht. Für ältere Mitarbeitende bedeutet das zum Beispiel, dass wir sie auch mental auf die Rente vorbereiten. Und um auf die Lebensphase von Jüngeren einzugehen, bieten wir kostenfreie Kredite für Renovierungen oder eben einen Immobilienkauf«, wiederholt Nina und nippt entspannt an ihrer Tasse. Sieg.

»Wer würde da Nein sagen.« Als ich den letzten Schluck aus meinem Kaffee nehme, erkenne ich das Problem. In Zeiten, in denen Kredite durch den Zinsanstieg teurer werden, ist dieses Angebot von SAP ein Geschenk. Eines dieser Art, das sich eben nur Unternehmen mit sechsspuriger Autobahn leisten können. Wie wollen andere Unternehmen gegen viermal Ass ankommen? Was wollen andere Immobilieninteressierte machen, die von ihren Vorgesetzten kein solches Kartenset zugeschoben bekommen?

Nachdem Nina die Rechnung geordnet hat, schlendern wir gemeinsam zu meinem Fahrrad. Ich schaue auf die andere Seite der Straße, wo die Hamburger Villen am Mühlenkamp in ihrem sauberen Weiß erstrahlen. Nachdenklich begutachte ich die edlen Fassaden und stelle fest, dass die kostenfreien Häuserkredite bedeuten, dass es mit großer Wahrscheinlichkeit auch in meiner Generation Leute geben wird, die nimmersatt und laut hechelnd nach mehr verlangen, während sie ihren aktuellen Wohlstand verteidigen. Sie lassen Geld für sich arbeiten, während andere für die Miete der Zweizimmerwohnung schuften. Es werden wahrscheinlich deutlich weniger sein, aber es wird sie geben. Die Frührentenprogramme und die Häuserkredite haben nämlich denselben Effekt, obwohl zwei unterschiedliche Generationen davon profitieren: Sie verzerren das Bild von Wohlstand in allen Altersgruppen und erweitern die Schere zwischen Arm und Reich.

»Weißt du ... ich war damals laut und habe für Eltern gute Arbeitsbedingungen eingefordert. Jetzt muss deine Generation laut werden, einfordern und den Status quo permanent challengen – auch was das Thema Geld angeht. Aber nicht nur da«, sagt Nina mir zum Abschied, als wir neben meinem Fahrrad zum Stehen kommen. Wohl wissend, dass es dann für sie, die unter anderem die Forderungen im Unternehmen umsetzen soll, vielleicht unbequemer wird.

Spielen Lebensläufe
noch eine Rolle,
Marc Marthaler?

(SWISSCOM)

»Zwei Kürbiskernbrötchen und zwei Dinkelbrötchen, bitte«, sage ich an der Theke der Bäckerei, und eine kurzhaarige drahtige Frau schnappt sich eine Papiertüte, um die Brötchen reinzupacken. Ich bin mal wieder zu Besuch bei meinen Eltern am Niederrhein und inhaliere den Duft des frischen Brotes, das hier seit meiner Kindheit gebacken wird. Auf dem Tresen steht ein kleines Schild:

»Job-Speeddating: Mittwoch, 15 Uhr mit Frau Ömler. Oder eine Bewerbung per WhatsApp schicken – Wir freuen uns!«

Darunter steht eine Handynummer. Ich fotografiere das kleine Schild mit dem Smartphone ab. »Suchen Sie einen Job? Frau Ömler ist hinten und könnte Sie auch direkt sprechen«, sagt die aufmerksame Verkäuferin, als sie mein Foto bemerkt. Ich schätze sie auf Mitte fünfzig, ihr Gesicht kenne ich schon seit einigen Jahren. In letzter Zeit sieht es müder aus, vermutlich weil die übrigen Mitarbeitenden die Mehrarbeit auffangen müssen, bis Verstärkung gefunden wird.

»Danke, ich habe einen Job. Melden sich viele Leute?«, frage ich.

»Zu wenige, sagen wir es mal so. Niemand will mehr eine Ausbildung machen. Wir würden deswegen auch Quereinsteiger nehmen, so nennt man das ja«, sagt die Frau und seufzt. Sie erzählt mir, dass Zeugnisse keine Rolle spielen, keine Berufserfahrung vonnöten sei und nur die Arbeitseinstellung und das Teamgefühl zählen. Und trotz der geringen Einstiegshürden melden sich zu wenig Interessierte.

»Ich hoffe, Sie finden bald jemanden. Sonst verhungern wir alle, wenn uns niemand mehr die Brötchen backt und verkauft, oder?!«, sage ich mit einem aufmunternden Lächeln, um deutlich zu machen, wie wichtig ihr Beruf ist. Ich bezahle, packe die warme Brötchentüte in einen Korb und fahre mit dem Rad zum Haus meiner Eltern.

Die Verkäuferin hat recht. Wir haben einen Akademiker*innenwahn in der Bundesrepublik, und zu wenige wollen eine Ausbildung machen: In Deutschland bleiben jährlich knapp vierzig Prozent aller

Ausbildungsplätze unbesetzt, im Baugewerbe bleiben sogar sechzig Prozent der Lehrstellen frei. Das Institut der Deutschen Wirtschaft warnt, dieser Fachkräftemangel sei »hausgemacht«.[69] Ausbildungsberufe wurden jahrzehntelang gesellschaftlich abgewertet und schlechter bezahlt als akademische Berufe. Nun mangelt es uns insbesondere im Handwerk an Fachkräften, die in der Lage sind, eine Energiewende tatsächlich umzusetzen und nicht nur theoretisch wie im Hörsaal zu planen. Das ist eine bittere Realität, die uns noch in vielen weiteren Branchen einholen wird.

Ein Unternehmen, das davon anscheinend nichts zu spüren bekommt, ist die Swisscom AG. Das größte IT- und Telekommunikationsunternehmen in der Schweiz bekommt auf die jährlich 250 ausgeschriebenen Ausbildungsstellen den eigenen Angaben zufolge rund 8.000 Bewerbungen. Damit geht die These des Instituts für Arbeitsmarkt- und Berufsforschung auf: Große Unternehmen haben es noch wesentlich einfacher, Lehrstellen zu besetzen. Kleine Betriebe mit weniger als fünfzig Mitarbeitenden haben insbesondere in Ostdeutschland eine andere Ausgangslage; hier bleiben fünfzig Prozent der Lehrstellen unbesetzt.[70]

Ich möchte wissen, was Swisscom im Recruiting-Prozess anders macht, und setze mich in meinem früheren Kinderzimmer an den Schreibtisch, um die Unternehmenswebsite zu analysieren: Auszubildende erzählen in Videos von ihrer Lehre und geben Einblicke hinter die Kulissen. Im Podcast *Zukunftsgestalter* kommt die junge Generation zu Wort und macht für Schüler*innen Vorbilder greifbar. Die sogenannten Erlebnistage, die zu einem Schnupperlernen im Unternehmen einladen, sind für die nächsten sechs Monate komplett ausgebucht, ich könnte mich nur noch auf eine Warteliste setzen lassen.

»Die scheinen etwas richtig zu machen, oder?!«, sage ich laut und stelle dann fest, dass ich ja allein im Kinderzimmer sitze. Nur unser alter Hund Wolfgang schnarcht neben mir auf dem Teppich leise vor sich hin und ignoriert mich.

COPY-PASTE

Eine Stunde später wähle ich mich in einen vereinbarten Teams-Call ein. Auf dem Bildschirm erscheint Marc Marthaler. Er ist Jahrgang 1976 und ein ehemaliger Schweizer Sportlehrer, der mittlerweile die junge Talentschmiede von Swisscom leitet. Hinter Marc Marthaler erstreckt sich als gebrandeter Swisscom-Hintergrund eine braune Sofalandschaft. Hinter mir ist dagegen nur eine hellgrüne Wand zu sehen, und ich bin kurz froh, dass ich meinen Eltern mit zwölf Jahren gesagt habe, dass es an der Zeit sei, die Blümchentapete mit dem Pferdestreifen abzureißen und zu erneuern.

»Hallo, schön, dass Sie sich Zeit nehmen!«, sage ich zur Begrüßung.

»Ja, ich freu mich auch und bin sehr gespannt«, sagt Marc Marthaler lachend. Er hat einen starken Schweizer Dialekt, ein braun gebranntes Gesicht mit Dreitagebart und ein breites Lächeln mit strahlend weißen Zähnen. Wahrscheinlich geht er jeden zweiten Tag wandern, rate ich. Zu unserem Termin trägt er ein locker sitzendes dunkelgrünes Hemd, das nicht nach Büro aussieht.

»Ich möchte heute verstehen, warum Swisscom mit Bewerbungen geflutet wird«, leite ich unser Gespräch ein.

»Ja, das ist interessant. Ich denke, unser Ausbildungsmodell hat an Bekanntheit gewonnen, und die Bewerbenden wissen, dass wir uns auf Future Skills fokussieren«, beginnt Marc Marthaler zu erzählen. »Gleichzeitig sind wir ein sehr etabliertes Unternehmen in der Schweiz. Einige bewerben sich einfach nur des Namens wegen, weshalb wir auch viele unspezifische Bewerbungen haben. Einfach copy-paste-mäßig«, spricht er weiter, und ich muss lachen.

Tatsächlich finde ich es immer lustig, wenn sich Unternehmen über Copy-paste-Bewerbungen beschweren. Damit ist gemeint, dass Arbeitssuchende ihr Anschreiben nicht wirklich dem Unternehmen anpassen. Aber genauso wenig passen die meisten Firmen ihre Jobausschreibungen den Leuten an, die sie tatsächlich suchen. Es sind Copy-paste-Jobgesuche, die ebenso unspezifisch sind wie die Bewerbungen, die sie daraufhin bekommen: Für die Junior-Stelle braucht man laut Ausschreibung fünf Jahre Berufserfahrung, genauso wie für die Midlevel-Stelle. Super!

Ein Beispiel, wie es anders geht: Wenn ein Unternehmen im Schichtdienst arbeitet und Schwierigkeiten hat, die Spätschichten im Team zu verteilen, weil die meisten lieber früh anfangen – also Lerchen sind –, muss das Unternehmen gezielt nach Nachteulen suchen. Es sucht Langschläfer*innen, die ihren Energieschub in den späten Abendstunden bekommen. Statt in der Stellenausschreibung das unspezifische Wort »Schichtdienst« zu nennen, sollten die Vorteile ausgearbeitet werden, die sich für Nachteulen durch die Spätschicht ergeben, um den Job für sie möglichst attraktiv darzustellen: Sie müssen sich morgens nicht schlecht gelaunt aus dem Bett quälen, wenn sie eh keine Frühaufstehenden sind. Der Job passt sich dadurch dem persönlichen Energiezeitfenster von Eulen an. Wer das deutlich macht, kann sich viele Vorstellungsgespräche mit unpassenden Lerchen sparen.

Ein anderes Positivbeispiel wären Jobausschreibungen, die sich gezielt an Zugewanderte richten und mehrsprachig geschrieben sind: Der ehemalige Chef der Bundesagentur für Arbeit, Detlef Scheele, prophezeite, dass Deutschland eine Zuwanderung von vierhunderttausend Arbeitskräften im Jahr benötige, damit der zunehmende Fachkräftemangel halbwegs begrenzt werden könne.[71] Unternehmen müssen sich Gedanken machen, wie sie diese Menschen gezielt erreichen, und verstehen, dass diese auf andere Benefits reagieren als deutschsprachige Bewerbende: Diese Benefits könnten zum Beispiel eine zugesicherte Unterstützung bei Behördenthemen sein, ein zusätzlicher Sprachkurs für Mitarbeitende und deren Partner*innen oder auch Hilfe bei der Wohnungssuche. Wenn Unternehmen keine Copy-paste-Bewerbungen haben wollen, müssen viele erst mal von ihren Copy-paste-Ausschreibungen wegkommen und überlegen, wen sie eigentlich suchen. Marc Marthaler stimmt mir nickend zu, als ich das sage.

DIE INTRINSISCHE MOTIVATION

»Wie stellen Sie sicher, Ihre Ausschreibungen an die jungen Menschen zu adressieren, die wirklich zu Swisscom passen?«, frage ich also nach.

»Um gezielter diejenigen anzusprechen, die auch das Mindset haben, das wir suchen, testen wir gerade ein neues Bewerbungsverfahren«, leitet Marc Marthaler ein. Er hat durchgesetzt, dass das Unternehmen bei der Suche nach Auszubildenden einen zweijährigen Piloten testet: Die Schüler*innen bewerben sich nicht mehr mit ihren Zeugnissen und einem Anschreiben, sondern beantworten im ersten Schritt fünf Fragen in einem Video. Erst nach einem persönlichen Kennenlernen wird der Lebenslauf angeschaut, um zu prüfen, ob die Aussagen im Gespräch damit deckungsgleich sind. Eigentlich lustig, dass die Idee, Noten weniger Beachtung zu schenken, ausgerechnet von einem früheren Lehrer stammt, überlege ich schmunzelnd.

»Nicht allen fällt es leicht, ein Video von sich zu drehen und frei vor der Kamera zu sprechen«, bemerke ich und mache darauf aufmerksam, dass so auch einige Talente übersehen werden könnten.

»Ja, aber es fällt auch nicht allen leicht, eine schriftliche Bewerbung zu verfassen«, stellt mein Gesprächspartner dagegen. Touché, ich nicke zustimmend.

»Swisscom sucht also eher extrovertierte, kamerafähige Mitarbeitende?«, fasse ich trotzdem scharf nach.

»Ich möchte auf keinen Fall nur Extrovertierte. Ich würde sagen, wir suchen intrinsisch motivierte Menschen, die ihre Komfortzone auch mal verlassen«, korrigiert Marc Marthaler.

»Und welche fünf Fragen müssen beantwortet werden?«, will ich wissen.

»Das verraten wir nicht. Die Fragen dienen dazu, das Wertesystem der Bewerbenden zu verstehen und zu prüfen, ob dieses deckungsgleich mit dem des Unternehmens ist: Vertrauen, Engagement, Neugier. Wenn das der Fall ist, folgen die sogenannten NEX-Days im Unternehmen, die einem Assessment-Center gleichen«, erzählt der HR-Experte weiter. Ich lehne mich in meinem Stuhl zurück und denke kurz über intrinsische Motivation nach. Sie ist das Mittel, um durch das eigene Handeln Zufriedenheit in sich selbst zu finden. Intrinsische Motivatoren kommen tief aus dem Inneren und sind zum Beispiel Neugierde oder die Bereitschaft, eine neue Herausforderung anzunehmen.

»Warum stehen Sie morgens auf?«, frage ich dann. Ich habe irgendwo gelesen, dass ein Unternehmer (seinen Namen habe ich vergessen) diese Frage in Vorstellungsgesprächen stellt, um die intrinsische Motivation der Bewerbenden zu verstehen. Wenn die Antwort auch nur ansatzweise etwas mit dem Thema Arbeit zu tun hat, ist die Person nicht die richtige für den Job.

»Ich stehe morgens auf, weil ich einen tollen Job habe, der mich ausfüllt und glücklich macht«, antwortet Marc Marthaler. Ich zögere, weil das wie abgelesen klingt.

»Okay«, sage ich dann resigniert. Auf dem Bildschirm sehe ich, wie er auf seinem Stuhl nach vorn rutscht und selbst kurz überlegt.

»Für die NEX-Days müssen die Bewerbenden zwei Fragen vorbereiten: Wer bist du? Und: Welche Ereignisse in deinem Leben haben dich positiv und negativ geprägt?«, spricht er weiter. »Dabei gibt es keine richtigen oder falschen Antworten. Es sollte aber deutlich werden, dass die Antworten echt sind und dass sich jemand Gedanken gemacht hat«, erklärt der Schweizer.

»Ihre Antwort war eben nicht echt«, sage ich trocken, und er verzieht erst den Mund, dann lacht er.

»Ja, ist mir auch aufgefallen. Ich stehe in Wahrheit für meine Familie auf. Dass ich meine Frau kennengelernt habe und ich mit ihr Kinder bekommen habe, war die positivste und größte Prägung in meinem Leben«, beschreibt er seine echte intrinsische Motivation, die entfacht wurde, als sie als Team einen neuen, herausfordernden Lebensabschnitt begonnen haben. Ich beobachte, wie seine Gesichtszüge ganz weich werden, während er weiterredet: »Ich begeistere mich sehr für meinen Job. Ich schätze die Flexibilität und die Entscheidungsfreiheiten, die ich beruflich habe, aber deswegen stehe ich morgens nicht auf: Für mich gilt immer Family first!«

Ich nicke leise und wünsche mir still, dass mehr Familienväter das in einem Vorstellungsgespräch über die Lippen bringen würden. Unsere Arbeitswelt wäre dann eine andere, da bin ich mir sicher.

»Was war die negative Erfahrung?«, frage ich weiter.

»Als mein Vater mit 68 gestorben ist. Das war viel zu früh«, antwortet er zögerlich und erzählt mir von einem langen Krankheitsverlauf, den er begleitet hat.

Sein Vater hat auch schon bei Swisscom gearbeitet. In den Schulferien ist Marc Marthaler immer mit ihm ins Unternehmen gefahren und durfte dort als Jugendlicher sein Taschengeld aufbessern. »Ich habe Computer angeschlossen, Kabel sortiert und so«, erinnert er sich lächelnd. »Damals habe ich also für meinen heutigen Arbeitgeber schon zur Probe gearbeitet«, sagt er, und aus dem kleinen Lächeln wird ein herzliches Lachen.

»Danke für diese Offenheit bezüglich Ihres Vaters«, sage ich wertschätzend. »Wie kam es denn dazu, dass Sie von der Schule zu Swisscom gewechselt sind?«

DER QUEREINSTIEG

Marc Marthaler ist nach seinem Sportstudium im Klassenzimmer gelandet und hat später auch die Oberstufe in anderen Fächern unterrichtet. »Ich mochte diesen Beruf sehr ... Aber als ich abends allein im Klassenzimmer saß, habe ich mich gefragt, ob ich das bis zur Rente machen möchte. Die Antwort war Nein«, sagt er schulterzuckend. Über seine Schwester habe er von der intern ausgeschriebenen Stelle bei Swisscom gehört, die sich auf die Nachwuchsprogramme konzentrierte.

»Haben Sie bei der Bewerbung Ihren Lebenslauf gepimpt?«, frage ich sehr direkt nach.

»Bitte?«, fragt Marc Marthaler zurück.

»Sie waren vorher Sportlehrer, der den Wechsel in eine komplett andere Branche anstrebte. In beiden Berufen stehen junge Menschen und Bildung im Fokus, aber es gab doch bestimmt zahlreiche Anforderungen in der Ausschreibung, denen Sie erst mal nicht gerecht wurden, oder?«

»Fragen Sie mich gerade, ob ich bei der Bewerbung gelogen habe?«, gibt er wieder, und seine Augen weiten sich, als hätte ich ihn des Mordes beschuldigt.

»Nein, nicht gelogen ... eher etwas übertrieben; Dinge schöner dargestellt«, formuliere ich seine Worte um. Marc Marthaler schüttelt so stürmisch den Kopf, dass die Bildübertragung nicht hinterherkommt.

Es gibt keine wirklichen Studien dazu, wie häufig bei einer Bewerbung etwas beschönigt dargestellt wird. Ältere Schätzungen gehen aber davon aus, dass dreißig Prozent der Lebensläufe und Anschreiben aufpoliert werden.[72] Manchmal sind es ganze Anstellungsverhältnisse, die erfunden werden, mal nur hinzugedichtete Verantwortlichkeiten oder eine Fremdsprache, die man zuletzt im Abitur gesprochen hat. Personaler*innen witzeln schon darüber, wie viele Schulen es in Deutschland wohl geben muss, damit sie zu der Anzahl der Leute passen, die im Lebenslauf angeben, Schülersprecher*in gewesen zu sein. Ich war übrigens wirklich stellvertretende Schülersprecherin – kein Witz!

»Ich habe nie bei einer Bewerbung gelogen! Aber wenn ich Quereinsteiger bin, dann versuche ich natürlich die Skills, die ich habe, besonders hervorzuheben: in meinem Fall meine Erfahrung mit jungen Menschen und die Arbeit in einem Bildungssystem«, skizziert Marc Marthaler.

»Und anscheinend haben Sie diese entscheidenden Skills im Gespräch gut verkaufen können. Ausschließlich bei einem Blick auf Ihren Lebenslauf wären sie wahrscheinlich gar nicht so zur Geltung gekommen«, schlussfolgere ich.

»Absolut. Ich bin heute auch der Meinung, dass man Future Skills wie Entscheidungsfähigkeit, Eigeninitiative und Problemlösung nur sehr bedingt von einem Lebenslauf ablesen kann. Deswegen sehe ich Auswahlprozesse in einem Bewerbungsverfahren, die auf künstlicher Intelligenz basieren, auch noch kritisch«, erklärt er und ergänzt, dass künstliche Intelligenz zudem in vielen Fällen noch diskriminierend sei.

So musste zum Beispiel der US-amerikanische Onlinehändler Amazon das KI-gestützte Recruiting einstellen, als klar wurde, dass das Programm Männer bevorzugte.[73] Und auch in den Augen der Bewerbenden selbst überwiegen in Deutschland aktuell noch die Nachteile: 43 Prozent der Befragten sind sogar der Meinung, dass künstliche Intelligenz den Bewerbungsablauf für sie verschlechtert.[74]

»Also schauen sich bei Swisscom tatsächlich echte Menschen die zig Bewerbungsvideos an?«, frage ich.

»Klar, es sind mindestens zwei Personen, die sich die Videos unabhängig voneinander anschauen und das Wertesystem der Bewerber*innen analysieren. Eines Tages kann das vielleicht eine künstliche Intelligenz machen, aber so weit sind wir noch nicht. Wir wollen menschliche Werte, die bis dato auch nur Menschen erkennen können«, sagt Marc Marthaler. »Und um zum Thema Quereinstieg zurückzukommen: Die Grundhaltung ist entscheidend. Wer Eigeninitiative und Neugier mitbringt, kann sich das Fachwissen aller Branchen aneignen«, fasst er zusammen.

Branchen, in denen der Fachkräftemangel besonders akut ist, haben das bereits erkannt. So setzen zum Beispiel IT-Unternehmen gezielt auf Menschen, die auf der Suche nach neuen beruflichen Herausforderungen sind: Es gibt spezielle Quereinstiegsprogramme, die nach einer Elternzeit gemacht werden können, oder auch solche für über Vierzigjährige. Weil sich unsere Berufsbilder mit der Digitalisierung rasant verändern und einige wegen der Automatisierung perspektivisch auch komplett wegfallen, gilt es für Unternehmen, diese Beschäftigten in Jobausschreibungen gezielt anzusprechen.

»Das Wichtige ist, dass die Quereinsteiger*innen dann auch dieselben Gehalts- und Karriereentwicklungschancen haben, wie die Fachkolleg*innen, sobald sie sich das Branchenwissen erst mal angeeignet haben«, rede ich weiter und denke dabei an meinen eigenen Plan-B-Berufswunsch.

Wenn ich mich eines Tages neu orientieren wollen würde, wäre meine erste Wahl tatsächlich Marc Marthalers ehemaliger Arbeitsort: die Schule. Ich würde wahnsinnig gern Medienkunde und Sozialwissenschaften unterrichten. Vielleicht auch etwas wie finanzielle Bildung und Wirtschaft.

»Kannst du doch«, sagt meine Mutter dann immer, die als Schulsekretärin den akuten Lehrkräftemangel täglich mitbekommt. Schon heute fehlen bundesweit über vierzigtausend Lehrer*innen.[75]

»Nö, ihr wollt mich ja nicht vernünftig bezahlen«, antworte ich dann trotzig. Und mit »ihr« meine ich die jeweiligen Schulministerien der Bundesländer. Weil ich kein abgeschlossenes Studium habe, sondern *nur* ein Volontariat – also eine journalistische Ausbildung –, würde ich monatlich trotz Weiterbildungen einige Hundert Euro weniger verdienen als verbeamtete, studierte Lehramtskolleg*innen. Im Lehrer*innenzimmer soll es deswegen eine Zweiklassengesellschaft geben – was für mich als potenzielle Quereinsteigerin absolut unattraktiv wirkt.[76]

DAS AKADEMISIERUNGSPROBLEM

»Wie ist Ihre Übernahmequote nach der Ausbildung?«, frage ich.

»Die liegt bei circa sechzig Prozent«, sagt er.

»Was machen die anderen?«, möchte ich wissen. Der Schweizer erzählt, dass einige zum Militär, auf Reisen oder an eine Hochschule gehen. Auch die meisten derjenigen, die nach der Ausbildung erst einmal bleiben, hängen nach ihrem fünften Jahr Betriebszugehörigkeit noch ein Studium dran.

»Weil sie mit einem Studium mehr verdienen?«, mutmaße ich. Laut einer Studie des Münchener ifo Instituts verdienen Akademiker*innen im Lauf ihres Lebens durchschnittlich rund dreihunderttausend bis fünfhunderttausend Euro mehr als Menschen, die eine Lehre gemacht haben.[77]

»Ja, ich denke, in der Schweiz ist es schon so, dass in den Anforderungsprofilen für höhere Positionen noch ein Studium verlangt wird. Je nach Stelle wird ein Master oder auch ein Doktortitel verlangt«, schildert er, und ich lache so laut auf, dass Wolfgang auf dem Teppich kurz zusammenzuckt.

»Für welchen Job – außer in der Medizin – ist ein Doktortitel denn tatsächlich vonnöten, um den Job machen zu können?«, frage ich ironisch.

Die Wirtschaft ist in die Misere geraten, dass sie akademische Titel lukrativer vergütet. Dadurch haben wir uns selbst ein Akademisierungsproblem erschaffen, dass sich in Zeiten des Fachkräftemangels noch verschärft: Angesichts des demografischen Wandels sollte es eigentlich das oberste Ziel sein, die Ausbildungswege so kurz wie möglich zu halten, um aus jungen Menschen arbeitende Steuerzahlende zu machen, die in die Rentenkassen der Älteren einzahlen. In den letzten Jahrzehnten haben sich die Ausbildungs- und Studienwege allerdings schon massiv verlängert: Jetzt ist nicht mehr das Bachelorstudium der Standard, sondern das Masterstudium. In der Bundesrepublik studieren so viele Menschen wie noch nie.[78] Um das Akademisierungsproblem zu lösen, müssen sich Unternehmen von ihren akademischen Wunschvorstellungen verabschieden und nebenberufliche Weiter- und Umschulungsmaßnahmen ausbauen, die dann finanziell auch genauso wertgeschätzt werden, wie ein akademischer Abschluss.

»Jemand, der eine Ausbildung gemacht hat, aber echte Eigeninitiative zeigt, ist mir zu hundert Prozent lieber als ein Akademiker, der durch seine Haltung zeigt, dass er sich wegen seines Abschlusses nicht mehr anstrengen müsse«, stimmt mir auch Marc Marthaler zu.

»Eine geringere Relevanz von Zeugnissen bei der Suche nach den richtigen Azubis ist jetzt in einer zweijährigen Testphase. Wie bewerten Sie die Chancen, dass Zeugnisse auch in der fortgeschrittenen Karriere eine weniger große Rolle spielen?«, will ich zum Abschluss unseres Gesprächs wissen.

»Wie Sie sagen, ist es noch eine Testphase. Bei fortgeschrittenen Stellenausschreibungen bieten wir mittlerweile ›Coffee Talks‹ an: Wenn jemand an einem Job Interesse hat, sprechen wir 15 Minuten drüber«, beschreibt er, und ich denke an das Job-Speeddating in der Bäckerei. »Zeugnisse werden nie komplett irrelevant sein. Ich bin mir aber sicher, dass Bewerbungsanschreiben langfristig an Bedeutung verlieren und die persönliche Begegnung wichtiger wird. Die Frage nach den passenden Werten, die wir zu Beginn besprochen haben, ist entscheidend«, sagt er zum Ende.

»Das denke ich auch. Vielen Dank für Ihre Zeit«, sage ich zur Verabschiedung, und Marc Marthaler winkt noch mal in die Kamera, bevor er von meinem Bildschirm verschwindet.

Wolfgang streckt sich auf dem Teppich wie eine Katze, als hätte er bemerkt, dass unser Meeting beendet ist und es für ihn Zeit wird aufzuwachen. Ich schiebe den Stuhl vom Schreibtisch und mache ihm die Tür zum Flur auf, um endlich mit meiner Familie in der Küche die Brötchen aus der Bäckerei zu essen.

Wie können Unternehmen marginalisierte Gruppen schützen, Bischof Helmut Dieser?

(KATHOLISCHE KIRCHE)

Triggerwarnung: In diesem Kapitel wird Missbrauch an
Frauen und Kindern thematisiert.

Ich stehe in einem der zahlreichen Kerzengeschäfte meiner Heimat und frage mich, wie sich diese altertümlichen Läden noch halten können. Dabei vergesse ich oft, dass Kevelaer nach Altötting Deutschlands zweitwichtigster Wallfahrtsort ist, der jährlich von über einer Million Pilger*innen aufgesucht wird. Hier bin ich aufgewachsen und etliche Male durch die historische Innenstadt geschlendert, ohne die Magie zu spüren, die Pilger*innen hier suchen. In der Kerzenkapelle gegenüber der Basilika liegt ein Buch, in dem Hoffnungsvolle ihre Wünsche eintragen und um Genesung, Vergebung oder Unterstützung bitten – als sei die Kapelle ein Wunschautomat. An den Wänden hängen neben Bildern auch Krücken, die den Anschein machen, hier hätte eine Heilung stattgefunden. Als Zugezogene, die nicht katholisch ist, habe ich mich in meiner Jugend irritiert gefragt, inwiefern das alles nur ein Placebo sei.

Heinrich Heine schrieb einst über eine Mutter, die davon träumte, dass ihr kranker Sohn in Kevelaer durch die heilige Maria geheilt werde.[79] Aber als sie aus ihrem Traum erwachte, so Heine, war ihr Kind tot. Der Wunschautomat hatte nicht funktioniert.

Ich stehe also im Kerzengeschäft und überlege, was den alten Dichter und mich leicht zweifelnd auf die Hoffnung der anderen blicken lässt. Vielleicht ist es Neid, denke ich und schaue mir eine Kerze mit einem Kreuz genauer an.

»Haben Sie diesen einen Schnaps hier?«, frage ich die ältere Dame hinterm Tresen und stelle die Kerze zurück ins Regal. Sie trägt ein weißes T-Shirt mit Pailletten und guckt mich unter ihrer grauen Föhnfrisur mit irritiertem Blick an, als hätte ich bei ihr einen Tequila bestellt.

»Diesen Pilgerschnaps, meine ich«, sage ich etwas spezifischer.

»Ach, natürlich, den haben wir! Wollen Sie eine große Flasche oder Kurze?«, fragt sie mich, und ich überlege, warum sich das Wort »Kurze« aus ihrem Mund so komisch anhört.

»Beides, bitte«, antworte ich dann und bezahle.

Als ich einige Wochen später mit der Bahn in Aachen ankomme, laufe ich vom Hauptbahnhof in die bilderbuchartige Altstadt. In der Mitte ragt der Aachener Dom, an dem 796 Jahre nach Christus die Bauarbeiten begannen, in den wolkenfreien Himmel und sieht dabei so mächtig aus wie die Institution Kirche selbst. Ich bin hier, um mit Bischof Dr. Helmut Dieser über dieses eine Thema zu sprechen: Macht. Während ich zur Domkuppel hochschaue, bemerke ich, dass ich aufgeregter bin als sonst. Ich spüre einen kleinen Kloß im Hals.

Nach dem Staat sind die katholische und evangelische Kirche zusammen der zweitgrößte Arbeitgeber in Deutschland. Etliche Kindergärten, Schulen, Krankenhäuser und Altenpflegeheime befinden sich in kirchlicher Hand. Allein bei der Caritas sind in Deutschland mehr als 690.000 Menschen beschäftigt. In Deutschland hat die katholische Kirche jährliche Steuereinnahmen von sechs Milliarden Euro und ein geschätztes Gesamtvermögen von zweihundert Milliarden.[80] Aber wie reich die gesamte katholische Kirche tatsächlich ist, lässt sich wegen der weltweit dezentralen und undurchsichtigen Vermögensverteilung kaum sagen.[81] Ein Großteil des Kapitals ist in Wertpapieren und Immobilien investiert: Das Erzbistum Köln ist etwa mit mehr als vierzig Prozent an der Aachener Siedlungs- und Wohnungsgesellschaft beteiligt, die insgesamt 25.000 Wohnungen verwaltet.[82] Die katholische Kirche ist damit ein Weltkonzern, der jedoch oft auf seine Rolle als Gotteshaus reduziert wird.

Dabei sind in dem gläsernen und modernen Gebäude, das ich nun am Aachener Klosterplatz betrete, in erster Linie Büro- und Konferenzräume. Im vierten Stock treffe ich die Kommunikationsleiterin des Bistums. Sie sitzt in sommerlichem Blusenkleid an einem Schreibtisch, der in einem hellen Büro steht.

»Hallöchen«, sage ich aus dem Türrahmen heraus, und sie schaut von ihrem Platz hoch.

»Ach, hallo!«, antwortet sie fröhlich und steht auf, um mich mit einem Handschlag zu begrüßen. Ich schätze sie auf Mitte fünfzig, und ich weiß aus vorherigen Gesprächen, dass sie ursprünglich auch mal Journalistin war, sich aber im Laufe ihrer Karriere auf Krisenkommunikation und Veränderungsmanagement in der Wirtschaft spezialisiert hat. Nun arbeitet sie für die katholische Kirche.

»Ich bin sehr gespannt, wie der Bischof reagieren wird. Er freut sich schon!«, leitet sie ein und bringt mich kurz darauf mit einer weiteren Kollegin in ein anderes, älteres Gebäude in der Nähe des Doms.

Während wir im Erdgeschoss des Hauses auf den Bischof warten, schweift mein Blick auf eine große Ahnengalerie: viele weiße alte Männer in geistlichen Gewändern. Allesamt Vorgänger von Helmut Dieser, der 2016 von Trier nach Aachen gewechselt war und genau diesen Raum in Kürze umgestalten möchte. Unter anderem sollen die Bilder abgehängt werden, und bei dem Gedanken kann ich mir ein Grinsen nicht verkneifen. In den letzten offiziellen Interviews, die der Bischof von Aachen gegeben hat, schwingt nämlich ebenfalls der Wunsch nach Umgestaltung mit. So hat er die Sexuallehre der Kirche in Pressestücken als »unterkomplex« bezeichnet und gesagt, dass Homosexuelle durch die Kirche abgewertet und kriminalisiert worden seien – er forderte aus den eigenen Reihen ein Schuldbekenntnis.[83] Starke Worte, die im Vatikan für Unruhe sorgten, wie ich später erfahren werde.

»So, hallo zusammen«, höre ich eine gut gelaunte Stimme. Ich drehe mich von den alten Bildern weg und sehe, wie Dr. Helmut Dieser die Wendeltreppe runtertrabt. Der freundliche Herr ist Jahrgang 1962, lächelt offen aus einem runden Gesicht und trägt eine Halbglatze. Ein weißer Priesterkragen ziert sein dunkles Hemd, das farblich zu Sakko und Hose passt. Er reicht uns drei Frauen nacheinander die Hand.

»Ich freu mich, dass Sie sich Zeit nehmen«, sage ich zur Begrüßung. Seine Augen strahlen außergewöhnlich herzlich.

»Ich bin sehr neugierig. Kommen Sie gern mit!«, antwortet er, dreht sich zügig um und führt uns wieder die Treppe hinauf und in sein Arbeitszimmer. Ich begutachte den großzügigen hellen Raum. An den Wänden hängen Bilder, die alle einen Bezug zur Kirche haben. Auf der einen Seite des Zimmers steht ein riesiger Schreibtisch, von dem der Bischof auf den Dom blicken kann. Auf der anderen Seite sehe ich eine gedeckte Kaffeetafel. In der Mitte des Tisches brennt eine Kerze, die genauso aussieht wie die aus dem Kevelaerer Pilgergeschäft.

»Ich habe Ihnen etwas aus meiner Heimat mitgebracht«, erinnere ich mich und hole die große Flasche Schnaps aus meinem rosa Jutebeutel, um sie demonstrativ zwischen die Kaffeetassen zu stellen.

»Oh!«, sagt der Bischof lachend und schaut sich das Etikett des Kräuterschnapses, der ganz in der Nähe des Wallfahrtsortes gebrannt wird, genauer an. Die Kommunikationsleiterin schmunzelt und schenkt uns erst mal allen Kaffee und Wasser ein. Das Interview sollen wir noch nüchtern führen.

DIE AUTHENTIZITÄTSFRAGE

»Wer ist eigentlich Ihr Vorgesetzter?«, frage ich geradeheraus, als wir es uns am Tisch eingerichtet haben.

»Der Papst in Rom«, reagiert der Bischof prompt.

»Fühlen Sie sich ihm auch am meisten verpflichtet? Oder ist es dann doch die katholische Kirche im Allgemeinen oder vielleicht Gott?«

»Oh, ich merke, dass Sie katholisch sozialisiert sind«, stellt der Bischof lachend fest und faltet seine Hände vor dem Bauch.

»Ich bin nicht katholisch«, entgegne ich.

»Nicht? Dann haben Sie sich in Kevelaer offensichtlich gut eingelebt«, reagiert er überrascht und geht dann genauer auf meine Frage ein.

Die katholische Kirche besitzt eine jahrtausendealte Tradition. Es grenzt wahrscheinlich an ein Wunder, dass Religionen im Allgemeinen die Menschen nie langweilten und dass es so auch immer welche gab, die das Bild der Kirche verteidigt und aufrechterhalten haben. »Ich bin mir ziemlich sicher, dass sich die Kirche so lang halten konnte, weil sie in der jeweiligen Zeit immer authentisch war«, sagt Helmut Dieser. »Als Bischof liegt es mir am Herzen, durch den Glauben Menschen ein Angebot für ein gelingendes Leben zu machen. Dieses Anliegen treibt alle Bischöfe an. Und an der Spitze steht der Papst. Zudem glaube ich im Tiefsten daran, dass Gott den authentischen Kern der Kirche ausmacht. Genau deswegen fühle ich mich ihm im Glauben und im Gewissen verpflichtet«, erklärt Helmut Dieser. Er hat eine sanfte, ruhige Stimme, und irgendetwas in mir bewundert seine Zuversicht.

Helmut Dieser ist in einem gläubigen Elternhaus in Neuwied, Rheinland-Pfalz aufgewachsen. Die Anwesenheit von Kirche war für ihn etwas Normales, weil seine Familie ihm das Vertrauen in Gott vorgelebt hat. Als Jugendlicher emanzipierte er sich von seinen Eltern. Er betete nicht mehr, weil sie es taten, sondern weil er es selbst wollte.

»Natürlich gab es damals schon Leute, die sich für moderner hielten, die darüber lachten und uns in ihren Witzen als fromm bezeichneten«, erinnert er sich und zieht seine Augenbraue hoch, sodass sie über den dünnen Rand seiner Brille springt.

»Was hat das mit Ihnen als Jugendlicher gemacht?«, will ich wissen.

»Es hat mich im Glauben bestärkt. Es sind meist verunsicherte oder verhärtete Charaktere, die sich innerlich gegen Dinge wehren, die sie nicht bewältigen können«, antwortet Helmut Dieser, und ich fühle einen kleinen Stich. Ein Jugendseelsorger in der Neuwieder Gemeinde hat ihm jedenfalls den Impuls gegeben, diesen Weg auch beruflich einzuschlagen. Es folgten ein Theologiestudium, eine Promotion und eine geradlinige Karriere ins Bischofshaus, in dem wir nun sitzen.

»Wurden Sie mal von Gott enttäuscht?«, frage ich.

»Ja, wenn Gebete in einer Intensität, wie ich sie damals wirklich für einen sterbenskranken Menschen verrichtet habe, nicht dazu geführt haben, dass Gott ein Wunder bewirkt. In der Jugendzeit habe ich deshalb auch mit Gott gehadert«, erinnert er sich. Mit der Zeit habe er aber gelernt, dass Glaube kein Automat ist, in den man eine Münze wirft und aus dem das rauskommt, was man ausgewählt hat. Ich nicke still und denke an die Kerzenkapelle.

»Zum Glauben gehört ein langer Atem. Gegen all diese Frömmigkeit, die zu einer religiösen Leistung aufruft und sagt, wir müssten noch mehr beten, damit uns geholfen wird, bin ich allergisch. Davon halte ich nichts«, ergänzt er.

Der Theologe erklärt mir, dass man in der Religionspädagogik zwischen verschiedenen Bewusstseinsstufen unterscheidet. Es gibt Glaubende, die ihr Leben lang auf der Wunschautomaten-Stufe bleiben. Dann gibt es Menschen, die keine Stufe höher kommen können und eventuell, wenn sie mal bitter enttäuscht werden, in eine persönliche Krise geraten. »Und es gibt diejenigen, die sich über die Enttäuschung hinweg innerlich verändern und einen höheren Glauben, sagen wir mal, eine höhere Bewusstseinsstufe entwickeln. Das bedeutet nicht, dass die anderen primitiv glauben oder ich diese kritisieren will – überhaupt nicht«, versucht er, sich zu erklären. Und ich frage mich insgeheim, auf welcher Stufe ich wohl stehe und warum augenscheinlich immer mehr Menschen gar nicht an Gott glauben. Das könnte man zumindest aus den schwindenden Kirchenmitgliedern schließen. Allein im Jahr 2021 sind fast 360.000 Menschen aus der Kirche ausgetreten. Damit waren in ganz Deutschland nur noch 26 Prozent der Gesamtbevölkerung Mitglied der katholischen Kirche. In den 1950er-Jahren waren es noch 46 Prozent.[84]

Ich nehme einen Schluck von meinem Wasser und merke, wie der Kloß im Hals immer größer wird.

»Sie haben vorhin von Authentizität gesprochen ... Ich glaube, viele Menschen sehen diese Authentizität seit dem Missbrauchsskandal nicht mehr. Oder wie würden Sie eine authentische Arbeitsgemeinschaft beschreiben?«, frage ich und beziehe mich auf die zahlreichen Kinder und Jugendlichen, die in den letzten Jahrzehnten von Bischöfen und Priestern missbraucht wurden. Anstatt die Fälle aufzuarbeiten, wurden sie lange Zeit gedeckt.[85]

»Wir stehen nun vor der riesigen Herausforderung, die Authentizität in der Kirche neu zu definieren. Als Glaubensgemeinschaft vertreten wir bestimmte Ziele und zeichnen ein gewisses Menschenbild. In dem Sinne sind wir ein Tendenzbetrieb, so nennt man das in der arbeitsrechtlichen Sprache, glaube ich. Unsere Tendenzen, also unsere Absichten, können wir nur verfolgen, wenn alle spüren, dass es sich auch lohnt«, beantwortet er den zweiten Teil meiner Frage mit seiner weichen Stimme. Dann wird sein Gesichtsausdruck leidend, als würde er einen Schmerz empfinden. »Diese Missbrauchstaten sind furchtbar, haben Menschen zerstört und vielen die Grundlage genommen, ein unbelastetes Leben führen zu können«, sagt der Bischof mit spürbarem Nachdruck. Er hält wieder inne, als suchte er nach den richtigen Worten. »Die Schweigespirale von Vorgesetzten hatte eine zerstörerische Kraft. Das Böse konnte sich ausbreiten. Es ist noch gar nicht lange her, da saß auf Ihrem Stuhl jemand, der als Kind durch einen Priester missbraucht wurde ...«, erinnert sich der Bischof. Der Holzstuhl, auf dem ich sitze, erscheint mir plötzlich fürchterlich unbequem, als er mir erzählt, dass ein mittlerweile über Achtzigjähriger nie über das Erlebte sprechen konnte und selbst seine Ehefrau in Unwissen hielt. Dennoch habe dieser Mann in gewisser Weise abschließen und Stabilität durch seinen Glauben finden können.

»Ich weiß aber auch, dass Betroffene von Missbrauch einen tiefen Schaden in ihrer Gottesbeziehung und darüber hinaus erleiden können. Sie halten dieses Gefühl, in der vorgelebten Moral belogen und enttäuscht worden zu sein, kaum aus. ›Kirche‹ ist deswegen zu einem Schimpfwort geworden, und es zeigt, wie zerstörerisch Missbrauch und das jahrelange Schweigen im Leben der Betroffenen und ihrer Familien ist«, sagt er. Ich nicke still, also redet er weiter.

»Das Vertuschen ist ein negatives Phänomen, dessen Folgen wir uns hier im Bistum Aachen konsequent stellen. Vielleicht sind wir als katholische Kirche sogar die einzige Institution in Deutschland, die das Thema mit aller Konsequenz angeht. Bis hin zur Furcht, das Überleben der Kirche zu gefährden. Ich setze sogar darauf, dass wir insgesamt dazu beitragen, das Schweigen in der Gesellschaft zu brechen – denn diese Straftaten passieren auch täglich außerhalb der Kirche«, sagt der Bischof entschlossen.

»Ja, ich weiß«, sage ich und räuspere mich. Der Kloß im Hals ist jetzt riesig, und ich höre selbst, wie belegt meine Stimme ist.

»Ich habe auch geschwiegen, über Jahre. Ich sage das der Transparenz wegen, weil ich in meinem ersten Buch über dieses laute

Schweigen geschrieben habe«, bringe ich über die Lippen und merke, wie sehr ich mich konzentrieren muss. Aber als die Worte ausgesprochen sind, lassen sie den Knoten platzen.

»Und wahrscheinlich habe ich dadurch auch den Glauben verloren. Ich bin neidisch auf jene, die aus Glauben Hoffnung schöpfen«, spreche ich jetzt unüberlegt weiter. Ich starre auf den Boden und realisiere selbst, wie verbittert diese Wahrheit klingt. Ich bin augenscheinlich einer dieser verunsicherten Charaktere, die der Bischof schon in seiner eigenen Jugend kannte, und Heinrich Heine war es vielleicht auch.

Als ich meinen Kopf wieder hebe, schaut mich Helmut Dieser mit einem immer noch weichen und gleichzeitig überraschten Blick an.

»Es berührt mich sehr, was Sie da so freimütig sagen«, entfährt es ihm, obwohl er mir wahrscheinlich auch ansieht, dass ich alles andere als freimütig spreche. Ich weiß nur mittlerweile, dass mir persönlich Sprechen mehr hilft als Schweigen.

»Das zeigt ja, dass Sie damit schon sehr lange umgegangen sind, dass Sie eine wahnsinnige Resilienz haben, damit umzugehen. Sie sind daran nicht gestorben, weil Gott in Ihnen ist – auch wenn Sie Ihren Glauben verloren haben. Der Apostel Paulus spricht von zerbrechlichen Gefäßen, die wir tragen. Wir selbst sind diese zerbrechlichen Gefäße ...«, erklärt er jetzt. In der Bibelstelle steht:

»Wir haben aber diesen Schatz in irdenen Gefäßen, damit die überschwängliche Kraft von Gott sei und nicht von uns. Wir sind von allen Seiten bedrängt, aber wir ängstigen uns nicht. Uns ist bange, aber wir verzagen nicht. Wir leiden Verfolgung, aber wir werden nicht verlassen. Wir werden unterdrückt, aber wir kommen nicht um. Wir tragen allezeit das Sterben Jesu an unserm Leibe, damit auch das Leben Jesu an unserm Leibe offenbar werde.« (2. Kor 4, 5–10)

DIE WHISTLEBLOWER

Mein Kopf ist für einen kurzen Moment so voll, dass ich nach meinem Zettel mit den vorbereiteten Fragen greife, um wieder Struktur zu gewinnen. Ich trinke einen Schluck Wasser und realisiere dann, dass wir ja zu viert im Büro sitzen. Der Bischof, die zwei Kommunikationsexpertinnen und ich. Mit einem Blick in die Runde fange ich mich wieder.

»Äh ..., wenn wir das Gesagte des Apostels Paulus nun auf den Arbeitsmarkt shiften, dann soll die Kirche eigentlich ein Unternehmen sein, in dem sich Unterdrückte wohlfühlen. Und das bedeutet auch, dass sie in diesem Unternehmen sicher Karriere machen können. Können denn marginalisierte Gruppen wie zum Beispiel Frauen in diesem Laden Karriere machen?«, frage ich.

»Dass Frauen eine marginalisierte Gruppe sind, ist natürlich eine starke Behauptung«, wirft der Mann mit dem weißen Kragen verwundert ein.

»Die größte Gruppe wahrscheinlich«, gebe ich schulterzuckend zurück.

»Es tut mir leid, dass Sie das sagen und es so empfinden«, sagt der Bischof anscheinend überrascht. In seinen Worten schwingt ehrliche Betroffenheit mit.

»Insbesondere Ordensschwestern in Afrika und Indien erfahren durch die Kirche doch eine doppelte Diskriminierung, oder etwa nicht?«, frage ich zurück und wundere mich über seinen überraschten Ausdruck.

In afrikanischen Frauenklöstern ist es Medienberichten zufolge von Nötigung bis hin zur »sexuellen Sklaverei« durch Kleriker und den Gründer der Gemeinschaft gekommen. Es wurden sexuelle Dienstleistungen erwartet, im Fall einer Schwangerschaft wurden die Nonnen Berichten zufolge zur Abtreibung in die nächste

Hauptstadt geschickt.[86] Sogar der Papst räumte 2019 ein, dass sich Bischöfe und Priester an Nonnen vergriffen haben: »Ich glaube, es wird immer noch getan«, sagte Franziskus bei einer offiziellen Befragung durch die Presse.[87]

»Wo Ordensfrauen sich aus einem Frömmigkeitsideal nicht trauen, einem Priester zu widersprechen, passiert das. Ich will auch nicht ausschließen, dass diese Übergriffe in Deutschland passieren«, entgegnet Helmut Dieser. »Ich möchte diesen Ordensfrauen nur Mut machen, Ungerechtigkeiten, die sie empfinden, offen beim Namen zu nennen und in den Konflikt zu gehen. Dazu braucht es natürlich Rückendeckung von ihren Oberen. Das ist ein System, das sich grundlegend verändern muss«, sagt der Bischof kopfschüttelnd.

»Kann es denn verändert werden, wenn nach wie vor nur Männer bestimmte Positionen besetzen dürfen?«, frage ich fordernd.

»Dass nur Männer Bischöfe, Priester oder Papst werden dürfen, ist ein Privileg, das verändert werden muss. Ich bin da absolut bei Ihnen. Wir können uns aber andere Bereiche anschauen und feststellen, dass Frauen hier bereits mitgestalten, mitbestimmen und eine echte Entscheidungsmacht haben«, sagt er und weist darauf hin, dass der Frauenanteil in der Führungsriege im Bistum Aachen bei über dreißig Prozent liege. Die Kommunikationschefin, die den Wortaustausch mit ihrer Stellvertreterin gemeinsam verfolgt, lächelt mir mit entschlossenem Blick vielsagend zu.

Eine entscheidende Veränderung ist beispielsweise, dass im Bistum Aachen eine Frau die Personalchefin für die Priester ist. »Das ist für unsere Priester eine ganz neue Erfahrung. Sie kennen das so nicht; da wird hier und da gemault. Aber ich kann nur sagen, dass unsere Personalchefin die richtigen Fragen stellt und ein Drumherumreden als Antwort nicht duldet. Das ist wichtig«, betont der Bischof und nimmt einen Schluck aus seiner weißen Kaffeetasse.

»Wann, glauben Sie, werden wir eine Päpstin oder einen schwulen Papst haben?«, frage ich.

Helmut Dieser lächelt mich auf eine Art und Weise an, die ich nicht ganz deuten kann. Er schweigt.

Er ist einer der Kirchenvertreter*innen, die die Frage nach der Anerkennung von Homosexualität selbst immer wieder stellen und deswegen mit Argusaugen beobachtet werden. Bischof Dieser engagiert sich im bundesweiten Reformprozess der katholischen Kirche in Deutschland. So ist der Synodale Weg ein Gesprächsformat, in dem sich die katholischen Bischöfe und abgesandte Laien unter anderem mit der Frage beschäftigen, wie Kirche in Zukunft aussehen muss und wie zugänglich sie aktuell für alle ist. Die zweimal jährlich stattfindenden Zentralveranstaltungen werden über einen Livestream öffentlich gemacht. Wer hier die überkommene Sexualmoral der Kirche infrage stellt oder sich für die Rechte von Homosexuellen starkmacht, wird von den Konservativen aus Rom scharf kritisiert.

»Diese ständigen Mahnungen und die Herabwürdigung des Synodalen Weges sind kein gutes Zeichen. Davon bin ich mittlerweile auch enttäuscht«, sagt Helmut Dieser und stützt sich kopfschüttelnd an der Stuhllehne ab.

»Was für Mahnungen?«, frage ich verwundert, und es stellt sich heraus, dass die Bischöfe des Synodalen Weges anonyme Briefe aus dem Vatikan bekommen, die aber nicht offiziell unterzeichnet wurden. In diesen rätselhaften Schreiben aus Rom heißt es, dass die Reformansätze in Deutschland die Kirche spalten könnten.

»Sie sind also mit der Feedbackkultur Ihres Vorgesetzten nicht zufrieden?«, frage ich mit einem Hauch Sarkasmus in meiner Stimme.

»Ich würde mir schon mehr Wertschätzung für unseren Reformprozess in Deutschland wünschen«, antwortet Helmut Dieser und schmunzelt.

»Schon ziemlich ungelenk für so einen internationalen Laden«, gebe ich zu bedenken.

»Coca-Cola ist da anders aufgestellt, da haben Sie recht«, gibt er stumpf zurück, und ich muss grinsen. Für einen Moment herrscht Stille, als würden die Worte in ihm nachwirken.

»Wollen Sie das mit der Feedbackkultur wirklich so schreiben?«, fragt er mich dann.

»Schon irgendwie«, sage ich trocken und versuche, mir ein Lachen zu verkneifen.

In der katholischen Kirche gilt die Loyalitätspflicht, die – wie auch in vielen anderen Gemeinschaften – zu lange als blindes Folgen definiert wurde. Wegen dieser auferlegten Pflicht wurde Missbrauch zu lange vertuscht: Es war wichtiger, die Kirche als Institution zu schützen als die Betroffenen. Ein Lautwerden und das Aufdecken eines Missstandes wurden schnell mit Illoyalität verwechselt, die Angst vor Mobbing oder gar einer Kündigung war zu groß.

Im Falle des Missbrauchs in der katholischen Kirche hat Pater Klaus Mertes einen Großteil dazu beigetragen, den Stein ins Rollen zu bringen und den Skandal an die Öffentlichkeit zu tragen. Als der frühere Gymnasiallehrer und Direktor ein Ehemaligenfest an einer katholischen Jesuitenschule in Berlin planen wollte, sagten ihm mehrere Schüler*innen aus früheren Jahrgängen, dass sie nicht in der Lage seien zu kommen. Wie sich herausstellte, wurden sie in den 70er- und 80er-Jahren missbraucht. Der gläubige Katholik Mertes setzte sich 2010 für eine öffentliche Aufklärung an seiner Schule ein, brach das Schweigen in den Klassenzimmern und letztlich auch in der katholischen Kirche. Er war ein christlicher Whistleblower, wenn man so will.

Whistleblower decken die Missstände in den eigenen Institutionen, Unternehmen und Behörden auf. Dabei kann es sich zum Beispiel auch um Korruption, Geldwäsche oder Steuerbetrug sowie Verstöße gegen Vorgaben zum Umweltschutz oder zur Lebensmittelsicherheit handeln. Um Whistleblower zu schützen, müssen alle Unternehmen und öffentliche Stellen mit mehr als fünfzig Mitarbeitenden eine interne Meldestelle einrichten. Kritiker*innen klagen, dass der Umgang mit anonymen Meldungen derzeit noch nicht verpflichtend sei und ihnen oft nicht nachgegangen werde. Damit sich mehr Mitarbeitende trauen, Missstände aufzudecken und auch Minderheiten zu schützen, müsse der Schutzwall um sie gestärkt werden.

»Es hängt oft an sehr mutigen Personen, die ein Tabu durchbrechen und trotz oder gerade wegen ihrer Loyalität einen Missstand aufdecken. Diesen Mut müssen wir fördern«, sagt der vor mir sitzende Bischof. Ich betrachte den Mann mit seinem runden Gesicht und überlege, ob er auch ein Whistleblower ist, wenn er seine Vorgesetzten in Rom so offen kritisiert und laut Veränderungen fordert. Mit den schwarzen Socken, die er in seinen dunklen Halbsandalen trägt, sieht er nicht gerade wie der ehemalige CIA-Mitarbeiter Edward Snowden aus, der Informationen über die weltweiten Überwachungs- und Spionageprogramme verschiedener Geheimdienste enthüllte. Er hat auf den ersten Blick auch nichts mit Linda Tripp gemein, die 1998 durch die Aufzeichnung einer Unterhaltung eine tragende Rolle spielte, als aufgedeckt wurde, dass der ehemalige US-Präsident Bill Clinton eine Affäre mit der einstigen Praktikantin Monica Lewinsky hatte. Rückblickend sagt Lewinsky, dass das Verhältnis zwar einvernehmlich gewesen sei, der US-Präsident das Machtgefälle zwischen ihm und ihr als Praktikantin aber ausgenutzt habe.[88] Ihre Kollegin Linda Tripp ist auf den Missbrauch des Machtgefälles aufmerksam geworden. Und genau das – so wirkt es jedenfalls nach den ersten Gesprächsminuten – scheint auch den Bischof zu beschäftigen: das Auflösen von Machtgefällen.

Helmut Dieser räuspert sich nachdenklich. Ich sehe ihm an, dass ihn die intransparenten und einseitigen Mahnungen unzufrieden machen. »Schließlich leisten wir als Bischöfe nach dem Missbrauchs-skandal wichtige Aufarbeitungsarbeit. Und wir werden ja nicht nur von den römischen Stellen kritisch angeguckt, sondern auch von polnischen und nordischen Bischöfen«, kritisiert der Gläubige, und meine Gedanken wandern nach Polen, wo die katholische Kirche aktiv zur Diskriminierung von Menschen aus der LGBTQIA+-Community beiträgt und Stigmatisierung fördert.[89]

Während ich an die Missstände in unseren Nachbarländern denke, murmelt der Bischof mehr zu sich selbst: »In der Kirchengeschichte ging es immer gut, wenn sich die kirchliche Lehrmeinung weiter-entwickelt hat, ohne ihren Kern aufzugeben. Es ging oft nicht gut, wenn es zu spät passierte.«

»Wenn es nicht gut ging, war die Folge, dass die oberste Autorität gehen musste?«, werfe ich verwundert über so viel Ehrlichkeit ein.

»Menschen treten dann aus der Kirche aus«, korrigiert er mich.

Ich lehne mich zurück und beobachte, wie mein Gesprächs-partner ungeduldig auf seinem Stuhl hin und her rutscht, als könne er es nicht abwarten, die Kirche endlich dem Zeitgeist anzupassen. Er sagte, seine Arbeitsaufgabe als Bischof sei, die Authentizität der Kirche zu bewahren, und nun sind es ausgerechnet die römischen Vorgesetzten, die ihm das Ausüben dieser Aufgabe erschweren oder gar unmöglich machen. Dieses Gefühl kennen vermutlich viele Angestellte.

»Würden Sie sich als Feministen bezeichnen?«, frage ich spontan.

»Nein! Das ist eine Etikettierung, der ich nicht traue. Muss ich das?«, fragt der erwachsene Mann in die Runde und richtet sich zum ersten Mal direkt an die Kommunikationsleiterin. Sie schüttelt la-chend den Kopf, und zum ersten Mal wird es etwas lauter im Raum.

»Dann stecke ich in so einer *Emma*- und ›Alice Schwarzer‹-Schublade. Das muss ich nicht haben«, sagt der Bischof und verzieht das Gesicht, als würde er an Frauen mit Haaren auf den Zähnen denken, die alle Männer ins Fegefeuer werfen wollen. Ich erinnere mich, dass er vorhin sagte, die Kirche sei zu einem Schimpfwort geworden. Genauso ist das Wort »Feministin« in manchen Kreisen eine Beleidigung, eine Abwertung.

»Wie schade«, lenke ich leise ein. »Feminismus bedeutet für mich in erster Linie, dass jede Person so sein kann, wie sie ist. Feminismus bedeutet für mich Selbstbestimmung – für alle.«

»Das bedeutet für mich Christ sein!«, reagiert Helmut Dieser überrascht. Für einen Moment gucken wir einander so perplex an wie ein kleines Kind, das zum ersten Mal das eigene Spiegelbild entdeckt und es voller Verwunderung ansieht.

»Das ist ja interessant«, sage ich ehrlich, denn mit dieser Antwort hätte ich nicht gerechnet.

DAS GEWISSEN

Wenn seine katholische Kirche und mein Feminismus tatsächlich dieselben Ziele haben, müsste sich das Unternehmen eigentlich über feministische Mitarbeitende freuen, überlege ich. »Aber Rom hat doch genau davor Angst, oder?«, sage ich laut.

»Das würde der Papst so niemals unterschreiben!«

»Den frag ich auch nicht«, gebe ich fast trotzig zurück, und der Bischof zieht seine Augenbrauen hoch und nickt dann.

»Sie haben recht, der Papst allein gibt nicht vor, was katholisch ist. Wenn wir uns auf unsere Gemeinde beziehen, möchte ich ausdrücklich die Selbstbestimmung vorantreiben – von unseren Mitarbeitenden und jedem Menschen, der meine Predigt hört. Für mich stellt sich die Frage, ob jemand aus seiner Beziehung zu Gott zu sich selbst kommen kann. Das wünsche ich allen«, formuliert er, und ich würde es ihm so gern abnehmen. Dennoch habe ich das Gefühl, dass kein anderer Arbeitgeber so sehr über das Gewissen der eigenen Mitarbeitenden entscheiden will wie die Kirche.

Ich erinnere mich an eine ehemalige Nachbarin, die als Lehrerin an einem katholischen Internat unterrichtet hat. Ihre Fächer waren Religion und Deutsch. An einem Tag traf ich sie im Treppenhaus; sie schleppte gerade Umzugskartons die Stufen hinunter.

»Was hast du denn vor?«, fragte ich sie überrascht.

»Ich zieh aus, aber das darf niemand wissen!«, lautete die Antwort, und sie zwinkerte mir zu. Vor dem Umzug gab es offensichtlich ein Sektfrühstück, stellte ich fest und nahm eine Kiste, die vor ihrer Tür stand. Als wir gemeinsam die Stufen runtergingen, erzählte sie mir, dass sie mit ihrem Tinder-Date zusammenziehen würde. Die beiden kannten sich erst drei Monate, aber sie wäre sicher, dass es gut funktionieren würde.

»Und warum darf es niemand wissen? Weil ihr euch von Tinder kennt?«, fragte ich irritiert. Schließlich kenne ich viele, die ihr Online-Kennenlernen hinter einer romantischen Lovestory verstecken wollen und stattdessen rumerzählen, sie hätten sich in einer Bar oder beim Sport kennengelernt. Meine Nachbarin hingegen hatte bisher nie ein Geheimnis um ihr Dating-Leben gemacht – warum auch? Alle in unserem Haus wussten, dass sie Frauen und Männer traf und die meisten davon online kennenlernte.

»Quatsch! Ich bin Reli-Lehrerin, schon vergessen?«, schaute sie mich lachend an – und ich realisierte, dass meine Nachbarin ein Doppelleben führt: Im Job war sie die alleinstehende Lehrerin, die ihrem Arbeitgeber bei der Vertragsunterzeichnung versichern musste, dass sie nicht unverheiratet mit einem Partner oder einer Partnerin zusammenlebt. Privat war sie eine Person, die tinderte, mit Frauen knutschte und regelmäßig auf ihrem Balkon kiffte.

»Ist es Selbstbestimmung, wenn die Kirche ihren Mitarbeitenden das Gefühl gibt, nicht unverheiratet in einer Liebesbeziehung zusammenwohnen zu dürfen? Oder ist es Selbstbestimmung, wenn das Unternehmen Kirche eine Abtreibung verurteilt?«, frage ich, um zu prüfen, wie nah sein christliches und mein feministisches Weltbild wirklich aneinanderliegen.

»Also das sind jetzt zwei vollkommen unterschiedliche Beispiele!«, sagt der Bischof, und seine Stimme klingt plötzlich nicht mehr so weich.

»Warum?«

»Weil eine Abtreibung immer einen Menschen ausblendet, der getötet und übergangen wird. Diese Perspektive wird in unserer Gesellschaft tabuisiert, weil sie von bestimmten gesellschaftlichen Gruppierungen nicht zugelassen wird«, reagiert er energisch, und ich ahne, dass er mit den Gruppierungen manche Feminist*innen meinen könnte, aber ich höre erst mal weiter zu.

»Abtreibung tötet. Ich frage mich, wie intellektuelle Personen das immer ausblenden können. Es wird ein Mensch ausgelöscht, der schon lebt, und der auf den Mutterschoß angewiesen ist. Welches Argument haben wir, dass jemand vor der Geburt getötet werden darf? Wir haben kein Argument, das ist willkürlich!«, zum ersten Mal in unserem Gespräch entdecke ich eine feine Zornesfalte zwischen seinen Augenbrauen. Er verschränkt die Arme vor seiner Brust und sitzt mit angezogenen Füßen auf dem Holzstuhl.

»Sie emotionalisieren das Thema. Und genau das meine ich, wenn ich sage, dass die Kirche das Gewissen beeinflussen möchte«, werfe ich ein und denke an Ungarn – ein Land, in dem die katholische Kirche großen Einfluss hat und wo sich Schwangere vor einer legalen Abtreibung bis zur zwölften Schwangerschaftswoche den Herzschlag anhören müssen.[90] Das ist in meinen Augen ein Versuch emotionaler Erpressung und hat nichts mit Selbstbestimmung zu tun.

»Eine Eizelle ist nicht direkt nach der Befruchtung ein Mensch. Es ist ein Zellhaufen«, sage ich deswegen maximal nüchtern.

»Wie kann ein intelligenter Mensch wie Sie so etwas sagen? An so einer Fiktion festhalten?«, der Bischof schaut mich mit immer noch verschränkten Armen entgeistert an, und für einen Moment habe ich die Befürchtung, er schiebt gleich seinen Stuhl weg und bricht das Gespräch ab. Die Stille im Raum ist fast erdrückend, Fassungslosigkeit hängt in der Luft. Nur die Kerze auf dem Tisch flackert wegen des offenen Fensters.

Ich räuspere mich entschlossen. So sehr er jetzt an seiner Wahrheit festhält, muss ich an meiner festhalten. »Das Leben wird durch eine Schwangerschaft enorm beeinflusst. Und es ist nach wie vor so, dass das Leben von Frauen durch eine Schwangerschaft und durch ein Kind mehr beeinflusst wird als das vom Kindsvater: Es fängt bei der Care-Arbeit an, bei beruflicher Diskriminierung und hört bei Altersarmut längst nicht auf«, zähle ich auf. Nicht zu vergessen, dass Schwangerschaftsabbrüche auch einfach aufgrund von Vergewaltigungen nötig sind. Die meisten Schwangeren, die eine Abtreibung vornehmen, sind sich zudem dieser Folgen bewusst: Durchschnittlich sind sie dreißig Jahre alt, haben einen akademischen Hintergrund, und sechzig Prozent von ihnen haben bereits ein Kind auf die Welt gebracht.[91] Sie wissen also, was eine Schwangerschaft und ein Kind bedeuten, und entscheiden sich aktiv dagegen. Wenn sie dabei keine Unterstützung und keine fachgerechten Informationen bekommen, werden Abtreibungen nicht verhindert und Menschen werden auch nicht vor dem Tod bewahrt. Ganz im Gegenteil: Schwangere sterben bei illegalen und heimlichen Abtreibungen.

»Ich bin völlig bei Ihnen, dass Frauen von einer Schwangerschaft und einem Kind nach wie vor mehr betroffen sind. Deswegen bin ich sehr dafür, dass Väter mehr in die Pflicht genommen werden. Ich bleibe aber grundsätzlich bei meiner Meinung: Eine Abtreibung kann für die Frau ein Leben lang eine Last bleiben. Das weiß ich auch aus vielen Gesprächen. Um Frauen zu unterstützen, hat die

Kirche etliche Beratungsstellen, von denen wir eher noch mehr brauchen. Ich möchte wirklich deutlich machen: Eine Abtreibung mag wie eine schnelle Lösung aussehen, ohne dass sie eine Lösung ist«, hält der Bischof gegen meine Meinung. Ich schüttle als Reaktion energisch den Kopf, weil diese kirchlichen Beratungsstellen demnach nicht neutral sind, sondern eine eigene politische Haltung haben. Für einen Moment dreht sich das kleine Kind vom Spiegel weg, genervt vom eigenen Anblick, und mein Feminismus und sein Christentum sind plötzlich wieder weit voneinander entfernt. Wenn Ansichten zu weit auseinandergehen, distanzieren sich auch die Menschen voneinander, und Gespräche werden radikal beendet oder finden nur noch mit Gleichgesinnten statt, die die eigene Meinung bestätigen. Ein Phänomen, das in unserer Gesellschaft zunimmt. Ich beobachte Helmut Dieser hinter seiner Kaffeetasse und ahne, dass er diese plötzliche Distanz auch spürt und gleichermaßen weiß, dass sie ein Gespräch nicht beenden sollte.

»Ich sehe Ihnen Ihren Schmerz an, wenn Sie sagen, dass die Kirche das Gewissen beansprucht. Und Gott beansprucht tatsächlich das Gewissen: Wenn wir von Nächstenliebe reden, sind wir schnell bei der moralischen Lebensführung Einzelner. Die Kirche möchte das Gewissen nicht manipulieren, sondern eine verlässliche, sichere Orientierung bieten«, sagt er deshalb, und die Weichheit kehrt in seine Stimme zurück. Er löst seine verschränkte Körperhaltung auf.

»Okay, da haben wir wohl zwei unterschiedliche Meinungen«, halte ich fest.

»Ja ... Ihr zweites Beispiel war die Frage, ob unverheiratete Paare zusammenleben sollten. Da teile ich wiederum Ihre Ansicht. Das geht die Kirche nichts an«, springt der Geistliche zum nächsten Punkt. Er nimmt einen Schluck Wasser, als würde er seinen Ärger über meine Aussagen runterspülen. Dann berichtet er von der neuen Grundordnung, an der derzeit gearbeitet wird. Künftig wird sich die Kirche als Arbeitgeber aus dem Privatleben der Mitarbeitenden komplett heraushalten. Damit passt sie sich den allgemeinen Arbeitsplatzbedingungen an.

DER FACHKRÄFTEMANGEL

Ich nehme auch einen Schluck Wasser und bin bereit, zum nächsten Punkt zu kommen. »Viele Branchen setzen in Zeiten des Fachkräftemangels auf Mitarbeitende aus dem Ausland. Ist das auch die Hoffnung der Kirche, den Betrieb so am Laufen zu halten?«, frage ich und denke dabei in erster Linie an Kindergärten, Bildungseinrichtungen und Krankenhäuser, die in kirchlicher Hand liegen. Um dem demografischen Wandel entgegenzuwirken, bräuchten wir laut dem Institut für Arbeitsmarkt- und Berufsforschung (IAB) eine Zuwanderung von vierhunderttausend bis fünfhunderttausend Personen. Nicht einmalig wohlgemerkt, sondern jährlich. Allerdings ist der »German Dream« für Fachkräfte aus dem Ausland veraltet. So sehen zum Beispiel viele Osteuropäer*innen eine Hürde in aufwendiger Bürokratie, fehlenden Aufstiegschancen oder der Anerkennung von Abschlüssen.[92] Unternehmen müssen sich aktiv um sie bemühen, sie in Jobausschreibungen gezielt ansprechen und sie mit Sprachkursen oder auch bei der Suche nach Wohnraum unterstützen.

»Die Kirche ist ein Global Player. Daher sehen auch wir die Zuwanderung als Chance und profitieren von unseren internationalen Beziehungen«, beantwortet der Bischof meine Frage.

»Das sind dann aber nicht nur Katholiken. Können auch Menschen muslimischen Glaubens in einer katholischen Kita arbeiten?«, will ich wissen.

»Natürlich, das ist bereits der Fall. Aber sie müssen christliche Werte an die Kinder weitergeben. Dazu bieten wir Fortbildungen an, um unsere Einrichtungen multikulturell zu gestalten«, erklärt der Bischof.

»Also eine Drei-Häuser-Einrichtung?«, frage ich und denke zum Beispiel an einen Ort, in dem Weltreligionen wie das Christentum, das Judentum und der Islam spielerisch miteinander vereint werden.

»Nein, das wollen wir nicht. Wir stellen das Christentum schon in den Mittelpunkt und beten zum Beispiel im Kindergarten.«

»Das könnte muslimischen Erzieher*innen schwerfallen, wenn sie selbst gläubig sind«, überlege ich laut.

»Unseren Wertekern zu wahren, ist uns aber sehr wichtig. Dennoch feiern wir im Kindergarten auch die Feiertage anderer Religionen. Es sind auch Kinder aus anderen Glaubensgemeinschaften bei uns willkommen«, ergänzt er, und ich nicke nachdenklich, denn ich weiß aus eigener Erfahrung, dass man ohne katholische Konfession bei kirchlichen Organisationen trotzdem immer die zweite Wahl bleibt – das gilt wohl für Kinder und Mitarbeitende gleichermaßen.

Ich erinnere mich an meine Kindheit in Kevelaer zurück und denke an die Sommerferien, von denen ich immer zwei Wochen ohne meine Freundinnen verbringen musste. Sie sind in dieser Zeit gemeinsam in ein Ferienlager auf die niederländische Insel Ameland gefahren. Wochen vorher begannen schon die sogenannten Vorbereitungstreffen, bei denen sie sich verrückte Gruppennamen wie »Germany's next top apples« ausdachten, und ich wusste, dass ich nie Teil dieser Gruppen sein werde.

»Wieso kann ich da nicht hin?«, habe ich meine Mutter schon in der Grundschule gefragt, und sie nahm mich in den Arm und erklärte mir, dass das Ferienlager in erster Linie für katholische Kinder sei. Nur wenn noch Plätze frei waren – und das war aufgrund der Beliebtheit nie der Fall –, durften andere Kinder wie ich mitkommen. Ich war demnach zwar willkommen, aber die katholischen

Kinder hatten Priorität. »Wieso?«, wetterte ich gegen meine Mutter und wollte diese dumme Regel nicht akzeptieren, die mich von meinen Klassenkameradinnen fernhielt. Ich empfand sie als unfair, fühlte mich ausgeschlossen. Nach den zwei Wochen kamen meine Freundinnen wieder und schwärmten von den gemeinsamen Erinnerungen. Sie spielten neue Spiele, die sie mir erst noch erklären mussten, und benutzten eine ausgedachte Geheimsprache, die ich nicht verstand. »Schichimischihaarimisch«, bedeutete zum Beispiel »Haare am Arsch«, und ich weiß bis heute nicht, wie diese Worterfindung entstanden ist, die wir daraufhin jahrelang benutzten. Ich versuchte, die Anknüpfungspunkte zu finden und Teil der Gruppe zu sein. Aber sie hatten sich auf Ameland Freundschaftsarmbänder geflochten und T-Shirts bemalt, die mein Kinderherz weinen ließen.

Der Gedanke daran macht mich traurig, und ich sitze wie eine zusammengesackte Zehnjährige auf meinem Stuhl und starre meine Kaffeetasse an. Ich strecke meine Hand nach ihr aus und trinke den letzten Schluck aus, um das Gespräch dann zu Ende zu bringen.

»Wenn es der Kirche nicht gelingen sollte, diesen Fachkräftemangel in den sozialen Einrichtungen zu decken, welche Folgen hätte das in Ihren Augen für die Gesamtgesellschaft?«, frage ich.

»Dann wird Deutschland gesellschaftlich ärmer«, antwortet der Theologe, und sein Blick ist nachdenklich. Dem Großteil der Gesellschaft ist wohl nicht bewusst, wie allumfassend die Arbeit der katholischen Kirche ist. Er erklärt mir, dass nahezu jeder Euro der Kirchensteuereinnahmen in die Gemeindearbeit, Bildung und Caritas fließe. Dazu zählen Bildungseinrichtungen für Kinder und Erwachsene, Seelsorge und das Gemeinschaftsleben. Zusätzlich werden aber beispielsweise Kindergärten staatlich bezuschusst – teilweise bis zu neunzig Prozent. Genauso werden Krankenhäuser und die Caritas in der Regel durch Kommunen und staatliche Leistungen mitfinanziert.

»Wenn diese Versorgungsinfrastruktur zusammenbräche, dann würde es viele vulnerable Gruppierungen in unserer Gesellschaft deutlich härter treffen. Wir federn im Moment viel ab. Das ist vielen gar nicht bewusst«, erklärt der Bischof weiter und zuckt mit den Schultern. Die Hände hat er wieder vor dem Bauch gefaltet und seine Füße in den Sandalen unter dem Stuhl angewinkelt. Vor meinem inneren Auge erscheint unweigerlich eine alleinerziehende Mutter, die Probleme hat, eine Betreuungseinrichtung für ihre Kinder zu finden. Schließlich mangelt es bereits jetzt an Kitaplätzen, und tatsächlich bekomme ich Bauchschmerzen, wenn ich daran denke, dass es in Zukunft mehr werden, weil sich potenzielle Mitarbeitende mit dem Konzept Kirche nicht identifizieren können und deswegen nicht in den Einrichtungen arbeiten wollen. Ich bin zwar sicher, die katholische Kirche hat ausreichend Rücklagen, um sich rein theoretisch noch weitere Kirchenaustritte zu leisten. Ich weiß aber nicht, ob sich unsere Gesellschaft die Folgen leisten kann – und ob wir es uns dadurch nicht vielleicht auch zu einfach machen. Es ist simpel, sich vom Spiegel wegzudrehen, wenn uns ein Anblick nicht gefällt oder uns eine andere Meinung entgegengeschrien wird. Was viel schwieriger ist, ist, im Dialog zu bleiben, ein Gespräch bei Differenzen nicht abzubrechen und damit eine Spaltung abzuwenden.

Dann denke ich an die Kurzen, die ich noch in meiner Handtasche habe.

»Trinken Sie mit mir auf die Päpstin und eine Reformation der Kirche?«, frage ich und ziehe die kleinen Flaschen Kräuterschnaps hervor, die ich zusätzlich zur Großen gekauft habe.

»Was?«, fragt der Bischof, nimmt den Kurzen aber amüsiert entgegen und verteilt den Inhalt auf die viel zu großen Wassergläser, die er dann seinen zwei Kolleginnen zuschiebt. Die zwei Frauen wollen lachend ablehnen, ahnen aber, dass es keinen Ausweg gibt. Durch den intensiven Austausch habe ich schon wieder fast vergessen, dass wir zu viert im Büro sitzen.

»Danke für das wichtige Gespräch«, sagt der Bischof und prostet mir zu.

»Ich danke Ihnen«, sage ich nickend in die Runde und lege dann den Kopf in den Nacken, um mir den Kräuterlikör in den Rachen zu schütten. Ich betrachte die kleine Flasche in meiner Hand, die nun ein kleines Brennen in mir verursacht, und stelle fest, dass der Schnaps aus meinem Heimatort, den ich noch nie zuvor probiert habe, eigentlich ganz lecker schmeckt.

Wenige Minuten später haben wir uns verabschiedet, und ich laufe die Wendeltreppe runter, auf der jeder meiner Schritte durch das alte Gebäude hallt. Gleichzeitig tönt das Gespräch in mir nach, und ich weiß nicht, ob es am Alkohol liegt oder an den vielen Emotionen, die ich in den letzten anderthalb Stunden durchlebt habe.

Wo verläuft der Mittelweg
zwischen Profit und Purpose,
Dr. Sigrid Nikutta?

(DB CARGO)

Abfahrtsort: Berlin Hauptbahnhof
Ankunftsort: Hamburg Hauptbahnhof

Die Fahrt mit der Deutschen Bahn dauert knapp zwei Stunden und kostet an einem Mittwoch in der Regel zwischen zwanzig und dreißig Euro. Als ich das Feld für die erste Klasse auswähle, wird die Summe schlagartig um einhundert Euro teurer.

»Ui«, entfährt es mir.

»Oha«, sagt auch Mya, als sie mir über die Schulter und auf den Bildschirm schaut. »Was ist in der ersten Klasse noch mal genau anders als in der zweiten? Fährt die weiter, wenn der Zug auf der Strecke stehen bleibt?«, fragt sie sarkastisch. Mya ist an diesem Sonntag spontan zu mir rübergekommen und sitzt nun in Jogginghose auf meinem Wohnzimmerboden und lackiert sich die Fußnägel.

Ich verziehe das Gesicht. Normalerweise wähle ich immer die günstigste Fahrt, wenn ich zeitlich flexibel bin – in der zweiten Klasse. Dennoch krame ich diesmal nach meinem Portemonnaie, um meine Kreditkarte rauszuholen. Die rote Farbe an Myas Zehen leuchtet und lässt ihren Fuß noch gebräunter aussehen, als er zu dieser Jahreszeit eh schon ist. An ihrem Knöchel baumelt eine feine goldene Kette mit einem winzigen albanischen Adler als Anhänger. Das Schmuckstück trägt sie jeden Sommer, bemerke ich und beobachte, wie sie den Pinsel wieder in das kleine Fläschchen tunkt, das auf meinen ausgedruckten Notizzetteln mit den Interviewfragen steht. Ich hoffe inständig, dass sie den Nagellack nicht verschüttet.

»Wieso hat sie einen Doktor in Psychologie, arbeitet aber bei der Deutschen Bahn?«, fragt Mya, die auf den Zettel schaut.

»Keine Ahnung, das werde ich sie fragen …«, antworte ich und zucke mit den Schultern, während ich die Zahlen meiner Kreditkarte eintippe. Später werde ich erfahren, dass bei dem plötzlichen Karrierewechsel von Dr. Sigrid Nikutta straftätige Jugendliche eine

Rolle spielten, genauso wie Selbstwirksamkeit und die Frage, wie viel wir in welcher Position bewirken können.

Ich sehe, wie Mya den Zettel in die Hand nimmt und meine Fragen konzentriert durchliest.

»Ihr sprecht über Purpose?«, fragt sie dann, wobei es mehr eine Feststellung ist. Ich mag es nicht, wenn andere sich meine wilden Notizen ansehen, auch wenn Mya meine Freundin ist. Leicht nervös ziehe ich meine Augenbrauen in die Höhe. Als sie beim Lesen ihr Gesicht verzieht, juckt es mir in den Fingern. Ich will wissen, was sie denkt:

»Ja, sag es ruhig?!«

»Na ja, Purpose, also Sinn im Job zu sehen, den man macht ... das ist ja schon irgendwie ein Privileg, oder?«

Ich schaue sie einen Moment mit starrem Blick an. Mein Gehirn ist offensichtlich schon im Wochenendmodus. Weil ich ahne, dass dieses Gespräch möglicherweise etwas mehr Wachheit benötigt, stehe ich langsam auf, um meine Kaffeetasse noch einmal nachzufüllen. Als Mya meinen desorientierten Gesichtsausdruck bemerkt, erklärt sie ihre Reaktion: »Ich glaube, diese ganze Sinnsuche im Job ist zwar schön und gut, aber für viele Menschen ist Arbeit auch einfach Mittel zum Zweck. Sie verdienen durch ihre Arbeit ihren Lebensunterhalt, das hat nichts mit einem höheren Sinn zu tun. In meiner Familie fragt sich sehr wahrscheinlich niemand, was der Purpose ist. Es ist Arbeit.«

Ich nippe an meinem Kaffee, mein Kopf wird langsam wacher.

Myas Familie lebt in Duisburg, ihre Eltern sind in den 90er-Jahren aus Albanien nach Deutschland gekommen, und ich erinnere mich daran, dass sie mir einmal erzählt hat, dass ihr Vater in ihrer Kindheit in einer Autowaschstraße arbeitete, bis er irgendwann als Fahrer bei einem Taxiunternehmen anfing. Mit dem steigenden Alter machen ihm die Nachtschichten besonders zu schaffen, er ist oft müde. Ihre Mutter arbeitet seit jeher in der Bäckerei ihrer Cousine und macht die besten Tatlija mit Kokos, die ich je gegessen habe. Während ich am liebsten antworten würde, dass der Sinn für Myas Mutter sei, mit ihrer Arbeit vielen Menschen den Tag zu versüßen, weiß ich, dass ich ihren Job damit romantisiere. Sie klagt schon lange über Rückenschmerzen, weil sie oft stundenlang in einer unnatürlichen Haltung über der Arbeitsplatte hängt, Teig knetet, ihn mit viel Fingerspitzengefühl formt und zu feinem Gebäck verarbeitet.

»Die machen ihre Jobs nicht, weil sie dafür brennen. Die machen sie, weil sie ihre Miete bezahlen müssen – das ist der Zweck dahinter! All das Purpose-Gerede ist eine Verherrlichung, die sich viele gar nicht leisten können. Stell dir doch mal vor, wir würden alle nur noch sinnstiftende Jobs machen, ohne ans Geld zu denken. Ein Job kann nicht nur aus Purpose bestehen, er muss uns absichern«, erklärt sie und widmet sich dann dem zweiten Fuß.

Mya hat natürlich recht: Einige Berufsgruppen können es sich gar nicht leisten, die Purpose-Frage zu stellen. Aber wird sie dadurch überflüssig? Immerhin geben bei einer aktuellen Umfrage zum Beispiel 36 Prozent der unter 29-Jährigen an, mit ihrer Arbeit einen positiven Beitrag für die Umwelt leisten zu wollen. In einer Zeit, die von Krisen wie dem Klimawandel, Krieg und Pandemien geprägt ist, sehnen sich viele nach einem höheren Sinn im Job, um im Rahmen ihrer beruflichen Möglichkeiten gegen die Krisen anzukämpfen. Das gibt ihnen das Gefühl, dass sie die täglichen acht Stunden Erwerbsarbeit auch für etwas Gutes nutzen und sich nicht nur in einem Bürostuhl drehen. Dementsprechend ist Purpose schon irgendwie wichtig.

Gleichzeitig ist der Aspekt der finanziellen Absicherung, den Mya anspricht, nicht außer Acht zu lassen: Nur wenn unsere Jobs langfristig profitabel sind, können wir für uns selbst und kommende Generationen eine Wohlstandssicherung gewährleisten. Laut besagter Umfrage finden 83 Prozent der jungen Menschen materiellen Wohlstand wichtig.[93] Die Herausforderung besteht demnach darin, Purpose und Profit gegeneinander abzuwägen und kluge Entscheidungen zu treffen, um beides in einem gesunden Gleichgewicht zu halten. Ich nehme Mya meine Zettel weg und schreibe mit einem Kugelschreiber in Großbuchstaben »SICHERHEITSGEFÜHL« auf das erste Blatt.

DAS WOHNZIMMER

Einige Wochen später bin ich auf dem Weg zum Berliner Hauptbahnhof. In meiner App befindet sich ein 120-Euro-Ticket für die erste Klasse. Am Morgen habe ich eine SMS vom Kommunikationschef der Deutschen Bahn bekommen, der mich vor dem eigentlichen Gespräch, das während einer Zugfahrt stattfinden wird, in der DB-Lounge am Hauptbahnhof treffen möchte. Ich habe zugesagt und betrete nun das Premium-Wohnzimmer – als solches würde ich den hellen Raum zumindest bezeichnen, der erst Anfang des Jahres neu eröffnet wurde und deutschlandweit als Vorzeigelounge gilt.

»Zeigen Sie mir bitte einmal Ihr Ticket?«, sagt die Dame am Empfang und mustert mich. Ich muss gestehen, dass ich mit meinem übergroßen Rucksack, Schlaghose und Turnschuhen wahrscheinlich nicht wie die anderen Gäste hier aussehe. Ich scanne also das Ticket ein und darf anschließend die gut gefüllte Lounge passieren. Auf den weißen Sofas sitzen mittelalte Herren in Anzügen, die entweder auf einem iPad rumtouchen oder ein Wirtschaftsmagazin in der Hand halten. Ich öffne LinkedIn, um nachzugucken, wie der Kommunikationschef aussieht, und fühle mich wie bei einem Tinder-Date. Das Profilbild zeigt einen lächelnden Mann mit Glatze und breitem Brillengestell. Suchend schaue ich mich um, kann ihn aber nicht entdecken, also drehe ich unauffällig eine Runde im Wohnzimmer der Deutschen Bahn. Dabei versuche ich, niemanden mit meinem großen Rucksack vom Stuhl zu hauen. »Wie ein Elefant im Porzellanladen«, denke ich, da sehe ich plötzlich, wie mir jemand vom Kaffeeautomaten aus zuwinkt: Glatze und breites Brillengestell. Das muss er sein.

»Hallo, Frau Ebeling«, sagt er und lächelt so sympathisch wie auf seinem LinkedIn-Profilfoto.

»Hey, schön Sie kennenzulernen!«, antworte ich. Er ist groß, trägt einen dunkelblauen Anzug, ein weißes Hemd und helle Turnschuhe. Über seiner Schulter hängt ein schwarzer Rucksack der schwedischen Marke Fjällräven, mit dem er trotz der schlichten Farbe in der Lounge irgendwie auffällt. Nachdem wir uns mit Faustschlag begrüßt haben, setzen wir uns auf das letzte freie weiße Sofa. Er trinkt Cola, ich nippe an einem Wasser. Er sagt, dass er sich sehr über meine Interviewanfrage gefreut habe und dass er den Moment nutzen wolle, um mir die »Spielregeln« für das anstehende Gespräch mit seiner Chefin zu erklären. Ich merke, wie meine linke Augenbraue bei dem Wort kurz zuckt. Berufskrankheit einer Journalistin.

Dr. Sigrid Nikutta wurde 1969 geboren; seit 2020 ist sie die Vorstandsvorsitzende der DB Cargo. Sie verantwortet den gesamten Güterverkehr, der nicht nur länderübergreifend in Europa, sondern teilweise auch im asiatischen Raum über die neue Seidenstraße auf der Schiene transportiert wird. Sollten während unserer gemeinsamen Fahrt wichtige Anrufe reinkommen, so erklärt mir der Kommunikationschef, hätten diese Priorität. Falls dabei sensible Informationen zur Sprache kommen sollten, müsse ich Verschwiegenheit garantieren. Ich nicke und stimme dem Regelwerk ohne ein weiteres Zucken zu.

Als wir das Wohnzimmer der Deutschen Bahn gemeinsam verlassen, fische ich noch eine Packung Gummibärchen aus dem Korb am Empfang und stopfe sie mir in die Hosentasche. Der Bahnhof ist voll, und ich folge dem schwarzen Rucksack mit der silbernen Metallflasche im Seitenfach durch die Menschenmasse. An diesem Mittwoch beginnt das Fusion Festival, das etwas außerhalb von Berlin stattfindet. Auf dem Weg zum Gleis macht der Kommunikationschef mich darauf aufmerksam, dass die Festivalgäste zu viel Gepäck dabeihätten und damit die Notausgänge im Zug blockieren würden. Er zeigt auf einen Typen, der auf seinen Wanderrucksack eine Art Klapptisch geschnürt hat. Ich grummle etwas Unverständliches in mich hinein und fühle mich ertappt, weil ich häufig auch mehr als das eine erlaubte große Gepäckstück mitschleppe, wenn ich mit der Bahn reise. Mein Handy vibriert, und ich bekomme die Mitteilung, dass unser Zug neun Minuten Verspätung hat. Gleis 8 ist brechend voll. Etwas weiter hinten entdecke ich zwischen den Festivalleuten eine schmale Frau im roten Hosenanzug. Sie hält sich ihr Handy ans Ohr, ihr Gesichtsausdruck ist sehr ernst, als wir auf sie zusteuern. Neben ihr steht eine junge Frau im Blazer, sie muss etwa in meinem Alter sein.

»Hallo, zusammen«, sagt der Kommunikationschef, und die junge Frau stellt sich mir als Kommunikationsassistentin des Vorstands vor. Dr. Sigrid Nikutta dreht sich von uns weg und spricht ins Telefon. Sie ist nahezu komplett in den Farben der Deutschen Bahn gekleidet: In ihrem Gesicht sitzt eine rote FFP2-Maske, um den Hals trägt sie ein rosarotes Tuch, das farblich zum Lippenstift passt, unter dem roten Hosenanzug trägt sie eine weiße Bluse mit roten Blumen, und sogar ihre Turnschuhe sind rot. Nur ihr Rucksack, den sie trägt, ist schwarz. Auf dem Boden steht ein weiteres kleines Gepäckstück.

Wir stehen am Bahnsteig und warten auf den verspäteten ICE. Als er endlich einfährt, greift der Kommunikationschef nach der zweiten Tasche von Dr. Sigrid Nikutta, und die Assistentin weist den Weg zur richtigen Zugtür. Dr. Sigrid Nikutta telefoniert noch immer und läuft zwischen den beiden durch das Abteil. Ich dackle ihnen hinterher. Als wir an unserem reservierten Vierertisch im Zug ankommen, hieve ich meinen übergroßen Rucksack oben auf die Ablage und setze mich auf den Rückwärtsplatz ans Fenster, den mir der Kommunikationschef zuweist. Dr. Sigrid Nikutta nimmt mit ihrem Handy am Ohr gegenüber von mir Platz. Unter dem Tisch sehe ich, dass sogar ihre weißen Sneakersocken rote Ringel haben!

Der Zug setzt sich in Bewegung, und ich versuche, Dr. Sigrid Nikutta während ihres Telefonats nicht anzustarren, was mir schwerfällt, weil sie genau vor mir sitzt. Ihre Assistentin hält ihr den digitalen Kalender hin, und die Chefin versucht, einen anstehenden Termin zeitlich zu verschieben, weil sie bis fünfzehn Uhr auf einer Trauerfeier sei und der anschließende Kaffee länger dauern würde. Das Meeting könne demnach erst ab sechzehn Uhr stattfinden, taktet sie die Uhrzeiten durch. Dr. Sigrid Nikutta scheint jede Minute produktiv zu nutzen, was wohl auch der Grund dafür ist, warum unser Interview während einer Zugfahrt stattfindet.

Während ich warte, schaue ich mich im Abteil um. Die erste Klasse im Zug sieht auf den ersten Blick nicht sehr viel anders aus als die zweite. Oder ist das Licht irgendwie goldener und die Sitze breiter? Auf der anderen Seite vom Gang stellt ein Mann ein weißes Blumenbouquet auf der Ablage über den Sitzen ab, und ich ahne jetzt schon, dass das Wasser während der Fahrt auslaufen wird. Ich folge Dr. Sigrid Nikuttas aufmerksamem Blick zu dem Mann und sehe ihr an, dass sie dasselbe denkt.

Nach weiteren fünf Minuten beendet sie ihr Telefonat. Während sie noch schnell etwas in ihr Handy tippt, schielt sie mit einem Auge auf die Metallflasche, die auf dem Tisch in der Mitte steht.

»Wieso haben Sie alle diese Flasche? Die steht auch bei uns zu Hause im Küchenschrank«, sagt sie, und ich stelle fest, dass sie ihr Team siezt.

»Ein Werbegeschenk von diesem Schrotthändler aus Karlsruhe, komplett recycelt«, erklärt der Kommunikationschef und zeigt auf das Logo, das auf seiner Flasche prangt.

Dann legt Dr. Sigrid Nikutta das Handy auf den Tisch und guckt mich zum ersten Mal an. Ihr Blick hinter der braunen Brille ist wach, ihre hellblauen Augen mit perfektem Lidstrich betont.

»So, guten Tag«, sagt sie und gibt mir das Signal, dass ich jetzt an der Reihe bin.

»Hey, ich bin Ronja Ebeling«, sage ich unter meiner Maske und versuche mit den Augen zu lächeln, sehe dabei aber vermutlich aus, als hätte ich einen komischen Gesichtskrampf. Auch nach mehreren Jahren Pandemie habe ich noch immer nicht heraus, wie das funktioniert. Dr. Sigrid Nikutta sagt mir jedenfalls nicht noch einmal ihren Namen. Wartend sieht sie mich an und gibt mir das Gefühl, mich genauer vorstellen zu müssen. Also fasse ich meine Arbeit und den Grund unseres Gesprächs kurz zusammen und sage, dass ich mit ihr über die Frage sprechen möchte, ob Purpose für Unternehmen ausreiche, um Mitarbeitende von sich zu überzeugen, und welche Rolle Profit dabei spielt. Sie nickt, und ich verstehe: Sie ist startklar.

DIE MOMENTAUFNAHME

»Sie wirken so zielstrebig und durchgetaktet. Stört es Sie dann nicht, wenn die Bahn wie heute Verspätung hat?«, frage ich und beobachte, wie sich ihre Stirn runzelt.

»Heute Morgen habe ich Radio gehört, und der Moderator sagte, dass es mit dem Auto selbst auf den stauanfälligen Strecken *nur* zehn Minuten länger dauere. Was auf der Straße eine Erfolgsmeldung ist, wird uns bei der Bahn als Versagen angekreidet. Für dieselben zehn

Minuten Verspätung gibt es zwei unterschiedliche Narrative«, erklärt sie mir ihre Beobachtung.

Sie selbst fahre kaum Auto. Die vielen Dinge in ihrem Kopf lenken sie vom Straßenverkehr ab, was unpraktisch und ineffizient sei, weil sie die Zeit schließlich anders nutzen könne. Dr. Sigrid Nikutta ist 1969 zum ersten Mal Bahn gefahren, um mit ihrer Familie von Schlesien nach Deutschland zu siedeln. »Ich war damals acht Wochen alt, und ich weiß aus den Erzählungen meiner Mutter, dass unsere polnischen Nachbarinnen ihr damals gesagt haben, ich würde die Zugfahrt als Säugling nicht überleben«, erzählt sie und schüttelt bei der Panikmache nur den Kopf. Die Überfahrt war an einem heißen, stressigen Sommertag, und die Worte der Nachbarinnen beunruhigten ihre Mutter zutiefst, als sie in Warschau in den Zug stieg. Ihr Vater kam gemeinsam mit dem Onkel und den Bauernhoftieren mit einem Güterzug nach und brauchte knapp eine Woche, um endlich im ostwestfälischen Enger anzukommen, wo sich die Familie niederließ. Fernab von Bahnhöfen und Zugschienen.

»Die Fahrt nach Deutschland hat Ihr Leben geprägt oder zumindest bestimmt, wo es stattfinden soll. Glauben Sie, die Bahn hat das Potenzial, das Leben meiner Generation zu prägen?«, frage ich, als der Kommunikationschef ruckartig aufsteht und die Person auf der anderen Seite des Ganges freundlich anweist, doch bitte die Maske komplett über der Nase zu tragen. Dr. Sigrid Nikutta wendet sich kurz von mir ab und beobachtet das Geschehen, bevor sie unser Gespräch fortsetzt.

»Also ich würde jetzt nicht sagen, dass die Bahn mein Leben geprägt hat. Es war die Entscheidung meiner Eltern, hierherzukommen«, korrigiert mich Dr. Sigrid Nikutta sachlich, und unter meiner Maske kann ich mir ein Grinsen kaum verkneifen. Sie mag kein Geschwafel.

»Aber um Ihre Frage zu beantworten: Ich glaube, der öffentliche Nah- und Fernverkehr prägt schon heute das Leben vieler Menschen. Das kann ich an eigenen Beispielen belegen«, sagt sie. So fuhr in Enger zweimal am Tag der Schulbus. Wenn Dr. Sigrid Nikutta den morgendlichen Bus um 7.10 Uhr nicht erwischte, kam sie nicht zum Unterricht.

»Wie oft haben Sie ihn verpasst?«, frage ich sie.

»Den Schulbus? Nie!«, antwortet sie wie aus der Pistole geschossen. Ihre Antwort überrascht mich nicht.

»Es gab morgens nur diesen Bus. Dementsprechend musste ich planen, um irgendwie voranzukommen – um in die Schule zu kommen«, ergänzt sie.

»Dieses Vorankommen ... was bedeutet das? Was bedeutet Fortschritt für Sie?«, will ich wissen.

»Ich habe bei der Definition von Fortschritt einen sehr systematischen Ansatz: Fortschritt kann jede Sekunde passieren und spielt sich in jeder Handlung ab. Es gibt aber auch den großen Fortschritt, den ich fokussiere. Ich weiß dann ganz genau, was ich mit diesem Fortschritt bezwecken will. Wir müssen uns aber auch klarmachen, dass die Bewertung eines Fortschritts immer eine Momentaufnahme ist«, antwortet sie.

Die Fahrt mit dem Auto und der Transport auf der Straße wurden vor der Jahrtausendwende als Fortschritt betrachtet. In den 70er-Jahren habe man in der Politik die Weichen für Autostädte gestellt und hielt das für zukunftsorientiert. Jahrzehntelang wurde in Deutschland mehr in die Straße statt in die Schiene investiert. Heute bemerken wir, dass dieser Eindruck von Fortschritt nur eine Momentaufnahme war, erklärt Dr. Sigrid Nikutta. Dem modernen Zeitgeist entspreche das angesichts der Klimakrise nicht mehr – ganz im Gegenteil.

»Sie wollten eben wissen, ob die Bahn das Potenzial hat, Ihre Generation zu prägen. Die Klimakrise und die Frage, ob wir mit einer Mobilitätswende darauf reagieren, das prägt Ihre Generation«, antwortet sie auf meine ursprüngliche Frage und guckt mich dabei sehr direkt an.

Dann fährt sie fort, dass das Bahnticket für Schüler*innen in Berlin grenzenlose Freiheit bedeute. Der Bus sei für Kinder auf dem Land eine Möglichkeit, um über den Tellerrand hinauszugucken – auch wenn er bislang nur zweimal am Tag fährt. Für Klimaschützer*innen sei die Bahn die Chance, ökologisch durch ganz Europa zu reisen. All das sind Aspekte, die wir tagtäglich mitbekommen, weil wir sie aktiv erleben. Was wir nur indirekt erleben, sind die vielen Gütertransporte, die zu jeder Uhrzeit über die Schienen rasen: das Amazon-Paket mit den neuen Schuhen, das Getreide für unser Brot, das Holz für unseren Küchentisch. 18 Prozent des gesamten Güterverkehrs werden derzeit auf der Schiene transportiert, größtenteils elektronisch und aus ökologischen Energiequellen. Der Rest der Güter wird mit Lkws auf der Straße zum Ziel gefahren. Vor einhundert Jahren war es genau andersrum, bevor wir den Straßenverkehr in einer Momentaufnahme als Fortschritt betitelten.

Prognosen zufolge wird der Güterverkehr in den nächsten Jahren um weitere dreißig bis vierzig Prozent wachsen. Die Art und Weise, wie diese Güter transportiert werden – ob auf der Straße oder auf der Schiene –, wird einen gewaltigen Einfluss auf den Klimawandel haben. Wenn jemand Purpose im Job finden möchte, dann im Güterverkehr.

DIE SCHNITTMENGE

»Warum, glauben Sie, suchen so viele Menschen einen Sinn in ihrer Arbeit?«, frage ich.

»Wir definieren uns in dieser Gesellschaft über Arbeit. Sie bestimmt den sozialen Status. Arbeit macht einen großen Teil des Selbstwertgefühls aus. Gleichzeitig gibt es haufenweise Studien darüber, dass ein Purpose uns leistungsfähiger und zufriedener macht«, erklärt sie ihre Meinung.

Die Analysen des US-amerikanischen Management-Professors Morton T. Hansen bestätigen: Purpose und Passion zählen zu den größten Leistungshebeln der Wirtschaft. Wenn eine Person voller Leidenschaft einen Beruf ausübt, den er*sie als sinnstiftend empfindet, hat diese Person dem Professor zufolge ein um 18 Prozent höheres Leistungsniveau als Kolleg*innen, die weder Passion noch Purpose empfinden.[94] Wenn es nach Dr. Sigrid Nikutta geht, ist es zudem nicht nur wichtig, den eigenen Sinn zu kennen, sondern auch den eigenen Wirkungskreis.

Sie selbst hat ursprünglich Psychologie studiert, mit dem Purpose, straffällig gewordene Jugendliche zu resozialisieren und ins Leben zurückzuführen. Den Job als Gefängnispsychologin hat sie allerdings schnell aufgegeben, weil sie noch als Studentin merkte, wie gering ihr Einfluss auf die jungen Menschen tatsächlich war. Straffällige Jugendliche weisen mit über vierzig Prozent die höchste Rückfallquote im Vergleich zu allen anderen Altersgruppen auf.[95] Keine hohe Erfolgsquote für jemanden wie Dr. Sigrid Nikutta, die schon früh nach einem möglichst großen Hebel gesucht hat. »Ich wollte mehr bewirken und bin deshalb in die Wirtschaft gegangen. Mein Antrieb hat sich allerdings nicht verändert. Ich möchte, dass mein Handeln einen Wert für unsere Gesellschaft hat«, deklariert die Vorstandsvorsitzende. Purpose ist die Schnittmenge der eigenen Talente und dem, was die Gesellschaft braucht – so oder so ähnlich definierte schon einst der griechische Universalgelehrte Aristoteles sinnhaftes Arbeiten.

Dr. Sigrid Nikutta verfügt über das Talent, Menschen zu mobilisieren, Herausforderungen gemeinsam anzugehen, und ihnen auch in Krisenzeiten mit ihrem messerscharfen Verstand Sicherheit zu signalisieren. Zum ersten Mal zahlte sich dies bei den Berliner Verkehrsbetrieben aus. Dort war sie von 2010 bis 2019 Vorstandsvorsitzende. Noch zu Beginn ihrer Karriere standen die Berliner*innen statistisch gesehen 154 Stunden im Jahr im Stau. Gemeinsam mit ihrem damaligen Team ist es Dr. Sigrid Nikutta gelungen, den öffentlichen Nahverkehr pünktlicher, dichter und damit attraktiver zu gestalten. Die Zeit, die Fahrgäste jährlich durch einen Stau verloren, reduzierte sich damit auf 65 Stunden.[96] »Für die Gesellschaft ist Mobilität ein hochrelevantes Thema ... Ich nehme eine Cola, bitte«, sagt Dr. Sigrid Nikutta, als der Getränkeservice plötzlich neben uns auftaucht. Ihre Assistentin und der Kommunikationschef bestellen ebenfalls eine Cola. Ich bleibe bei meiner Wasserflasche. Als der Kommunikationschef bezahlen möchte, schüttelt Dr. Sigrid Nikutta den Kopf. »Nee, ich lasse mich nicht einladen«, sagt sie mehr zu sich selbst als zu ihm und holt einen Zwanzigeuroschein aus ihrer Handyhülle, um für die drei zu bezahlen. Auf unserem Tisch im Abteil stehen nun drei 0,5-Liter-Glasflaschen, die zu 59 Prozent aus recyceltem Glas bestehen.[97]

DAS SICHERHEITSGEFÜHL

Während wir mit 320 Stundenkilometern an Neustadt vorbeirasen, überlege ich, ob den Mitarbeitenden bei der Deutschen Bahn Purpose ausreicht, um für das Unternehmen zu arbeiten. Ich beobachte, wie der Mann in Uniform Dr. Sigrid Nikutta das Wechselgeld rausgibt, und frage mich insgeheim, wie wichtig es ihm ist, die Cola in einem mit Ökostrom betriebenen Zug zu servieren und nirgendwo anders. Er dreht sich zu den Sitzen auf der anderen Seite des Ganges und prüft für eine mitfahrende Frau, woher das Wasser kommt, das ihr auf den Kopf tropft. Das Blumenbouquet ist umgekippt, und er wischt das Wasser mit ein paar Servietten weg. Mir fällt auf, dass sein freundliches Lächeln in seinem Gesicht dabei erhalten bleibt und er der Frau zufrieden zunickt, als sie sich bedankt. Weil ich selbst jahrelang im Service gearbeitet habe, weiß ich aber auch, dass es viel braucht, um das einstudierte Lächeln zu verlieren. Ein ausgekipptes Blumenbouquet reicht da nicht – genauso wenig, wie eine recycelte Glasflasche in einem elektrobetriebenen Zug der Grund für das Lächeln ist.

»Ich glaube nicht, dass Purpose allein reicht, um gerade junge Mitarbeitende zu gewinnen. Wie sehen Sie das?«, frage ich meine Gesprächspartnerin geradeheraus.

»Purpose ist sicherlich ein Faktor. Ein anderer Faktor, der Ihrer Generation sehr wichtig ist, ist Arbeitsplatzsicherung«, antwortet Dr. Sigrid Nikutta, und ich nicke zustimmend. Dieses Bedürfnis ist eine natürliche Reaktion auf die vielen Krisen, die wir erleben, und passt auch mit der Haltung meiner Freundin Mya überein. Zwischen Klimakrise und Inflation wollen viele wenigstens eine Sache sicher haben: den Job. Eine Analyse der Hans-Böckler-Stiftung zeigt, dass aktuell vier von zehn Neuanstellungen befristet sind. Überdurchschnittlich stark von Befristungen betroffen sind weiterhin junge Beschäftigte und auch Menschen mit Migrationshintergrund. So bekamen im Jahr 2020 von den Neueingestellten unter 25 Jahren 51 Prozent nur einen befristeten Arbeitsvertrag, während dies in der Altersgruppe zwischen 25 und 54 Jahren für 37 Prozent galt. Gleichzeitig weisen oft die Regionen sehr hohe Befristungsquoten auf, deren Arbeitsmarkt von der Kreativ- und Medienbranche oder von Hochschulen geprägt ist. Das gilt nach der neuen Studie etwa für Köln mit 61 Prozent, Potsdam mit 60 Prozent oder Berlin mit 53 Prozent. Für Freigeister mag das in Ordnung sein, für sicherheitsbedürftige Menschen eher nicht.[98] Die Deutsche Bahn scheint das Sicherheitsbedürfnis einiger Menschen verstanden zu haben. Anders als die Luftfahrtbranche hat sie während der Coronapandemie keine Kündigungen ausgestellt. Laut Dr. Sigrid Nikutta wollte man diese Delle aus Personalmangel erst gar nicht erzeugen.

»Beunruhigt es Ihre Mitarbeitenden, dass die DB Cargo schon seit Jahren rote Zahlen schreibt? Das ist ja eigentlich das Gegenteil von Sicherheit«, möchte ich wissen. Laut Geschäftsberichten verzeichnet das Unternehmen Verluste im Wert mehrerer Milliarden Euro, die auch eine Person wie Dr. Sigrid Nikutta nicht einfach schönreden kann.[99]

»Man kann einen Laden nicht gesundschrumpfen: Trotz roter Zahlen investieren wir und erweitern unsere Teams. Die Mitarbeitenden sind hoch motiviert und leistungsbereit. Sie sind also nicht besorgt, sondern eher verärgert, weil die Politik über Jahrzehnte nicht die richtigen Weichen gestellt hat. Um das zu ändern, bin ich da. Das ist mein Job«, antwortet sie sehr bestimmt. Sie richtet sich in ihrem Sitz auf wie eine Löwin, die sich schützend vor ihr Team stellt – jederzeit bereit zum Absprung, falls jemand angreifen sollte. Wahrscheinlich ist es genau diese Haltung, die ihren Mitarbeitenden trotz roter Zahlen ein Sicherheitsgefühl gibt. Dr. Sigrid Nikutta setzt auf Wachstum für die DB Cargo und ist gewillt, ihre Strategie zu verteidigen, stelle ich ernsthaft beeindruckt fest.

»Ich vermute, dass Ihr Jahresgehalt über eine Million Euro hinausgeht. Inwiefern kann man denn bei solchen Gehältern noch Purpose als Antrieb bezeichnen?«, frage ich trotz meiner Anerkennung ziemlich direkt. Unbeeindruckt lehnt sich Dr. Sigrid Nikutta zurück in ihren Sitz.

»Glauben Sie mir, wenn es mir ums Geld gehen würde, wäre ich nicht hier«, schnaubt sie ironisch lachend.

»Normalerweise haben Menschen mit einem hohen Einkommen einen großen ökologischen Fußabdruck.[100] Fällt es Ihnen

damit schwer, Ihren Nachhaltigkeitssinn im Privaten aufrechtzu-
erhalten?«, frage ich unbeirrt weiter.

»Ganz im Gegenteil. Keines meiner Kinder ist zum Beispiel je in
den Urlaub geflogen. In ihren Augen bin ich eine nervige Öko-Mutti.
Ich halte mich an meine Prinzipien«, antwortet sie.

»Das ist krass«, sage ich überrascht, und Dr. Sigrid Nikutta
schmunzelt über meine Reaktion.

»Geld und Profit motivieren mich nicht sonderlich«, sagt sie und
verrät mir dann, dass sie ihren Antrieb darin finde zu zeigen, dass
etwas gegen alle Erwartungen möglich sei. »Ich habe eine große
Motivation dafür, Dinge als Erste zu tun. Wenn andere vor etwas
zurückschrecken, zeige ich, dass es machbar ist.«

»So wie Sie zeigen, dass Sie auch mit fünf Kindern Vorstandsfrau
sein können?«, frage ich.

»Wenn man diese Haltung jetzt wieder auf ein geschlechterspe-
zifisches Beispiel bezieht ... Ja, auch davor bin ich nicht zurück-
geschreckt«, antwortet sie scharf. Ihr Augenrollen lässt mich nur
erahnen, wie viele Hürden sie als Mutter auf dem Weg nach oben
nehmen musste. Tatsächlich finde ich es als junge Frau, die zum aktuellen Zeitpunkt keine Kinder hat, enorm wichtig, eine Vorständin
mit fünf Kindern an der Spitze eines Unternehmens zu sehen. Ihr
jüngstes Kind hat Dr. Sigrid Nikutta im Alter von 47 Jahren bekommen, ihr Partner übernimmt den Großteil der Care-Arbeit. Die
Sichtbarkeit von solchen Lebensmodellen herauszustellen, die über
traditionelle Rollenverteilungen hinausgehen, ist meiner Meinung
nach essenziell.

»Ich wünsche mir, dass es für neue Generationen eine Selbst-
verständlichkeit ist und nicht mehr für einen Überraschungseffekt
sorgt«, ergänzt sie nun deutlich weicher.

»Das wünsche ich mir auch sehr«, nicke ich zustimmend.

DER PROFIT

Auch wenn das Thema Geld für Dr. Sigrid Nikutta im Privaten kein großer Antrieb sein mag und sie sich an ihre Wertvorstellungen hält, können in der Wirtschaft Purpose und Profit oft in einem direkten Zielkonflikt zueinander stehen. Es war ausgerechnet Larry Fink, der Gründer der großen amerikanischen Investmentgesellschaft BlackRock, der 2019 in einem öffentlichen Brief formulierte, dass Purpose der Motor für wirtschaftliche Profitabilität sei. Ohne Purpose verliere ein Unternehmen in den Augen jüngerer Generationen seine Daseinsberechtigung. Der Finanzsektor müsse sich genauso wie andere Branchen auf eine Sinnsuche begeben und prüfen, wie sich zum Beispiel Klimagerechtigkeit mit dem wirtschaftlichen Wachstum des Unternehmens verbinden lasse.[101] Die erste Herausforderung für Unternehmen ist es zu definieren, was ihr Purpose konkret ist. Dieser Purpose muss im Idealfall für alle Stakeholder von den Endkonsument*innen bis hin zu den Aktionär*innen relevant sein und intern durch Unternehmens- und Führungskultur tatsächlich gelebt werden. Die zweite – und wahrscheinlich deutlich größere – Herausforderung ist der ständige Balanceakt von Purpose und Profit.

»Ich muss immer lachen, wenn andere Unternehmen diese Purpose-Workshops machen – das scheint ja irgendwie in Mode gekommen zu sein«, spricht Dr. Sigrid Nikutta an und meint, dass vieles mehr Schein als Sein sei. Das Ergebnis dieser Workshops sei nicht selten Greenwashing und eine Menge des Geschwafels, das sie so hasst.

»Bei einem Unternehmen wie der Bahn ist der Purpose aber auch einfach ersichtlicher. Sie können sich den Workshop sparen«, sage ich.

»Natürlich, die Verdopplung der Reisenden hat eine direkte Korrelation zur CO_2-Einsparung und zu Stau auf Autobahnen und Verminderung des Flugverkehrs. Genauso hat mehr Güterverkehr einen ganz konkreten Einfluss auf den Klimawandel: Ein Güterzug kann bis zu 52 Lkws ersetzen. Sie haben vorhin selbst gesagt, dass der Güterverkehr in Zukunft um dreißig bis vierzig Prozent wachsen wird. Diese Entwicklung in eine nachhaltige Richtung zu lenken, ist unser Purpose«, fasst Dr. Sigrid Nikutta noch einmal zusammen. An dieser Stelle erfolgt also der Balanceakt zwischen Purpose und Profit.

Ich frage mich nämlich, inwiefern auch der Güterverkehr unser Konsumverhalten ankurbelt. Ist es wirklich so optimal, wenn sich der Güterverkehr um dreißig bis vierzig Prozent erweitert und auf der Schiene transportiert wird? Wäre es nicht hinsichtlich unseres Überkonsums im Westen und der Klimakrise nachhaltiger, den Güterverkehr erst gar nicht weiter wachsen zu lassen? Weder auf der Schiene noch auf der Straße? Wenn das der Fall wäre, würde aber auch ein Unternehmen wie die DB Cargo nicht profitieren.

»Ich verstehe, was Sie meinen, aber wir müssen realistisch bleiben: Unser überdurchschnittliches Konsumverhalten und eine niedrige Preiserwartung kurbeln die Lieferketten an, die mittlerweile weltumspannend sind und eine Produktion am anderen Ende der Welt erfordern«, erklärt Dr. Sigrid Nikutta ihre Ansicht. Die DB Cargo könne nicht auf das Konsumverhalten selbst einwirken, sondern nur im Rahmen ihrer Möglichkeiten handeln und die Güter nachhaltig transportieren.

»Die Leute, die zum Beispiel noch nie etwas online bestellt haben, das nicht in Deutschland produziert wurde, mögen bitte den ersten Stein werfen«, ergänzt sie. Ich nicke und will mich gar nicht rausreden. Zuletzt habe ich eine elektronisch aufblasbare Luftmatratze bestellt, damit meine Freund*innen eine bequemere

Schlafmöglichkeit haben, wenn sie bei mir übernachten. Pures Plastik, kein Purpose.

»Was haben Sie zuletzt bei Amazon bestellt?«, frage ich.

»Das Wort haben Sie jetzt gesagt, ich persönlich versuche es zu vermeiden. Aber zuletzt habe ich dort eine rote Lederjacke bestellt. Meine gibt langsam den Geist auf, und ich habe nicht die Zeit, um durch die Geschäfte zu rennen«, gibt sie zu. Sie habe aber darauf geachtet, dass die Jacke in Europa produziert wurde. In Polen, um genau zu sein. Weite Lieferwege versuche sie privat zu vermeiden.

Der Großteil der Kleidung, die wir in Deutschland tragen, wird allerdings in China und Bangladesch produziert. »Ein Ergebnis unserer niedrigen Preiserwartung, die Sie vorhin angesprochen haben«, schlussfolgere ich.

»Ja, es wird sogar extrem viel Ware – unter anderem Kleidung – aus China hierher transportiert. Die DB Cargo hat daher ihre Arbeit auch noch mal ausgeweitet. Jede Tonne, die wir auf der Schiene und nicht auf der Straße transportieren, spart automatisch achtzig bis einhundert Prozent CO_2«, ergänzt Dr. Sigrid Nikutta und meint damit die neue Seidenstraße: China ist bereits seit Jahren Deutschlands wichtigster Handelspartner. Um unter anderem die transeurasischen Lieferwege auf der Schiene zu stärken, möchte China in den kommenden Jahren über neunhundert Milliarden US-Dollar in die neue Seidenstraße investieren. Die Güter fahren dann über teils neue Bahngleise durch Russland und Kasachstan. Insgesamt werden durch diese Handelsroute die Wirtschaftsräume Europa, Asien und Afrika verbunden, was am Ende einen Boom für den asiatischen Markt bedeuten wird. Aber auch für Partnerländer kann sich der Ausbau lohnen: Insbesondere die Entwicklungsländer profitieren von einer neuen Infrastruktur, die ihnen neue Wirtschaftsbeziehungen und neue Arbeitsplätze bringt. Dadurch entsteht allerdings auch eine enorme Abhängigkeit zu China, das hier als Kreditgeber agiert.[102]

Der französische Kaiser Napoleon Bonaparte soll zu dieser Abhängigkeit einmal gesagt haben:

»China ist ein schlafender Löwe, lasst ihn schlafen. Wenn er aufwacht, verrückt er die Welt.«[103]

Nun ist es wichtig zu sagen, dass nicht China als Nation die Welt verrücken möchte, sondern dieses Ziel in erster Linie von dem Kopf der kommunistischen Partei verfolgt wird, die auch vor Verbrechen nicht zurückschreckt und Kritiker*innen inhaftiert. Der Ausbau der neuen Seidenstraße ist Teil eines großen Planes, den der Alleinherrscher Xi Jinping im Juli 2021 anlässlich des 100. Jahrestages der Kommunistischen Partei skizziert hat: Bis 2049, dem hundertsten Geburtstag der Volksrepublik China, solle das Land wieder zu einer Weltmacht werden, wie sie es bereits Ende des 18. Jahrhunderts war.[104] Die chinesische Wirtschaft war zu diesem Zeitpunkt etwa fünfmal so groß wie die britische und über zehnmal so groß wie die der Vereinigten Staaten.[105]

Heute verfolgt der chinesische Präsident das Ziel, diesen Weltmachttitel zurückzuerobern und Profit zu machen – wofür er ohne Frage eine funktionierende Infrastruktur benötigt. Dazu gehört zum Beispiel der griechische Hafen von Piräus, von dem ein chinesisches Staatsunternehmen die Mehrheit hält, welches in Zukunftspläne investiert. Seitdem kletterte der Containerumschlag vom europaweiten Platz 17 auf den vierten Rang und ist damit Rotterdam, Antwerpen und Hamburg dicht auf den Fersen.[106] Und zu guter Letzt gehört zu einer funktionierenden Infrastruktur eben auch die Schiene.

»Inwiefern stimmt es mit dem Purpose der DB Cargo überein, wenn man die Arbeit mit China ausweitet und Konsum von chinesischen Produkten ankurbelt, die teils unter menschenunwürdigen Bedingungen produziert werden?«, frage ich daher noch einmal nach und sehe im Augenwinkel, wie draußen die kleineren Büsche in der Nähe des Gleises durch den Fahrtwind des vorbeirauschenden

Zuges zu torkeln beginnen, erst nach rechts, dann nach links. Und auch in unserem Gespräch gerät der Balanceakt zwischen Profit und Purpose kurz ins Wanken.

»Also ich wollte nur mal sagen, dass wir in diesem Moment wahrscheinlich alle chinesische Masken im Gesicht haben. Wenn die Waren schon aus China kommen, dann bitte auf einem umweltfreundlichen Transportweg«, sagt Dr. Sigrid Nikutta und verdeutlicht damit genau das Problem. Insbesondere im medizinischen Bereich haben wir die Abhängigkeit von China während der Coronapandemie deutlich zu spüren bekommen. Neben medizinischen Masken und weiteren Instrumenten werden auch achtzig bis neunzig Prozent der globalen Wirkstoffmengen für Antibiotika in China hergestellt. Auch Antidepressiva, Parkinson- oder Migränemittel stammen zum Großteil aus China. Das sind Medikamente, die Erkrankte nicht ohne Weiteres wechseln oder absetzen können. Lieferengpässe könnten sie gegebenenfalls in eine für sie lebensbedrohliche Lage versetzen.[107] Und Liefer- und Produktionsengpässe sind leider die Regel: Im Jahr 2020 waren 16,7 Millionen Packungen Arzneimittel in Deutschlands Apotheken nicht lieferbar.[108] Kritiker*innen von Chinas Weltmachtplänen sehen in dieser Abhängigkeit daher ein großes Risiko, zumal wir durch den demografischen Wandel auf eine sichere Medikamentenversorgung angewiesen sind, um in Zukunft mehr alte und kranke Menschen zu betreuen. Trotz globaler Lieferketten unabhängig und selbstständig zu bleiben, ist allerdings nicht die alleinige Aufgabe der DB Cargo. Es ist eine gesamtgesellschaftliche und branchenübergreifende Herausforderung, die wir in Zukunft gemeinsam zu meistern haben und nicht aus den Augen verlieren sollten. Es ist der Balanceakt von Purpose und Profit.

»Muss denn Purpose immer an wirtschaftliches Wachstum gekoppelt sein?«, frage ich.

»Aus meiner Sicht nicht. Ein Beerdigungsinstitut hat den wichtigen Purpose, dass es Menschen gibt, die eine Bestattung von

Verstorbenen gestalten. Ob ich das jetzt als Wachstumsbranche sehen möchte oder nicht? Dieses Unternehmen hat einfach eine Daseinsnotwendigkeit«, erklärt Dr. Sigrid Nikutta zutreffend.

»Gummibärchen für Sie?«, der Servicemitarbeiter steht wieder vor uns und hält eine Schale mit vielen kleinen HARIBO-Tütchen über unseren Vierertisch. Genauso wie Dr. Sigrid Nikutta fische ich mir beherzt ein Tütchen heraus.

»Für mich nicht, danke«, lehnt der Kommunikationschef freundlich ab.

»Tah, dann nehme ich Ihres!«, sagt die Vorstandschefin mit leuchtenden Augen und nimmt sich eine zweite Tüte aus der Schale, die sie direkt öffnet. Für den Bruchteil einer Sekunde hebt sie ihre Maske und schiebt sich die kleinen Goldbärchen in den Mund. Als sich unsere Fahrt dem Ende zuneigt und sie noch einen Blick auf ihre Rede wirft, die sie nach unserer Ankunft in Hamburg auf einer Veranstaltung halten wird, schaue ich aus dem Fenster und kaue unter meiner Maske auf meinen Süßigkeiten herum. Dr. Sigrid Nikutta unterhält sich mit dem Kommunikationschef und ihrer Vorstandsassistentin, und wieder fällt mir auf, dass sie sich alle siezen.

»Ist Ihnen der Doktortitel eigentlich wichtig?«, frage ich, und sie schaut von ihrem Tablet auf.

»Im Grunde meines Herzens ist es mir egal, aber irgendwo auch nicht. Für den Doktortitel habe ich immerhin jahrelang gelitten«, sagt sie und widmet sich wieder ihrer Rede, ohne weiter auf das angesprochene Leiden einzugehen.

Ihre Doktorarbeit war eine qualitative Untersuchung zur Selbsteinschätzung von Führungskräften im obersten Management und trug den Titel »Mit 60 im Management – Vorstand oder altes Eisen?«. Dr. Sigrid Nikutta hat diese Arbeit geschrieben, als sie bereits vollzeitbeschäftigt war. Dafür hat sie zwanzig Personen interviewt und nach ihrer Selbsteinschätzung befragt, ob sie trotz ihres Alters noch am Zahn der Zeit seien und genügend Leistungsbereitschaft mitbringen, um ein Unternehmen in die Zukunft zu führen. Beinahe zwei Jahrzehnte später sitzt sie ebenfalls im Vorstand und könnte sich rein theoretisch dieselbe Frage stellen.

Ich beobachte, wie sie mit ihrem messerscharfen Blick über eine vorformulierte E-Mail ihrer Vorstandsassistentin fliegt und eine Entschuldigung im Text streicht. »Wir entschuldigen uns für gar nichts, wir machen unseren bestmöglichen Job ...«, murmelt sie und gibt die Nachricht dann frei.

Eine Viertelstunde später stehen wir vor der Abteiltür und warten darauf, dass der Zug in den Hamburger Bahnhof einfährt. Es sind vermutlich die einzigen Minuten, die Dr. Sigrid Nikutta nicht effektiv nutzt. Als wir uns alle so gegenüberstehen, merke ich, dass sie mich von oben bis unten betrachtet, ähnlich wie ich es bei ihr zu Beginn unserer Reise getan habe.

»So eine Jeansschlaghose hatte ich früher auch«, stellt sie fest.

»Ja, die sind bequem. Meiner Meinung nach muss aber nicht alles wiederkommen – auf die Hüfthosen aus den 2000ern könnten wir zum Beispiel gut verzichten«, antworte ich trocken und sehe an ihren Augen, wie Dr. Sigrid Nikutta unter ihrer Maske schmunzelt. Wir reichen uns zum Abschied die Hände, und als sich die Zugtür am Hamburger Hauptbahnhof öffnet, trennen sich unsere Wege. Dr. Sigrid Nikutta, der Kommunikationschef und die Vorstandsassistentin laufen mit zielstrebigen Schritten zu ihrem nächsten Termin.

Ich hole mein Handy aus dem Rucksack und schreibe Mya per WhatsApp, um ihre allererste Frage zu beantworten:

»Sie hat Psychologie studiert und arbeitet nun trotzdem bei der Deutschen Bahn, um zu zeigen, dass etwas gegen alle Erwartungen möglich ist.«

Senden.

Epilog: Die Rückmeldung

Nach einem Vorstellungsgespräch folgt die Rückmeldung. Mal müssen Bewerber*innen wochenlang auf sie warten, manchmal geht es ganz schnell. Ich möchte diese Rückmeldung kurzhalten: Ich bedanke mich von Herzen bei allen Gesprächspartner*innen, die mir ihre Zeit geschenkt haben, um mit mir stellvertretend für die junge Generation ein Gespräch auf Augenhöhe zu führen. Wer den Job als zukünftige Führungskraft bekommt, entscheide aber nicht ich allein. Die junge Generation ist vielseitig und hat unterschiedliche Bedürfnisse. In Zeiten des Fachkräftemangels müssen sich Unternehmen fragen, auf wessen Bedürfnisse sie am besten eingehen und wie sie diese Zielgruppe an potenziellen Mitarbeiter*innen am besten erreichen.

Am Ende dieses Buches ist jedoch insgesamt klar, dass sich unsere Arbeitswelt radikal verändern wird. Und zwar nicht ausschließlich, weil wir es wollen, sondern weil es so sein muss. Wir stehen vor zahlreichen gesellschaftlichen Herausforderungen, die Mitarbeitende im Privaten nicht lösen können. Dazu zählen unter anderem die Klimakrise, globale Katastrophen, die Pflege von alten Angehörigen und die Betreuung kleiner Kinder. Diese Herausforderungen sind nicht privat, ganz im Gegenteil. Unternehmen tragen eine sehr große Mitverantwortung – auch folgenden Generationen gegenüber. Dieser werden sie nur gerecht, wenn wir Arbeit gemeinsam neu denken.

Ich hoffe sehr, dass diese gesammelten Begegnungen einen Anstoß dazu geben, ehrliche Dialoge in Unternehmen zu führen.

Ein weiteres Dankeschön gilt dem Team von Eden Books sowie meiner Familie und meinen Freund*innen, deren Gedanken ich in diesem Buch teilen durfte.

Quellennachweise

1   »Bis 2030 könnten fünf Millionen Fachkräfte fehlen«, *Spiegel Online*, 17. Januar 2022, AFP, https://www.spiegel.de/wirtschaft/soziales/bis-2030-koennten-fuenf-millionen-fachkraefte-fehlen-a-a9dcf938-2156-4c98-9861-fc08a33c0439.

2   »Mehr als 100.000 Fachkräfte fehlen für guten Ganztag für Grundschulkinder bis 2030«, *Bertelsmann Stiftung*, 5. Juli 2022, https://www.bertelsmann-stiftung.de/de/themen/aktuelle-meldungen/2022/juli/mehr-als-100000-fachkraefte-fehlen-fuer-guten-ganztag-fuer-grundschulkinder-bis-2030.

3   »Die Jobs der Zukunft, Berufswelt bis 2035 – fünf Trends«, *Deloitte*, 2020, https://www2.deloitte.com/de/de/pages/trends/jobs-der-zukunft-berufswelt-2035.html.

4   Hilge Landweer und Catherine Newmark, Hrsg., *Wie männlich ist Autorität? Feministische Kritik und Aneignung*, Politik der Geschlechterverhältnisse, Band 60 (Frankfurt: Campus Verlag, 2018).

5   »Unterrichtung durch die Wehrbeauftragte, Jahresbericht 2021 (63. Bericht)«, *Deutscher Bundestag*, https://dserver.bundestag.de/btd/20/009/2000900.pdf.

6   Philip Wotschack, Claire Samtleben, Jutta Allmendinger, »Gesetzlich garantierte ›Sabbaticals‹ – ein Modell für Deutschland? Argumente, Befunde und Erfahrungen aus anderen europäischen Ländern«, *Wissenschaftszentrum Berlin für Sozialforschung*, Juni 2017, https://www.rosalux.de/fileadmin/rls_uploads/pdfs/Studien/gesetzlich_garantierte_sabbaticals.pdf.

7   »XING Sabbatical-Studie: Zahlreiche Berufstätige wollen Auszeit, stoßen allerdings auf Widerstände«, *Xing*, 18. Januar 2017,

https://www.new-work.se/de/newsroom/pressemitteilungen/
xing-sabbatical-studie-zahlreiche-berufstaetige-wollen-auszeit-
stossen-allerdings-auf-widerstaende.

8   »Besonders glücklich macht mich ein leerer Kalender«, *Zeit Online
    Podcast »Frisch an die Arbeit«*, 24. Juli 2018, https://www.zeit.de/
    arbeit/2018-07/waldemar-zeiler-gruender-unternehmen-einhorn-
    kondome?utm_referrer=https%3A%2F%2Fwww.google.com%2F.

9   »Learn How to Beat Job Burn-out«, *Monster*, https://www.monster.
    com/career-advice/article/beat-job-burnout-stress.

10 »Über das Gehalt wird oft geschwiegen«, *ND*, 30. November 2021,
    https://www.nd-aktuell.de/artikel/1159091.ueber-das-gehalt-wird-
    oft-geschwiegen.html.

11 »Authentizität im Arbeitsalltag«, Studie der ComTeamGroup,
    2021, https://www.arbeit-und-arbeitsrecht.de/news/authentizitaet-
    im-arbeitsalltag.html.

12 Martin U. Müller: »Was scheint und wirkt«, *Spiegel Online*, 23. Feb-
    ruar 2016, https://www.spiegel.de/spiegelwissen/rolle-im-buero-
    karrierecoach-raet-sein-wahres-ich-nicht-zu-zeigen-a-1079568.html.

13 »KPMG-Studie: Wirtschaftskriminalität in Deutschland 2020«,
    https://home.kpmg/de/de/home/media/press-releases/2020/08/
    kpmg-studie-wirtschaftskriminalitaet-in-deutschland-2020.html.

14 Boris von Heesen, *Was Männer kosten: Der hohe Preis des Patriar-
    chats*, Originalausgabe 05/22 (München: Wilhelm Heyne Verlag,
    2022).

15 »Gender-Pay-Gap 2021«, *Statistisches Bundesamt*, https://
    www.destatis.de/DE/Presse/Pressemitteilungen/2022/03/
    PD22_088_621.html.

16 »The migrant pay gap: Understanding wage differences between
    migrants and nationals«, *International Labour Organization*,
    https://www.ilo.org/global/topics/labour-migration/publications/
    WCMS_763803/lang--de/index.htm.

17 Suyong Song und Stephen Baek, »Body Shape Matters: Evidence from Machine Learning on Body Shape-Income Relationship«, hg. von Konstantinos Tatsiramos, *PLOS ONE* 16, Nr. 7 (30. Juli 2021): e0254785, https://doi.org/10.1371/journal.pone.0254785.

18 »LGBTQI*-Menschen am Arbeitsmarkt: hoch gebildet und oftmals diskriminiert«, *Deutsches Institut für Wirtschaftsforschung (DIW)*, 2020, https://www.diw.de/de/diw_01.c.798165.de/publikationen/wochenberichte/2020_36_1/lgbtqi_-menschen_am_arbeitsmarkt__hoch_gebildet_und_oftmals_diskriminiert.html.

19 »Hilfe und Unterstützung bei ungewollter Kinderlosigkeit«, *Bundesministerium für Familie, Senioren, Frauen und Jugend*, 3. August 2022, https://www.bmfsfj.de/bmfsfj/themen/familie/schwangerschaft-und-kinderwunsch/ungewollte-kinderlosigkeit.

20 »Spontaneous first trimester miscarriage rates per woman among parous women with 1 or more pregnancies of 24 weeks or more«, *BMC Pregnancy and Childbirth*, 2021, https://bmcpregnancychildbirth.biomedcentral.com/articles/10.1186/s12884-017-1620-1.

21 Kai Christian Bormann u. a., »A Trickle-down Model of Abusive Supervision and Firm Performance in Family and Non-Family Firms«, *Academy of Management Proceedings* 2020, Nr. 1 (August 2020): 19835, https://doi.org/10.5465/AMBPP.2020.233.

22 »Unternehmensnachfolgen in Deutschland 2018 bis 2022«, *ifm Bonn*, 15. August 2022, https://www.ifm-bonn.org/fileadmin/data/redaktion/publikationen/daten_und_fakten/dokumente/Daten-und-Fakten-18_2018.pdf.

23 »Die volkswirtschaftliche Bedeutung der Familienunternehmen«, *Stiftung Familienunternehmen*, 2019, https://www.familienunternehmen.de/media/public/pdf/publikationen-studien/studien/Die-volkswirtschaftliche-Bedeutung-der-Familienunternehmen-2019_Stiftung_Familienunternehmen.pdf.

24 »An Ongoing race: family CEOs vs. non-family CEOs«, *International Entrepreneurship and Management Journal*, November 2019, https://link.springer.com/article/10.1007/s11365-019-00602-8.

25 »Freiwilliges Engagement junger Menschen«, *BMSFSJ*, 2017, https://www.bmfsfj.de/resource/blob/119820/b06feba2db 2c77e0bff4a24662b20c70/freiwilliges-engagement-junger-menschen-data.pdf.

26 »Anzahl der Personen in Deutschland, die das Gefühl haben in einer gehetzten Zeit zu leben, von 2018 bis 2022«, *Statista*, 19. November 2022, https://de.statista.com/statistik/daten/studie/171247/umfrage/gefuehl-von-zeitnot/.

27 Teresa Bücker, *Alle_Zeit: eine Frage von Macht und Freiheit* (Berlin: Ullstein, 2022).

28 Frigga Haug, *Die Vier-in-einem-Perspektive: Politik von Frauen für eine neue Linke*, 3. Auflage (Hamburg: Argument-Verlag, 2011).

29 »Soziale Situation in Deutschland: Voll- und Teilzeitbeschäftigte«, *Bundeszentrale für politische Bildung*, 28.11.2020, https://www.bpb.de/kurz-knapp/zahlen-und-fakten/soziale-situation-in-deutschland/61705/voll-und-teilzeitbeschaeftigte/.

30 »Faktenpapier zu Extremwetter in Deutschland aktualisiert«, *Deutscher Wetterdienst*, 2021, https://www.dwd.de/DE/klimaumwelt/aktuelle_meldungen/210922/Faktenpapier-Extremwetterkongress.html.

31 »Klimawandel als Fluchtgrund«, *UNO Flüchtlingshilfe*, 19. August 2022, https://www.uno-fluechtlingshilfe.de/informieren/fluchtursachen/klimawandel.

32 »Linkedin-Nutzung steigt während Corona-Krise«, *Handelszeitung*, 22. April 2020, Stefan Mair https://www.handelszeitung.ch/unternehmen/linkedin-nutzung-steigt-wahrend-corona-krise.

33 Tijen Onaran, *Nur wer sichtbar ist, findet auch statt: werde deine eigene Marke und hol dir den Erfolg, den du verdienst*, Originalausgabe (München: Goldmann, 2020).

34 »LinkedIn-Beitrag«, August 2022, https://www.linkedin.com/feed/update/urn:li:activity:6957064428030730241/.

35 »Dieselgate schadet Arbeitgeberimage der Autobauer«, *Springer Professional*, 29. April 2016, Andrea Amerland https://www.springerprofessional.de/employer-branding/recruiting/dieselgate-schadet-arbeitgeberimage-der-autobauer/10048280.

36 »Striving for balance, advocating for change«, *Deloitte*, 2022, https://www2.deloitte.com/content/dam/Deloitte/at/Documents/human-capital/at-gen-z-millennial-survey-2022.pdf.

37 »The future of work«, *Zenjob*, 2021, https://www.zenjob.com/wp-content/uploads/210629_PM_Gen-Z-Studie-1.pdf.

38 Marco Nink, *Engagement Index: die neuesten Daten und Erkenntnisse der Gallup-Studie*, 1. Auflage (München: Redline Verlag, 2018).

39 Tijen Onaran, *Nur wer sichtbar ist, findet auch statt: werde deine eigene Marke und hol dir den Erfolg, den du verdienst*, Originalausgabe (München: Goldmann, 2020).

40 »Studie: Mehrheit der Bevölkerung ist erschöpft, Arbeit oft Hauptursache für Erschöpfung«, *Auctority GmbH*, 11. August 2022, https://www.presseportal.de/pm/164710/5294364.

41 »Pflege-Report 2019«, *Springer*, 2020, https://link.springer.com/book/10.1007/978-3-662-58935-9.

42 »Newsletter des Deutschen Pflegerates e.V.«, *Deutscher Pflegerat e.V.*, Dezember 2021, https://deutscher-pflegerat.de/wp-content/uploads/2021/12/DPR-Newsletter_12_2021.pdf.

43 »Wachstumsmotor Pflege«, *Roland Berger GmbH*, 2017, https://www.rolandberger.com/de/Media/Deutscher-Pflegemarkt-w%C3%A4chst-weiter.html.

44 »List: Europe's largest for-profit care home operators«, *Investigate Europe*, 16. Juli 2021, https://www.investigate-europe.eu/en/2021/europes-largest-private-care-home-operators/.

45 »Situation in der Altenpflege: Millionen Überstunden werden nicht bezahlt«, *n-tv*, 20. April 2021, https://www.n-tv.de/politik/Millionen-Uberstunden-werden-nicht-bezahlt-article22503028.html.

46 »Altenpflege im Fokus 2021«, *Deutscher Berufsverband für Pflegeberufe*, 2021, https://ceres.uni-koeln.de/forschung/d80.

47 »Ich pflege wieder wenn …«, *Arbeitnehmerkammer Bremen*, April 2022, https://www.arbeitnehmerkammer.de/studie-ich-pflege-wieder-wenn.html.

48 »Vereinbarkeit von Pflege und Beruf: Akuthilfe für pflegende Angehörige beschlossen«, *Ministerium für Familie, Senioren, Frauen und Jugend*, 14. Mai 2020, https://www.bmfsfj.de/bmfsfj/aktuelles/alle-meldungen/akuthilfe-fuer-pflegende-angehoerige-beschlossen-155552.

49 Julianne Holt-Lunstad u. a., »Loneliness and Social Isolation as Risk Factors for Mortality: A Meta-Analytic Review«, *Perspectives on Psychological Science* 10, Nr. 2 (März 2015): 227–37, https://doi.org/10.1177/1745691614568352.

50 »Pilotprojekt: Was wäre, wenn Pfleger genug Zeit hätten?«, *Spiegel Online*, 21. Dezember 2018, https://www.spiegel.de/wirtschaft/was-waere-wenn-pfleger-genug-zeit-haetten-a-00000000-0002-0001-0000-000161498527.

51 »SAP lässt sich die Verjüngungskur wieder etwas kosten«, *Total Rewards by Personalwirtschaft*, 21. Juni 2019, Dr. Guido Birkner https://www.totalrewards.de/entgelt/sap-laesst-sich-die-verjuengungskur-wieder-etwas-kosten-63821/.

52 »Quartalsmitteilung Q2/2019«, *SAP*, https://www.sap.com/docs/download/investors/2019/sap-2019-q2-mitteilung.pdf.

53 »Hohes Alter in Deutschland«, *Bundesseniorenministerium*, 2021, https://www.bmfsfj.de/bmfsfj/aktuelles/alle-meldungen/ fast-ein-viertel-der-ueber-80-jaehrigen-in-deutschland-leidet-unter-altersarmut-190066.

54 »Mehr als jeder zweite Haushalt kann bald nicht mehr sparen – Experten warnen vor Folgen«, *Redaktionsnetzwerk Deutschland*, 21. August 2022, https://www.rnd.de/wirtschaft/inflation-grossteil-der-haushalte-kann-kuenftig-nicht-mehr-sparen-NXEGFSYD-2HQKYRBZKKDNMRO33A.html.

55 »Pride Index«, *Uhlala Group*, 2021, https://uhlala.com/pride-index/.

56 »Diskriminierung von Eltern und Pflegenden im Job weit verbreitet«, *Antidiskriminierungsstelle des Bundes*, 24. Mai 2022, https:// www.antidiskriminierungsstelle.de/SharedDocs/aktuelles/ DE/2022/20220524_Caregiverstudie.html.

57 »Mehr als 100.000 Fachkräfte fehlen für guten Ganztag für Grundschulkinder bis 2030«, *Bertelsmann Stiftung*, 5. Juli 2022, https:// www.bertelsmann-stiftung.de/de/themen/aktuelle-meldungen/2022/ juli/mehr-als-100000-fachkraefte-fehlen-fuer-gutenganztag-fuer-grundschulkinder-bis-2030.

58 »Self-Esteem Gender Gap More Pronounced in Western Countries«, *American Psychological Association*, 2016, https://www. apa.org/news/press/releases/2016/01/self-esteem-gender.

59 »Umfrage bei SAP: Viele Mitarbeitende sind unzufrieden mit ihrem Gehalt«, *Handelsblatt*, 21. Februar 2022, Thomas Jahn, https://www. handelsblatt.com/technik/it-internet/software-umfrage-bei-sap-viele-mitarbeitende-sind-unzufrieden-mit-ihrem-gehalt/28085828. html?ticket=ST-515590-13PGr63wo2d6zio1XUxm-ap1.

60 »Prekäre Arbeitsbedingungen im Journalismus: 10 Euro mehr beim WDR«, *Katapult*, 22. August 2022, Sophia Rockenmaier, https://katapult-magazin.de/de/artikel/10-euro-mehr-beim-wdr.

61 »Umfrage: Altersdiskriminierung im Recruiting weit ver-
    breitet«, *Personalwirtschaft*, 1. September 2022, https://
    www.personalwirtschaft.de/news/hr-organisation/umfrage-
    altersdiskriminierung-im-recruiting-weit-verbreitet-141677/.

62 Becca R. Levy, Stanislav V. Kasl und Thomas M. Gill, »Image of
    Aging Scale«, *Perceptual and Motor Skills* 99, Nr. 1 (August 2004):
    208–10, https://doi.org/10.2466/pms.99.1.208-210.

63 »Viele Rentner arbeiten«, *Der Informationsdienst des Instituts
    der deutschen Wirtschaft*, 1. Oktober 2021, https://www.iwd.de/
    artikel/viele-rentner-arbeiten-522910/.

64 »Besserverdienende profitieren in der Rentenversicherung zu-
    nehmend von höherer Lebenserwartung«, *Deutsches Institut
    für Wirtschaftsforschung*, 2019, https://www.diw.de/documents/
    publikationen/73/diw_01.c.625762.de/19-23-1.pdf.

65 »SAP hat nicht geliefert«, *IG Metall Heidelberg*, 28. Januar 2022,
    https://www.heidelberg.igm.de/news/meldung.html?id=102011.

66 »Governments must act to help struggling middle class«, *OECD*,
    10. April 2019, https://www.oecd.org/newsroom/governments-
    must-act-to-help-struggling-middle-class.htm.

67 »Governments must act to help struggling middle class«, *OECD*, 10.
    April 2019, https://www.oecd.org/newsroom/governmentsmust-
    act-to-help-struggling-middle-class.htm.

68 »Deutschland-Studie: Jeder Zweite würde im Alter in eine
    kleinere Wohnung ziehen – über 10 Millionen Quadratmeter
    Wohnreserven in den Städten«, *pantera-Studie in Zusammen-
    arbeit mit YouGov*, 7. Juni 2020, https://www.pantera.de/koeln-
    pantera-veroeffentlicht-studie-neues-wohnen-2020-silver-society/.

69 »Mangel an Bewerbungen: Fast 40 Prozent der Ausbildungs-
    plätze bleiben unbesetzt«, *Spiegel Online*, 18. November 2021, dpa,
    https://www.spiegel.de/wirtschaft/unternehmen/azubis-fast-

40-prozent-der-ausbildungsplaetze-bleiben-unbesetzt-a-a52369ab-040d-4fdd-97d0-0f42e4dcbd95.

70 »Arbeitsmarkt kompakt«, *Institut für Arbeitsmarkt- und Berufsforschung der Bundesagentur für Arbeit*, 2017, http://amk.iab.de/content/home/iab-arbeitsmarkt-kompakt.pdf.

71 »Wir brauchen 400 000 Zuwanderer pro Jahr«, *Süddeutsche Zeitung*, 08 2021, https://www.sueddeutsche.de/wirtschaft/zuwanderung-arbeitsmarkt-coronakrise-afd-1.5390143?reduced=true.

72 »Geschönter Lebenslauf: Mogelei in der Bewerbungsmappe«, *Süddeutsche Zeitung*, 11. November 2010, https://www.zeit.de/karriere/bewerbung/2010-10/schummeln-bewerbungen.

73 Kim Rixecker, »Diskriminierung: Deshalb platzte Amazons Traum vom KI-gestützten Recruiting«, *t3n*, 11. Oktober 2018, https://t3n.de/news/diskriminierung-deshalb-platzte-amazons-traum-vom-ki-gestuetzten-recruiting-1117076/.

74 Prof. Dr. Michaela Moser, »KI im Recruiting: Emotionen, Ansichten, Erwartungen«, *IU Internationale Hochschule*, 2022, https://res.cloudinary.com/iubh/image/upload/v1649672445/studies/202203_KI_im_Recruiting_Whitepaper.pdf.

75 »Schuljahr 2022/23 Lehrermangel verschärft sich weiter«, *Deutsches Schulportal*, o. J., https://deutsches-schulportal.de/bildungswesen/lehrermangel-bleibt-bundesweit-ein-problem/.

76 »Zwei-Klassen-Gesellschaft im Lehrerzimmer? Seiteneinsteiger verdienen oft weniger«, *News4teacher*, 7. Oktober 2020, https://www.news4teachers.de/2020/10/seiteneinsteiger-im-lehrerberuf-verdienen-oft-weniger-auch-nach-qualifizierung-gew-das-ist-gerechtfertigt/.

77 »Einkommenserträge von Bildungsabschlüssen im Lebensverlauf: Aktuelle Berechnungen für Deutschland«, *ifo Institut*, 13. April 2017, https://www.ifo.de/DocDL/sd-2017-07-woessmann-etal-bildungsrenditen-2017-04-13.pdf.

78 »Schnellmeldungsergebnisse der Hochschulstatistik zu Studierenden und Studienanfänger/-innen«, *Statistisches Bundesamt*, 2020/2021, https://www.destatis.de/DE/Themen/Gesellschaft-Umwelt/Bildung-Forschung-Kultur/Hochschulen/Publikationen/Downloads-Hochschulen/schnellmeldung-ws-vorl-5213103218004.pdf?__blob=publicationFile.

79 Heinrich Heine, *Reisebilder*, hg. von Bernd Kortländer, Reclams Universal-Bibliothek, Nr. 18730 (Stuttgart: Reclam, 2010).

80 »Nettoaufkommen an Kirchenlohn- und -einkommensteuer«, *Deutsche Bischofskonferenz*, 2021, https://www.dbk.de/fileadmin/redaktion/Zahlen%20und%20Fakten/Kirchensteuer/Kirchensteuer%20im%20gesamten%20Bundesgebiet/2000-2021_Kirchensteueraufkommen_Grafik_inflationsbereinigt.pdf.

81 Carla Neuhaus, »Zwischen Glaube und Geld: Wie reich die großen deutschen Kirchen sind«, *Tagesspiegel*, 21. Mai 2017, https://www.tagesspiegel.de/wirtschaft/zwischen-glaube-und-geld-wie-reich-die-grossen-deutschen-kirchen-sind/19831108.html.

82 Stefan Kaiser, »Immobilien, Aktien, Beteiligungen: Erzbistum Köln legt Milliardenvermögen offen«, *Der Spiegel*, 18. Februar 2015, https://www.spiegel.de/wirtschaft/soziales/kirche-erzbistum-koeln-legt-vermoegen-offen-a-1018989.html.

83 Lothar Schröder, »Katholische Kirche und Homosexualität: Bischof Dieser: ›Ich habe viel dazugelernt‹«, *Rheinische Post*, 24. Februar 2022, https://rp-online.de/kultur/bischof-helmut-dieser-niemand-darf-angst-haben-wegen-seiner-homosexualitaet-seine-arbeit-in-der-kirche-zu-verlieren_aid-65597639.

84 »Kirchenstatistik 2021«, *Deutsche Bischofskonferenz*, 27. Juni 2022, https://www.dbk.de/presse/aktuelles/meldung/kirchenstatistik-2021.

85 »Westpfahl Spilker Wastl Rechtsanwälte Juristisches Gutachten: Sexueller Missbrauch Minderjähriger und erwachsener Schutzbefohlener durch Kleriker sowie hauptamtliche Bedienstete

im Bereich der Erzdiözese München und Freising von 1945 bis 2019«, *Westpfahl Spilker Wastl München*, 20. Januar 2022, https://www.tagesschau.de/gutachten-sexueller-missbrauch-101.pdf.

86 Vgl. Isabelle Jonveaux, »Wie wird Missbrauch von Nonnen durch Priester möglich?«, *katholisch.de*, 2. Mai 2019, https://www.katholisch.de/artikel/21536-wie-wird-missbrauch-von-nonnen-durch-priester-moeglich.

87 »Katholische Kirche: Papst räumt Missbrauch von Nonnen durch Priester und Bischöfe ein«, *Süddeutsche Zeitung*, 5. Februar 2019, dpa, https://www.sueddeutsche.de/panorama/papst-missbrauch-nonnen-franziskus-kirche-1.4318489.

88 Monica Lewinsky: »Emerging from ›the House of Gaslight‹ in the Age of #MeToo«, *Vanityfair*, 2018, https://www.vanityfair.com/news/2018/02/monica-lewinsky-in-the-age-of-metoo.

89 »Europarat: Kirche in Polen trägt aktiv zu Diskriminierung von LGBT bei«, *katholisch.de*, 3. Dezember 2020, https://www.katholisch.de/artikel/27829-europarat-kirche-in-polen-traegt-aktiv-zu-diskriminierung-von-lgbt-bei.

90 »Neue Anordnung in Ungarn: Frauen müssen sich vor Abtreibung Herztöne des Embryos anhören«, *Spiegel Online*, 13. September 2022, https://www.spiegel.de/ausland/ungarn-frauen-muessen-sich-vor-abtreibung-herztoene-des-embryos-anhoeren-a-444f6ec5-e9b2-42f3-bdb3-c03bed6f8aa9.

91 »Journal of Health Monitoring 2022 7(2)«, *Robert-Koch-Institut*, 04 2022, https://www.rki.de/DE/Content/Gesundheitsmonitoring/Gesundheitsberichterstattung/GBEDownloadsJ/FactSheets/JHealthMonit_2022_02_Schwangerschaftsabbrueche.pdf?__blob=publicationFile.

92 »Arbeitsmarkt kompakt«. Institut für Arbeitsmarkt- und Berufsforschung der Bundesagentur für Arbeit, 2017, https://www.wbv.de/shop/Arbeitsmarkt-kompakt-300936w.

93 »New Work Trendreport: Wofür arbeiten wir und was ist uns wichtig?«, *New Work Befragung von Randstad und MenteFactum*, 2021, https://www.randstad.de/s3fs-media/de/public/2021-10/randstad-new-work-trendreport-1.pdf.

94 Morten T. Hansen, *Great at Work: How Top Performers Do Less, Work Better and Achieve More* (London New York Sydney Toronto New Delhi: Simon & Schuster, 2018).

95 »Legalbewährung nach strafrechtlichen Sanktionen: Eine bundesweite Rückfalluntersuchung«, *Bundesministerium für Justiz und für Verbraucherschutz*, o. J., https://www.bmj.de/SharedDocs/Publikationen/DE/Legalbewaehrung_strafrechtliche_Sanktionen_Kurzbroschuere.pdf?__blob=publicationFile&v=8.

96 »INRIX Traffic Scorecard: Innenstadtverkehr nimmt zu und erreicht Vorkrisenniveau«, *Inrix*, 2021, https://inrix.com/press-releases/2021-traffic-scorecard-de/.

97 »Coca-Cola investiert in Kreislaufwirtschaft und Recycling«, *Neue Verpackung*, 2019, https://www.neue-verpackung.de/markt/coca-cola-investiert-in-kreislaufwirtschaft-und-recycling-474.html.

98 »Die Folgen von Corona: Befristete Einstellungen«, *Hans Böckler Stiftung*, 2021, https://www.boeckler.de/de/faust-detail.htm?sync_id=HBS-007991.

99 »Deutsche Bahn Integrierter Bericht 2021«, o. J., https://www.deutschebahn.com/resource/blob/7343738/2399eacea035e260cd9838b0cfd0c0e6/Integrierter-Bericht-2021_download-data.pdf.

100 »Klimawandel und Ungleichheit, Das reichste 1 Prozent schädigt das Klima doppelt so stark wie die ärmere Hälfte der Welt«, *Oxfam*, 21. September 2020, https://www.oxfam.de/ueber-uns/aktuelles/klimawandel-ungleichheit-reichste-1-prozent-schaedigt-klima-doppelt-so-stark.

101 »Brief von Larry Fink: ›Eine grundlegende Umgestaltung der

Finanzwelt‹‹, *BlackRock*, 2019, https://www.blackrock.com/ch/privatanleger/de/larry-fink-ceo-letter.

102 »Megatrends im Welthandel: Die neue Seidenstraße«, *ifo Institut*, 2019, https://www.ifo.de/publikationen/2019/monographie-autorenschaft/megatrends-im-welthandel-die-neue-seidenstrasse.

103 Erling Johnny, »Der chinesische Löwe fährt die Krallen aus«, *Welt*, 4. April 2014, https://www.welt.de/politik/ausland/article126544716/Der-chinesische-Loewe-faehrt-die-Krallen-aus.html.

104 »Xi's ambitions and concerns: 5 takeaways from centenary speech 2021«, *asia.nikkei.com*, 12. August 2022, https://asia.nikkei.com/Politics/Xi-s-ambitions-and-concerns-5-takeaways-from-centenary-speech.

105 Stefan Baron und Guangyan Yin-Baron, *Die Chinesen: Psychogramm einer Weltmacht* (Berlin: Econ, 2018).

106 Zacharias Zacharakis, »Chinas Anker in Europa«, *Zeit Online*, 12. August 2022, https://www.zeit.de/wirtschaft/2018-04/neue-seidenstrasse-china-griechenland-europa-containerhafen-piraeus.

107 »Europas Abhängigkeit von Medikamenten-Importen«, *Euractiv*, 16. März 2020, https://www.euractiv.de/section/gesundheit-und-verbraucherschutz/news/europas-abhaengigkeit-von-medikamenten-importen/.

108 »Veröffentlichte Lieferengpassmeldungen«, *Pharmanet.bund*, o.J., https://anwendungen.pharmnet-bund.de/lieferengpassmeldungen/faces/public/meldungen.xhtml.

Die Publikation enthält Links auf Webseiten Dritter, für deren Inhalte wir keine Haftung übernehmen. Wir verweisen lediglich auf deren Stand zum Zeitpunkt der Erstveröffentlichung.

Eden Books
Ein Verlag der Edel Verlagsgruppe
Copyright © 2023 Edel Verlagsgruppe GmbH, Neumühlen 17, 22763 Hamburg
www.edel.com
1. Auflage 2023

Lektorat: Marie Krutmann
Korrektorat: Rotkel. Die Textwerkstatt
Layout und Satz: Datagrafix GSP GmbH, Berlin | www.datagrafix.com
Druck und Bindung: GGP Media GmbH, Pößneck
ISBN 978-3-95910-395-4

Printed in Germany

Eden Books unterstützt bei der Produktion dieses Buches das Projekt »Junge Riesen für die nächsten 100 Jahre«. Damit wird ein Anteil der unvermeidbaren CO_2-Emissionen im direkten Umfeld des Produktionsstandortes kompensiert.